U0573848

精神分析经典译丛

Holding and Interpretation:
Fragment of an Analysis

抱持与解释

一则精神分析的片断

[英] 唐纳德·W. 温尼科特（D.W. Winnicott） 著

程亚华　王　旭　译

贾晓明　审校

北京师范大学出版集团
BEIJING NORMAL UNIVERSITY PUBLISHING GROUP
北京师范大学出版社

译者序

温暖而有力量
——"足够好的父亲"的适时出场

当读完温尼科特的《抱持与解释——一则精神分析的片段》这本书时，本人愿把"足够好的父亲"这一称谓送给他。他温暖而有力量，在治疗中适时出场，不管是分析中的治疗师，还是生活中的父亲，他做了一个很好的示范。

难以想象一个开启在第二次世界大战中的分析治疗被战况打断，而在战后时隔十几年又重新开始，当然这也才有了本书所记载的分析治疗过程。此刻本人将其理解为父亲的适时出场，不管是基于意识还是潜意识，是现实层面还是移情层面。作为一个失去父亲而被母亲全身心照顾的男孩（虽然他已在医院工作，已结婚有了孩子，当然这也要归功于温尼科特第一次的分析治疗），他要真正地长大，不再在亲密关系中依赖女性，他想成为一个不阳痿、不在工作中崩溃、独立有力量、可以分享爱的男人，他要像俄狄浦斯一样有一个可以竞争的对手，同时没有被阉割反获自信，那么他便需要一个提供这样成长机会的男人，温尼科特这时再次成了他的分析师。

被分析的男青年也学医，甚至挣扎于是否最后选择精神科。他拥有着极高的智商，在安全的分析情境中他对自我的内心世界有着敏锐的洞察，甚至对温尼科特也进行分析。一场父子式的、男人间的竞争、对抗、分享、理解、转化……当然事情的发展远没有那么简单，分析性治疗经历了漫长的过程，经历了被分析者生活中的诸多人物与事件：妻子、外遇、母亲、孩子、父亲、工作……分析过程中诸多的艰难时刻：在这早期阶段里（长达6个月左右）温尼科特根本没机会跟那个孩子（他本人）直接说上话，"就像是一位父亲或母亲带着孩子来见我，并谈论那个孩子……"耐心的呵护、等待、理解，以记笔记的方式维持着分析的空间，直到父亲的角色出场。

温暖常被形容为母亲的特征，类似于抱持，而解释似乎意味着背后的洞察、犀利，一种智力上的力量。没有了温暖，力量可能只有其杀伤力，只能表明治疗师打败了来访者，被分析者成为被阉割更无法长大的男孩；而只有温暖，也难以使一个男孩在竞争、对抗、厮杀中成长为男人！在这场看似角逐然而细致入微的分析旅程中，一个男孩也在退行中得以成长。

这是一场怎样的分析旅程，充满了力量又不失温暖，充满了温暖又不失力量。每个人的成长不但需要一个足够好的母亲，也需要一个足够好的父亲。当然足够好的心理咨询师、心理治疗师不在其性别，来访者会肆意地移情，个中滋味全在各位读者自己去阅读和欣赏吧！

为了使读者更好地阅读本书，在原著中的索引里提取出精神分析的重要术语列在书后，在此说明。

最后谢谢本书的另两位译者！程亚华在北京师范大学攻读心理学博士期间，王旭在清华大学心理咨询中心的繁忙工作中，利用他们的业余时间完成了此书的翻译。他们参与心理咨询的实务工作，也多年投身于精神分析的培训学习当中。他们在专业领域的执着与努力，使我们得以品味温尼科特分析过程的精妙以及治疗双方感人至深的互动！

贾晓明

2016年2月于北京

Contents

目　录

Foreword

引　言

M. 玛殊・R. 汗

（ M. Masud R. Khan ）

　　温尼科特于1971年1月离世，在那之前的半年左右，他曾应邀与一群年轻的英国国教教士谈话。在会话闲谈时，教士们告诉温尼科特，他们需要得到的指导是，怎样才能辨别出前来寻求他们帮助的人，是生病了需要精神科治疗，还是通过这样的谈话就可以让他能够帮到自己。向我提起这件事时，温尼科特说，这个无比简洁的问题让他一下子愣住了。他沉吟了很长时间，回答道："如果有人来找你们谈话，你听着他的话，感到他让你觉得**厌倦**，那么他就是生病了，需要精神科的治疗。但如果他让你有兴趣继续听下去，那么不管他的痛苦或冲突有多么悲惨，你们尽管帮助他就成。"

　　温尼科特回复中蕴含的智慧让我印象深刻。从此以后，每当我和一个人晤谈时，他的这个陈述一直在我的脑中回荡。

　　重读温尼科特的《分析的片段》，让我对这个问题有了进一步的关注。本书收录了温尼科特关于这个病人的两份记录，一份是他的论文《退缩与退行》（ Winnicott，1954a，见本书附录），另一份则是《分析的片段》，关于后者，本书是最终的版本，这份记录先前曾收录在焦瓦基尼（ Giovacchini，1972 ）编著的书里。将这两份记录放在一起，比较它们的形式、特色和内容，是非常有启发性质的。

　　就我而言，区分鉴别**令人厌倦**（ boring ）和**沉闷乏味**（ boredom ）这两个词的意义非常重要。根据《牛津英语词典》的解释，**令人厌倦**是一个动名词，它的意思是"使他人感到厌烦及疲乏的行为"，而**沉闷乏味**这个名词的意思是"感到无聊、乏味、倦怠的状态"。我由此提出一个假设：**令人厌倦**具有"反社会倾向"的性质（Winnicott，1956），并且暗藏着提出要求、满足愿望的内涵；反之，**沉闷乏味**是一个有组织的防御性的心境，也是一种精神结构。同理，感到沉闷是种正常的状态，与令人厌倦不同。当我反复检索温尼科特的著作，试图找出他认为令人厌倦是精神疾病的征兆这个看法的源头时，我发现，尽管是通过这样一种间接以及逆向推敲的方式，但确实可以从他的早期文献里寻找到踪迹。

温尼科特（1936）自己说过："仔细地询问历史信息对于我的观点有着深刻的影响……"见识到他观察婴儿与儿童的方式往往能帮我们真实准确地理解他随后提出的复杂而精妙的精神分析假设。从他的第一部著作《童年疾病的临床笔记》（*Clinical Notes on Disorders of Child-hood*，1931）里的案例来看，他临床上独树一帜的作风和敏感的观察力已经确立。他总是将观察的婴儿或儿童看成是其所处的养育环境中的**完整的人**。他的第一本书里，有两章被再次刊载在他的论文集《从儿科到精神分析》（*From Peadiatrics to Psycho-Analysis*，1975）里。

那两章的案例材料中格外引人注意的是，温尼科特指出，对于儿童的不安定和心神不宁需要特别的观察。不安定的儿童无法通过**玩游戏**，利用精神上的方式来处理和掌控自己的兴奋和焦虑。于是他把这些兴奋与焦虑转化成行为上的"毛病"，如痉挛、坐立不安、胃口失调、便秘等，以此诉诸环境。温尼科特这个阶段的临床经验在他的论文《躁狂性防御》（*The Manic Defence*，1935）中首度有了理论上的论述。我这篇文章的目的，就是要找出这种会使一个人变得令人厌倦的精神状态，其背后蕴含着什么样的精神动力。

当温尼科特将他积累的临床经验从儿科工作转向对成年人的分析工作时，他的第一篇严谨的精神分析论文是关于躁狂性防御的，这绝非偶然。文中论及躁狂性防御是一种在心灵内部应对焦虑的方式，这种方式也有行为上相对应的部分，即他曾经在儿童身上观察到的不安定与心神不宁。温尼科特（1935）认定，他开始"将外在现实与内在现实进行对比，而不再那么将外在现实与幻想相对应"。这个陈述看似随意，其实透露出温尼科特对于人的精神经验的理解有了至关重要的转变。后来他把强迫性幻想看成是对心理现实的否定："这种幻想维持了一种孤立隔绝的状态，吸收能量，但是对做梦或生活没有贡献。"（Winnicott，1971）温尼科特认为躁狂性防御的作用，是试图否认内在现实，并且逃离到外在现实里，尝试维持"残存的活力"（suspended animation）。他举出4个临床案例来说明他的观点（Winnicott，1935）。第一个案例是一个叫作比利的5岁男孩。他因为躁动不安、无法玩他得到的东西而被转介前来就诊。在分析的过程中，比利不是在**玩游戏**，而是在狂野的攻击。当这个孩子的迫害焦虑降低之后，他开始能够使用物品玩耍，并表达出对他幻想出的人物的关切。第二个案例是大卫（8岁），一个不合群的小孩，由于"对性和厕所着迷"而被退学，并因此来接受分析。大卫一开始便说："希望我不会累到你。"温尼科特随后补充道，"想让我感到累的意图很快就自行出现了"。但与此同时，这个孩子也有拯救分析师免于耗竭的需要，他强制性地要求温尼科特休息片刻。后来比较明朗的是，原来"他是那个变得虚脱的人"。我们可以清楚地看出，作为应对内在压力的方法，令人疲劳和令人厌倦关联到了一起。令人厌倦的病人强迫性地过度控制自己的言语和谈话内容，试图对内在现实维持全能的掌控。他的叙述是一个僵化的空间，什么事情都不可能发生。

温尼科特接下来列举了夏洛特（30岁）的案例，她有临床上的抑郁，并且有对自杀的恐惧。温尼科特呈现了病人报告的一个反复出现的梦："她来到了有火车的铁道旁边，**但火车从未发动过**。"当病人逐渐能够进入分析之后，她梦里的**火车发动了**。温尼科特解释道："简而言之，火车开始移动了就容易产生事故。"躁狂性防御的目的就是冻结发生任何事情的可能性。因此我扩展了温尼科特的概念，假定病人对我们做出那些令人厌倦的叙述，是为了不让言语和比喻去描绘或改变他的体验。通过叙述的技法，还有其中单调重复的内容，他创造的这个谈话空间令置身其中的他自己和分析师都瘫痪掉了。

第四个案例是个强迫性的病人，叫作马迪坦（39岁）。某次治疗时

（也就是温尼科特报告的这一次），她带了自己的快照（48张照片）给温尼科特看，温尼科特从这个举动里发现病人希望"通过观看来否认自己的死寂"，以及"比起我看她本人，病人**觉得我看她的照片**（她的48种面貌）**更真实**。治疗的情境（她在4年的时间里一直宣称这些治疗对她来说是真实的）在此刻对她而言似乎头一回不再真实了，或者至少变成一种自恋性质的关系，这种与分析师的关系对她来讲是宝贵的，这段关系主要是为了她自己的解脱，一个可以获取而不用付出的关系，一个她与自己内在客体的关系。她记起了一两天前，她突然产生的一个想法，'做真正的自己太可怕了，实在是太孤独了'"。

在这些临床片段里，我们已经见识到了温尼科特看待病人的核心观点。我们也从中看到，他质疑病人在分析情境与关系里产生或呈现的状态的**真实性**。由此我得出一个结论，那些会令人厌倦的，本质上都是不真实的，对病人和分析师来讲都是如此。然而我们需要去学习容忍这种伪装的谈话，以便能够帮助到病人。弗洛伊德（1895）在他头一回彻底弃用催眠技术，转而单纯使用自由联想方法的那个案例里头，已经碰到了这个"令人厌倦的因素"，他评价道："伊丽莎白小姐讲的她自身病情的来历故事实在是**令人倦乏……**"（粗体为我的标注）。

关于这个话题，温尼科特接下来的一篇重要论文是《修复母亲身上应对抑郁的有组织防御》（*Reparation in Respect of Mother's Organized Defence against Depression*，1984a）。温尼科特在文中提出了"假性修复"的概念，这个概念来自"病人认同母亲，主导因素并不是病人自身的内疚，而是母亲身上为了抵御抑郁与潜意识内疚的有组织防御"的想法。温尼科特之所以写下这篇论文，是为了给英国精神分析协会过去10年来一直持续的激烈争论——梅兰妮·克莱茵以及她的追随者们只看重潜意识幻想，而其他人，以爱德华·格洛弗（Edward Glover）为主，认为加诸病人身上的某些幻想，其实是分析师自己主观创造出来的——寻找一些答案。温尼科特试图呈现出，母亲的心境对幼儿日渐成长的心理现实能够产生多么大的冲击，使其无法继续探索自身的性格。

我们将会看到，温尼科特后来如何扩展了这个假设，发展出了真实、虚假自我人格组织的概念。在温尼科特的论文《自我异化因素的临床材料中体现出的母亲的疯狂》（*Mother's Madness appearing in the Clinical Material as an Ego-alien Factor*，1972）里，他举出一个更为戏剧化的临床案例，描述母亲对儿童产生的侵入性效果。

早在《原始情绪的发展》（*Primitive Emotion Development*，1945）一文中，温尼科特就已经对他怎样看待婴儿与母亲的关系做出了简洁的论述：

"从婴儿与母亲的乳房的角度（我不是在声称乳房是传递母爱的必要通道），婴儿有着本能的渴望和掠食的意念。母亲有着乳房和分泌乳汁的力量，也甘受饥渴婴儿的攻击。这两个现象原本彼此无关，直到母亲与孩子**生活在同一个经验里**。身心成熟的母亲必须是一个能够容忍与理解的母亲，所以是她创造出了一个情景，如果一切顺利的话，婴儿能够首次与外在客体建立联结，而这个客体在婴儿的观念里，是在自我之外的。

我把这个过程看成是两条线段来自不同的方向，很有可能彼此连接上。如果它们交叠了，便会产生片刻**错觉**（illusion）——婴儿把这一点经验**要么**当作自己的幻觉（hallucination），**要么**当作外在现实中的事情，两者取其一。"

从这篇论文里，我们可以看到温尼科特随后所有概念的雏形，比如抱持、过渡性客体以及依赖。温尼科特就是以这个母亲—婴儿关系为原型，进而详细阐述了移情的本质与特征，以及分析设置所扮演的角色。他想强调的一个历程是："个体与共享的现实产生接触，这个历程从婴儿生命之初便开始发展了。"（Winnicott，1948）温尼科特看出从事这一事业的分析师面对的危险："……许多对分裂型青少年的治疗之所以失败，是因为这些治疗规划忽略了孩子'构想'——从某种意义上讲，创造出——一个分析师的能力，而真实的治疗师应该试着将自己放进这个角色里。"（Winnicott，1948）

在他的论文《出生记忆，出生创伤，以及焦虑》（*Birth Memories, Birth Trauma, and Anxiety*，1949）中，温尼科特提出"有证据表明了个体出生经历的重要性，而且这段经历留存在记忆材料里"，但是他也坚持"没有仅仅因为出生创伤而来接受分析治疗的情况"。他重述了分析病人 H 小姐（时年50岁）的一些片段，并且总结道："在对某个案例非常密切细致的观察中，**能看到病人能够在分析时段里的某些非常特殊的情况下，出现一种部分自我退行回子宫中的状态，**这让我感到欣慰。"更为关键的是，温尼科特陈述道："在我看来，似乎**在对冲击的回应濒临无法忍受的边缘时，理性的运作开始出现异化于心灵的状态。**"这种早熟的理性功能是为了应对冲击（impingements），这样的分化令温尼科特看出，在幻想中有一种精神病性的心理功能，即忽视心理现实；在分析过程中，它会表现为某种类型的强迫性质的自由联想。关于这类在心理功能上的发展扭曲的某些变迁，温尼科特于他的论文《心智及其心身关系》（*Mind and its Relation to the Psyche-Soma*，1949a）中有所讨论。某些病人想"从心智活动中解脱出来"，以便找回他们心灵一身体的完整性的需要，可以从他们要求接受电休克疗法中窥见一斑。

在《随着不安全感而来的焦虑》（*Anxiety Associated with Insecurity*，1952）一文中，温尼科特清楚地罗列出由于婴儿照料上的疏失而导致的三大类焦虑：

"没有整合（unintegration）的状态，变成一种分崩离析（disintegration）的感觉；缺乏心灵到身体的关联，变成一种人格解体（depersonalization）的感觉；还有就是感觉到意识的重心是在躯壳上而不在内心，在照料上、技巧上而不在个体上。"

我认为，正是病人熟记了这些有故障的技法，构造出他们令人厌倦的方式的本质。这样的病人扭曲、滥用了我们提供的分析历程，将枯燥乏味的建立关系方式（通过成人般的对话）强加于分析之上，而病人的童年也是这些技法的受害者。在这一切的背后，如同温尼科特（1952）指出的那样，是病人自己无法把握的对疯狂的恐惧：

"有这么一种情况，人对疯狂感到恐惧，也就是说，所恐惧的是**缺乏焦虑地退行**到未整合的状态，到失去活在自己身体里的感觉，等等。这份恐惧是，一个人不再焦虑，也就是说，恐惧的是出现了退行，而且可能就回不来了。"

令人厌倦的病人通过专横地重复地叙述，将这种潜在的"疯狂"冻结成冗长的赘语。

温尼科特在《精神分析设置中退行的元心理学观点与临床观点》（*Metapsychological and Clinical Aspects of Regression within the Psycho-Analytical Set-up*，1954c）讨论了这种高度组织化的**心理习性**的临床处理方法。对温尼科特而言，关键在于怎样分类以及案例的挑选。他把案例分成3类。第一类个案能以完整的人来运作，他们的问题可归结到人际关系这方面。第二类个案的人格完整性并不稳定。在这类个案上，分析工作取决于关切（concern）的发展阶段（参见Winnicott，1963）。温尼科特认为，**治疗师能够存活下来**是治疗这一类病人的动力性因素（参见 Winnicott，1963）。对第三类个案进行的分析，需要处理的是人格形成的非常早期阶段，即心理逐渐分化的阶段。此处强调的是在分析情景中的处置（management），以及在临床上将退行处理（handling）为依赖。

在温尼科特看来，"退行这个词，简单来说就是指进展的逆转"，而**"进展的逆转一点儿都不简单"**。这要有一个**容许**退行发生的自我结构才行。因此，退行的能力乃是婴幼儿期良好照料环境的产物。在温尼科特看来，正是由于这些病人身上存有婴儿时期良好照料的积极因素，才使得病人产生一个信念，相信接受特殊的（临床的）环境供给，最初的错误可以得到修正，可以有新的情绪发展。

照顾与治疗这类病人时，强调的重点转变为分析情景的**品质**。温尼科特的一段话（1954c）说得很清楚：

"谈论病人的**希望**（wishes）是合适的，比如说希望安静。但是在退行的病人身上，希望这个词是不准确的；取而代之，我们使用**需要**

（need）这个词。如果一个退行的病人**需要**安静，那么得不到安静就什么事也做不成。假如需要没有得到满足，其结果不是愤怒，而是重新经历一遍令自我成长历程中断的环境疏失。个体去'希望'的能力已经受到阻碍，所以我们会看到令其感到徒劳无力的起因再度出现。

处在退行状态中的病人近似于重新经历某个梦境或回忆场景的状态；把梦境见诸行动可能是一种途径，能够令病人发现什么是紧迫的，并且可以在见诸行动之后讨论外化了的内容，但是没办法在见诸行动之前谈及。"

不论是直接的还是间接的，温尼科特的临床工作中主要关注的是对退行状态的**理解与处置**。弗洛伊德以及其他的分析师早已明确，在所有的精神疾病和移情关系中，退行是无处不在的。他们强调的大多是退行到力比多发展的更原始阶段，并且伴随着相应的幻想和希望。温尼科特在这之上增加的是，他强调退行现象与状态里的**需要**这个元素。

接下来，让我们回到眼前的临床材料上。我要对克莱尔·温尼科特夫人致以深深的谢意，正是有了她的帮助，我才能够得到温尼科特对这个案例存有的全部笔记。

正如温尼科特在本书呈现的这份笔记的简短前言中所说，这个病人在之前的战争期间接受过他的分析。事实上，在温尼科特与这个病人的两次分析期间，他在前后3个不同的阶段记录下了3段大量的笔记。

温尼科特在分析之初便决定要做笔记。第一份笔记属于第一段分析，被命名为"一则精神分析的片段"（fragment from an analysis）。温尼科特写好了一个初稿，但是从未发表过。他在这份记录里的论述给我们很多启发，我直接从他的打字稿中摘录这份记录的前言如下：

"在这篇文章里，我想要使用到一些相当特别的临床材料。

要报告分析的材料是很困难的。首先，记住一小时的工作，并且随后把它记录下来是一项巨大的任务。其次，面对大量的材料，难题在于必须从中做筛选。最后，分析师似乎会发现，特别困难的是，如实记录他们自己说了什么。

然而，在这里，所有的这些困难似乎从某种程度上说都被克服了。我的病人说话很慢、很慎重，他讲的内容很容易被记录下来；我选择进行记录的是一些特殊的时刻，我知道那个时刻对分析来说是决定性的一刻；还有，我所说的话，不论自己为此感到高兴或羞愧，都的确如实记录了下来。

对这位19岁年轻人的分析进入了一个阶段，一个显然非常关键的阶段。我和病人在经历了漫长而稳定的攀登之后，到达了山顶，并且看到了更多的风景。多少也因为到达山顶的原因，分析工作本身也变得不那么费劲了。我们的分析即将达到一年，为了从发生的事情中尽可能地学习，我几乎逐字记录下了若干小时的对话。我想我可以说，这个病人不知道我在这个案例里面采取了不寻常的做法。当然，如果病人发现了，并且真的造成很大影响的话，我肯定也不会那么去做。

我不去描述整个的个案，只想提出，在这个分析中最打动人的特质，是病人面对内在世界的客体、触碰到自己情感时体现的那份轻松自在，以及只要他感受到我与他一同处在他的内在世界中，他就可以将这些情感告诉我的那份安逸悠闲。随之而来的，一如预料，是病人人格上以解离为形式表现出来的顽固的阻抗，所以在分析情景下的他和在外部世界里的他自己少有什么关联。我想报告的分析片段标示出这个阻抗瓦解的时期。

这是一个直截了当的分析。这分析自有其动力，分析师与病人都感觉到了它的美妙。尽管由于病人的大学从伦敦撤离而造成巨大干扰，但是这个病人表现得像是他知道自己需要帮助，并且相信他可以得到帮助。此外，他的行为表明他没有觉得——像有一些病人那样——如果他不抓紧的话，分析就可能会在任何一个时间被夺走。

我将描述他的分析是如何开始的，因为这清楚地呈现了移情的特性。一天，病人的母亲给我打电话，说她在某人那里接受分析，还说到她有个19岁的儿子，他自己也希望接受分析。我是否可以见他？我回答说可以，让他第二天五点钟来。隔天的五点整，这个男孩进入我的房间，躺在躺椅上开了分析，一如之后的一年、两年那样。换句话说，分析对他而言是某种他早已确信了的事情。当他离开房间时，他来到我的书架前，看到两本书，他说这两本书在他家的书架上也有。通过这一点以及其他的方方面面，表明了他安放在我所坐的椅子上的，乃是他内心世界中早已存在的某人，而且基本上可以肯定地说，直到我即将描述的首次逐字记录下来的分析时刻的那一刻，我仍然只是某一个客体存在于他的内在世界里。

换句话说，分析进行到将近一年时间的这个节点时，期间还由于学期中的撤退而中断过，要是一个人不了解所发生的事情的话，会以为病人和我的关系是极端矫揉造作的。这段分析的材料丰富，工作也有成效，然而却无法触碰到人，如俄狄浦斯情结的内容。事实上，病人头一回在外在世界里觉察到了嫉妒这一现实，是这个过渡阶段的预告，当时他随意地提起他读过的一些东西里提到了俄狄浦斯情结什么的，他并不赞同。在这个分析的前半程，我没有进行任何尝试去强求这个情景，因为我知道，从移情的类型来看，这样做绝对是徒劳的，同时也因为分析稳定地进展着，所以能够预料到终有一天，会发展到能够清楚地呈现出所谓的阻抗或负性的治疗反应。

在进入临床材料之前，为了给读者一些可以理解的内容，我要指出分析的关键转折点，是对病人害怕完成分析而开展的分析。完成某件事的想法会由于各种不同的理由而引发焦虑，在这个病人身上凸显出来的是其中的一种，就是在得到满足而欲望止息的那一时刻，那个幻觉出来的乳房或主观上好的外在客体就会消失不见。

对他而言，这比攻击爱的客体更加糟糕——这毁灭了爱的客体。

到此刻为止，在分析中我都是一个内化人物，分析在它自身的轨道与局限内顺畅地运作着。然而，在这之后，分析与病人的生活都改变了。在分析里，他开始能够把我和外在现象联系起来，严重的解离现象也少了，所以他现在把外在事件带进了联想里。在家中，他与他的母亲开始了一种新的关系，这样的关系基于对他的真实自我的观察；而且，这个病人从一个自满、自我中心、懒散、留着胡子、衣着怪异的年轻人，变得希望去工作，并且最终在工厂里得到、保住一份可靠的战务工作。此外，先前对他而言并不真实、也无法在分析中触及的俄狄浦斯情结，现在以经典的方式被他真切地感受到了。"

随后的临床笔记是第一段分析结束前最后5次会面的逐字记录，那一段分析持续了大约两年时间。分析之所以结束是因为病人能够在一家工程公司担任战务工作。两个主题占据着病人：一是结束分析的恐惧以及它成为一个"完整"的体验；二是随之而来的困惑和病人对"在结束进食后的满足感里面蕴含的攻击成分，也就是，在欲望毁灭以及主观的乳房毁灭之后，对存留下来的客观乳房的敌意"的惧怕（温尼科特在某次会面时对病人做出的解释）。在这5次会面里，对满足感的剧烈恐惧无处不在，而这种满足感来自于好的或者说相当理想化的喂食状态。温尼科特关于这部分对病人的一个解释值得摘录于此：

"满足对你来说比把乳房抹杀掉更为严重。意味着失去了对它的渴望，并且在那一刻，你不知道自己是否还能恢复那份渴望；而且，至少到目前为止乳房是一个主观的现象，这意味着你不知道那乳房会再度出现。除非你把某个拥有乳房的人视为可依赖的客体现象，否则你就只能任由自己的本能以及满足本能的能力所摆布。"

第一段分析持续了将近两年，其间有着长时间的放假中断。这位被认为患有类精神分裂（schizophrenic-type）的病人最后恢复良好。

大约8年之后，温尼科特主动给这位病人的母亲写信：

"收到我的来信您可能会感到惊讶，但是我非常想从您那里获知B的情况。

我知道总的来说和以前的病人联络不是个好主意，正是因为这样的原因我才给您写信，而不是写给B本人。然而，如果能够对个案进行追踪的话，分析工作也会变得更加有意思，我对与B进行的分析记忆非常深刻，我一直很想向你打听他的情况。

希望您和他皆安好。"

这位母亲急切地回了信，温尼科特请她来见自己。我摘录了他与这位母亲的会谈记录：

"X太太应我的邀请来见我，不过她也很高兴和我见面并谈谈家事。我注意到基于她对B的家庭生活的描述，B有了非常大的变化，这很有意思。在过去几年间，X太太在接受长程分析，她说自己目前病得很严重。

在和我第一次会谈时她曾提到，要说哪个孩子曾经有过完美的童年，那绝非B莫属。但是在她自己的分析中X太太发现，作为一个完美无缺的母亲其实具有症状的属性。她单纯地必须达到完美，这让她没有任何灵活性，也给自己带来了极大的焦虑。这个出乎预料的信息完全印证了我对B的分析做的主要结论，先前我们就意外地发现，当重新体验非常早期的母乳喂养经验时，喂食结束时他会感到彻底地被毁灭，因此他没办法让自己沉浸到任何进食的经历里。这个男孩随后的发展还可以说令人满意。

这位男子的康复有个主要特点，就是他丝毫不认为分析带来了什么。我一贯认为，这种不论发生何事，都声称没有领悟或感激之意的状态极其重要。一个完美的分析对他而言应该和在婴儿期受到的完美的处置一样令他感到非常困难，会毁灭掉他。对他而言唯一可行的办法是不期然间既已改变，而我现在懊恼的是，自己有一回在街上拦住他询问近况如何，虽说这样做显然不会带来害处。

从他现在成为一名医学生来看，他几乎注定会再回到分析里，而且他很有可能会最终希望成为一名分析师。他大概会是最后一个知道下述事实的人，而且这是重要的一点，就是他在接受可能会引领他成为一名分析师的分析过程中，多多少少会意识到自己曾在分析的过程中得到过帮助。如果他不会成为一名分析师，那么他压根也就不需要知道这些了。

分析结束后他有了很大的变化，从一个原本内向、性向不确定、很可能一经诱惑就会成为同性恋的人，一下子变成一个做工程方面的工作、很快就管理起其他男人的人。当他发现有必要时，他有能力换一份工作，而且他一直知道自己对工程不感兴趣，单纯是战争的原因让他只能先这样生活着。他的状态还没有真的好到可以去参军，而且无论如何，可想而知，他对大不列颠的根源基础还没有深刻到想要为国捐躯的程度。在大战结束后他能够重新考虑自己的定位，决定要当医生。他现在已经结婚了，马上要有小孩。关于他的处置，关键性的一部分是他母亲从自己接受的分析里好转，所以她能够让他搬出她的住所。换句话说，这个男人接受的分析尚不足够深入，不足以让他在仍然接受治疗时，在自己的母亲要求分离的时候能够离开她。两人同时接受分析的好处是很清楚的。他的妹妹生活得相当顺遂，已结婚成家，但是他的姐姐精神分裂，正在接受分析，当前在一家医院里接受照料。B重拾他对音乐的浓厚兴趣，似乎也寻到了一位理解他的妻子，一个能够取代他母亲但又和他母亲不同的人。换种说法，看来他没有找来另一个生病的母亲，尽管从某种程度上来讲，他找到的这位更像是他当前状态下的母亲，即从长期分析中复原了的母亲。"

　　接下来的4年似乎没有发生什么事，虽然通过一些笔记来看，温尼科特在这期间和他的母亲有着断断续续的联络。我们再次听到这个病人的消息，是他自愿前往一所以治疗神经症见长的医院接受住院治疗。负责治疗他的精神科医师和温尼科特取得联系，告知他这位病人在取得医师资格后便精神崩溃了，随后入院治疗。这个病人自己并不愿意回头找温尼科特做进一步的分析。大约在这个时期，有一个温尼科特用铅笔记下的潦草的记录："我听说这个病人在某家医院里，也联络上了那里的医师，我知道，肯定到继续分析的时候了。我与他的母亲保持着联系。这个病人没能力过来见我。"从现存的信函来看，似乎在这个时期，这位母亲也给温尼科特打过电话并与他见面。那次会面的两天后，这位母亲写信给温尼科特："我刚刚和B谈过，把你的地址和电话给了他——我非常希望他去找你，可以尽快开始进行分析。"这位母亲之所以把温尼科特的地址给她儿子，是因为在第一次分析之后温尼科特已搬到新地址。病人在一个星期之后开始分析，但仍然是那家医院的住院病人。于是，大约在第一次分析结束的13年之后，第二次分析开始了。温尼科特用铅笔记下了这段新的分析的开头，十分生动：

"分析再度开始时，很难说真的是他来见我。情况看起来更像是一个生活的旁观者来这里与我谈论一些事先斟酌好的辞藻。我们偶尔会谈起那位病人。我逐渐可以说，我们变成两个保姆谈论着某一个男孩（那个病人），最后这个保姆才把那个男孩——甚至还是个婴儿——带来见我。我只瞥见了那个实在的孩子几眼。"

起初，这位病人每星期来5次，大概分析开始的4个月后，他能够出院并且开始从事医疗相关的职务，这使他每星期只能来3次。这段分析持续了刚刚超过两年的时间。

第二段分析有两份笔记。温尼科特写下的第一份笔记回顾了进行中的分析过程，它们大致涵盖了最初16个月的分析。从分析的这个阶段的尾声温尼科特提取了5个情节，在《退缩与退行》（*Withdrawal and Regression*，1954a）中报告出来。随后的3个月是个空档，之后，在分析的最后6个月里，温尼科特对会面做了逐字记录，也就是本书刊载的内容。

在结束介绍温尼科特对这位病人的处理之前，还需提及一件事，就是温尼科特在第二次分析结束后约14年，温尼科特再次主动提笔写信给这位病人。我引述这份信件如下：

"收到我的来信，你也许很惊讶：你大概其实早就把我忘了。但是我非常想听你说说自己的情况，你的工作、你的家庭。我已经到了回顾与反省的年纪了。

在此送上我美好的祝福。"

这位病人立刻回了一封长信，写下他自己以及他家庭的近况，并且告知温尼科特他的母亲在经历长期痛苦疾病的折磨后去世的悲伤消息。他自己的工作与生活很不错。温尼科特回信道：

"很高兴收到你的回信。谢谢你不厌其烦地复述这些事情。您的母亲抱病去世，我感到很遗憾。她真的很有个性。

你有自己使用生命的方式，而不是把它花在没有尽头的心理治疗上头，我很钦佩。也许人生就是**这样**（我也许会在某天再次写信给你）。"

尼采于1886年在他所著的《快乐的学问》（*The Gay Science*）一书第二版的序言中写道：

"这本书需要多于一篇的序言，而且到头来还是会有个疑问，就是那些从来没有过类似经验的人，当真能够通过这些序言就领略到本书所谈的经验吗。"

我面对为温尼科特对这位病人长期分析的最后6个月所做的惊人的逐字记录写序言这个任务时，也有着同样的感受。温尼科特临床叙述的美妙，在于它的流向是未定的，一如他的心理动力那样自由开放。即便温尼科特在他简短的前言里表明，他是从抑郁心位（depressive position）的概念框架来看待这段分析的，但他和病人之间真实的"微妙的交流"，不受任何突兀的理论预设所束缚。但请不要误以为温尼科特天真，他是位天生缜密细腻的临床医师，多年来他将自己灵动的智慧加以实践，这体现在他全部的临床工作中。然而，他也在自身陶冶出一种宽宏大度，让病人的心理现实能够在分析的空间里发现自身的心境和性情。因此，每位读者在阅读他的记述时，将依照他们自己敏感性上的要求与偏颇，将其还原成一场对话。

我将从下列3条来讨论：

①病人与他自己关联的方式；

②病人使用温尼科特的方式；

③温尼科特呈现自己的方式，以及怎样通过自己治疗这个病人。

温尼科特记录起临床会面永远不会嫌累。他从哪里找到那么多的能量和时间是一个谜。不过，他也不是对所有的病人都记下这么大量的笔记。这个病人呈现自己以及在治疗空间中安顿自己的某种方式，从一开始便引起温尼科特的注意。在他分析之初的第一份草稿里，如前引述的，我们看到温尼科特说"病人面对内在世界的客体，触碰到自己情感时体现的那份轻松自在"，以及虽然言语沉闷呆板，但病人表述自己的想法时并不困难，让他印象深刻。当病人开始第二段分析的时候，温尼科特写道："更像是一个生活的旁观者来这里与我谈论……我们偶尔会谈起那位病人。"病人这种古怪且盘算过的姿态自始至终一直存在。有人会认为，对这个病人而言，除了他的想法之外其余都不存在，他秉承的基本态度是：我拒绝，所以**我存在**。正是这样的**拒绝**以及这些想法成为这个病人头脑中永无止境、喋喋不休的内容，温尼科特（1971）把这些都称为**幻想**。这些精神活动将这个病人的主观自我与他人隔绝开，甚至隔绝了他自己的省映性自我觉察。面对外在世界，他仅仅是在被动反应。面向他的真实自我，倘若有人使用这个词汇的话，这个病人仅有一种防护性的态度，他从来没有触及它或是基于它生活，所以他才会抱怨自己缺乏自发性与主动性。温尼科特把造成这种无法挽回的解离的根源归结于病人婴儿期"理想"的进食体验剥夺了他由于需要和渴望带来的所有的主动性。饥饿或欲望的本能能够推动一个人朝向客体，而这样的风险是他无法承担的。因此他生活在没有客体的地牢里，他的精神活动和自我观察构成这样的**内在空间**。在这里面，每一体验都被表征成想法，然而没有哪个体验或任务被内化。这个病人自己评论道："喋喋不休是没有对象的谈话。"

从最开始，温尼科特就意识到，这种说话的整体方式以及其与病人的关联，天生便带着负面的治疗反应。这位病人给出了他自己的诊断："我从来没有成为过一个人。我错过了它。""总之，我自己的问题在于如何找到从未有过的奋斗。"温尼科特没有因此而畏缩。但他也没着手去治疗。他顺其自然地让它运作下去，视之为病人在生活里**存在**的必要条件。因为这位病人除了存在之外也没有其他的作为了。此外，温尼科特一旦意识到病人的这种退缩、友善的精神活动并不是有意与他——分析师——作对时，他马上面临一个**悖论**（paradox）的挑战：病人全盘接纳临床情景与空间，却又在同时拒绝发生人际关联，也不愿随着自发性的冲动发起任何活动。我刻意使用悖论这个词。假如使用的是爱恨交织（ambivalence）这样的冲突型的词汇的话，恐怕会是一种错误的过度简化。温尼科特与这位病人的关联维持这种悖论的状态大约有13年的时

16

间（别忘了，对他来说，这个分析延续了13年之久，之后他也一直对这位病人念念不忘），所以温尼科特能够见识到这位病人怎么跟他自身发生关联以及这种自我关联的特性如何。那特性就是**令人厌倦**，而不是沉闷乏味！沉闷乏味是一种静态、呆滞的精神状态。而令人厌倦是一种活跃的存在姿态，借着永不止歇的精神活动维持下去。因此我们在病人身上发现有种怪异而老练的疲劳，让他一遇到威胁或探测到有可能会与温尼科特发生真实接触时，立刻切换意识的层次，遁入睡眠中。

"躺椅上的睡眠"给这位病人提供了最真实的自我体验，而且这种躺椅上的睡眠是个秘密空间，甚至连他的梦也不会透露出线索。温尼科特有巨大的能耐，能够包容未知。他容许这一切发生。这位病人烦恼地说道："醒来就好……我很想要醒来，就是说，起身，走开。"但是他永远做不到，他只能待在他的精神活动的**地牢**里，所以他没有目标。当没有道路时，自然不会有目标。当病人提出"模糊的目标问题"时，温尼科特即刻提醒他，他连来找温尼科特进行第二次分析都办不到，温尼科特补充道："我得去把你找来。"这位病人充其量只能达到环绕在真实自我外围的程度，但不能冒险活出真实自我。因此他终其一生都在用自我照料、自我治疗的技巧让自己沉闷。

温尼科特决定用抑郁心位的概念框架来看待这些内容时，他有着充分的理由。抑郁心位意味着一种内在精神状态，具有特定的情感能力和某些自我功能。也许并不是偶然，温尼科特于《退缩与退行》（1954a）中写下对这位病人分析的首份记述之后，很快便又发表一篇名为《正常情绪发展下的抑郁心位》（*The Depressive Position in Normal Emotional Development*，1954b）的论文。对温尼科特而言，抑郁心位包含了情绪发展上的**成就**。温尼科特论述中的关键性段落如下：

"儿童（或成人）能够有人际上的关系，这标示出个体在学步儿阶段是健康的，如果就他们身上无限多形貌的人类三元关系的分析是可行的话，说明他们已经通过而且超越了抑郁心位。反过来说，若儿童（或成人）的主要关切仍然是人格整合的内在问题，或是怎么开始和环境建立关系，那么他们就还没有达到人格发展的抑郁心位。

从环境的角度来看，学步儿处于家庭情景里，在人际关系中演练着本能性的生活，而婴儿被一个顺应他自我需要的母亲抱持在怀里；介于这两者之间，是达到抑郁心位的婴幼儿，他们被母亲抱着，而且不止如此，他们是在生活的某个阶段里一直被抱着。需要注意的是，**时间因素**被加了进来，而且母亲**抱持住一种情景**，让婴儿有机会修通本能体验带来的结果；一如我们会看到的，这样的修通可与消化的过程做比较，而且复杂的程度不亚于它。

母亲抱持住这样的情景，而且在婴儿生命的关键时期一而再地这么做。带来的结果就是，做了某事是可以对某事施以影响的。母亲的技巧使婴儿身上同时并存的爱与恨可以被厘清、相互关联，并渐渐以一种健康的方式由内部加以控制。"

理解这位病人是如何利用温尼科特的关键，在于"**母亲抱持住一种情景**"和"母亲的技巧"这两个短语。如果有人仔细检视这位病人的移情关系，会发现有个特点相当醒目：他勤于观察温尼科特的分析技巧，并马上把他观察到的转为他的语言。他自始至终拒绝、否定温尼科特作为客观客体的存在，以便把温尼科特的分析技巧隔离出来，然后据为己有。他留给温尼科特让他去做的是抱持住治疗的情景与空间。此外，语言为这位病人提供了他需要的全部屏障，把温尼科特拒斥在外。每当分析的历程把他推向亲密，他便睡着。他在口头上"要求"身体的接触，但这不过是他心灵耍的另一个花招，抢先一步篡夺了浮现出来的需要和／或希望，以便转手交给语言，随后它们在语言的范畴内停留在麻木呆滞的状态。温尼科特这样安抚他："我会说，适时做出正确的解释也算是身体接触的一种。"温尼科特始终能感知到这位病人内在的保护壳有多么脆弱。任何由温柔或关切带来的躯体上的亲密而挑起的兴奋意外涌入，都会轻易地对这个人精神器官惯用的拿手绝活造成巨大破坏。所以温尼科特维持在病人斟酌过的语言范围里，视其为病人独特的利用他的方式。因此这位病人从来没有发展出玩耍的能力。这遗留下来成为一种缅怀曾经的可能性的想法。温尼科特深刻地察觉到病人的生活中经受的这些压缩。他对病人讲，他"被修复的能力塞得满满的"，而这对病人来说是个不祥的威胁，因为"满足毁灭了为他而在的客体"。在这些限制之下，病人只能以一种非常特别而疏远的方式**利用**温尼科特。他对温尼科特的一个基本使用方法，就是找到一个个人化的空间，让他抒发他的想法以及他对自身经历的**观察**，并尝试性地允许这两者有些互动。不过，就算在这个空间里，睡觉仍然是他的避难所和他仅有的依赖经验。温尼科特在他某次**睡觉**醒来之后解释道："你有一个需要，就是在你睡着的时候，另外有个负责的人可以抱着你。"这位病人反复利用的是温尼科特一定程度上的沉默含蓄。这位病人明白，温尼科特对他的了解远甚于温尼科特所做的解释。这是他们之间的秘密。另一个秘密是温尼科特做笔记的事。

接着我来谈谈最后一个问题：温尼科特怎么向病人呈现自己，并且通过自己治疗这位病人。他的论文《不良行为是希望的征兆》（*Delinquency as a Sign of Hope*，1973），谈及一名从某家店里偷了一支钢笔的孩子的反社会倾向时，温尼科特说道：

"……寻找的不是客体，无论如何，**这个孩子想找的是发现的能力，而不是某个客体**。"（粗体为作者强调）

我相信温尼科特从一开始便觉察到这位病人在自己身上搜索着去**发现一种能力**，而不是寻找和客体的关系。基于这个觉察，温尼科特在他和这位病人的关系里定下了特殊的基调。和病人一样，他也多少成为临床过程的**观察者**，在他身上表现的形式是做笔记。在另一篇论文《母一婴的亲密体验》（*The Mother-Infant Experience of Mutuality*，1970）里，谈及**亲密体验**时，温尼科特写道："这种亲密性来自于母亲顺应婴儿的需要的能力"，而且他从临床过程的观点详细论述道：

"恪守死板的分析伦理、不容许触碰的分析师，错失了大量将会在这里描述的事情。比方说，他们永远不知道的一件事情是，当分析师打了个盹，甚至只是一时走神（这很有可能发生）到他／她自己的幻想里，会导致轻微的阵痛。这种阵痛和母亲对婴儿抱持的失败是等同的。分析师的心灵把病人摔落了。"

我相信，温尼科特做笔记的另一个功能，是当病人停顿很长一段时间或陷入睡眠，甚至或者病人在会面里用组织严密的密集词句进行袭击，用这种特别的方式拒斥亲密时，他能够让自己保持清醒和警觉。这份书面的叙述透露出病人与分析师的言语交谈有几分虚假的势头。病人在加工制造自己的叙述时斟酌盘算过的话语，极度令人厌倦，病人明白这一点。有时候，温尼科特会相当潜意识地大量借用他和孩子会面时的涂鸦经验，在纸的空白处随意记录。他在会谈时的胡乱记录更像是涂鸦而不是书写。他在纸上到处涂写，各个方向都有，有时还上下颠倒。这么一来，他保持了躯体注意力的活跃，他的心灵也绝不会让病人"摔落下去"。这样的病人会激起分析师身上一种非常怪异的反移情憎恨，迫使分析师贸然强加一些解释以缓和这种紧张感，或者迫使分析师陷入沉默，那比病人的叙述更加呆滞和令人厌倦。

温尼科特也从做笔记中创造出一个秘密空间，与病人在躺椅上打盹的秘密空间相匹配。如此一来，双方对彼此都感到安全，也让对方得以存活。他们清楚对方的秘密，对此心照不宣，并且生活于斯。

所有阅读这份临床叙述的治疗师固然会得到很多收获。或许其中最重要的一课是，治疗绝不能超越病人的需要以及精神资源而令其从治疗中维持生活。

分析的片段　>>>>>>>>>>>>>>>>>>>>>>>>>>>>>>>

　　这则分析的片段是为了说明在分析过程中常见的抑郁心位。

　　这位病人是30岁的男性，已婚，有两个孩子。他在第二次世界大战期间接受过我的分析，正当他的病情好转到足以进行工作时，分析迫于战况而中断。在那一次的分析里，他来的时候处于抑郁的状态，有着浓厚的同性恋倾向，但是没有显现出来。他显得很恍惚，没什么现实感。他的洞察力提升甚微，但是他的病况有起色，能够从事战务工作。他头脑聪明，令他可以玩弄一些概念，做些哲学思考，在谈论严肃的话题时，大体上能被认为是个有趣而有想法的人。

　　他有能力从事他父亲的职业，但这并不令他满意，他很快考上医学院，或许（在潜意识里）从而保留住将我取代了他自己的生父而形成的父亲形象，他父亲已经过世。

　　他已结婚，借此让一名女子有机会帮助他从依赖中得到治疗。他（在潜意识里）希望能取得一种效果，让自己通过依赖而在婚姻中得到治疗，但是（如同通常发生的那样）当他随后要求妻子特别容忍他时，经常会失败。幸好妻子拒绝当他的治疗师，而且多少也因为他认识到了这个事实，令他的病情发展到了一个新的阶段。他在工作（在某家医院担任医师）时崩溃，并且因为失去现实感，失去对工作和生活的应对能力，而自愿入院治疗。

他那个时候并没意识到自己一直在寻找以前的分析师，也根本无法开口要求接受分析，但是事后看来，那正是他持续做着的事情，而且是唯一有价值的事情。

新的分析开始后的一个月左右，他重拾医院职员的工作。

当时，他是一个分裂型（schizoid）的病人。他的妹妹曾患有精神分裂症，接受过精神分析（相当成功）。他前来接受分析时，提到自己无法自由说话，没法和人聊天，没有想象力，也没有玩耍的能力，没办法做出自发随性的手势姿态，也兴奋不起来。

一开始的情况可以说，他来分析是为了来讲话的。他的言谈经过深思熟虑，措辞讲究。事情慢慢地变得清晰起来，他倾听的是自己持续进行的内部对话，然后把以为我会感兴趣的部分复述出来。那段时间的情况可以形容为，他是带着自己前来接受分析，并且谈论着那个自己，就像是一位父亲或母亲带着孩子来见我，并谈论那个孩子。在这早期阶段里（长达6个月左右）我根本没机会跟那个孩子（他本人）直接说上话①。

这阶段分析的演化记载于另一篇文章里②。

然而，这个分析有非常特别的路径，它在性质上起了变化，于是我可以和那个孩子，也就是这位病人，有直接的接触了。

这个阶段的结束相当明确，当时这位病人自己提到现在是他本人前来治疗，而且头一回感到有希望。他愈发意识到自己兴奋不起来，缺乏自发随性的能力。他几乎不会责怪他的妻子觉得他是个无趣的人，除了加入别人起头的严肃话题之外毫无生机。他实际的性能力没有问题，但却无法做爱，而且性通常不能让他兴奋起来。他有一个小孩，在分析期间又生下第二个。

---

① 参阅《移情在临床上的变化》（*Clinical Varieties of Transference*，Winnicott，1955）及《由真性自我、假性自我的观点看自我扭曲》（*Ego Distortion in Terms of True and False Self*，Winnicott，1960）。

② 参阅《退缩与退行》（Winnicott，1954a），重新收录于本书附录。

在这个新的阶段里，分析的材料逐渐转向典型的神经症移情。曾经有一个短暂的阶段明显趋于兴奋，但只是口头上的表达。他并没有体验到兴奋，但这也为以下案例记录里详述的工作拉开序幕。兴奋出现在移情中而病人自己感受不到，到可以体验到这种兴奋，这份案例记录说明了这其中的工作。

有新进展的头一个征兆，是他报告了一种全新的感受，就是对他女儿的爱。他是在看完电影回家的路上感觉到的，看电影时他真的哭了出来。那个星期他流了两次眼泪，这对他而言似乎是个好兆头，因为他一向哭不出来也笑不出来，如同他无法去爱一样。

碍于现实，这位病人一个星期只能来三次，我也接受了这一点，因为很显然，分析的进行自有其节奏，这个节奏甚至还挺快的呢。

1月27日至2月28日

1月27日，星期四

病　人　病人说除了常咳嗽之外，没什么可说的。大概是一般的感冒。然而他的确想过可能是肺结核，他也盘算过如果结果是他真的要去住院的话，可以怎么利用这件事。他可以跟妻子说："我现在这样……"

分析师　有多种可能的解释方式，我的选择是：我提到疾病和分析之间的关联被忽略掉了。我想到的是如果就医会使分析中断。我说我一点儿也不认为，这个对后果做出的相当粗浅的推论是焦虑的核心重点。同时我也处理了现实的一面，说我会把这个事情留给他自己。他很清楚自己想要我拿这个材料做分析，不想真的让我去做诊断。

病　人　在我做完解释之后，他说事实上他想到的不是肺结核，而是肺癌。

分析师　现在我有了更有力的材料可以工作，我解释说，他告诉我的是有关自杀的内容。这如同我所谓的5%的自杀。我说："我想你这辈子还没真正有过自杀冲动，对吗？"

病　人　他说这只是部分正确。他曾经拿自杀威胁过妻子，但不是真的那个意思。这并不重要。在另一方面，他时常感到自杀也构成生活的一部分。不管怎么说，他的妹妹曾经两次尝试自杀。她并不想死，所以没有成功。然而，就算不是全部人格卷入进去的冲动，这两次也让他真正见识到了自杀。
（这时他联想到了为了向前进而感觉到必须跨越的屏障）

分析师　我提醒他（他忘了），他曾经觉得有人从中阻挠，不让他跨越那屏障。

病　人　他说，他感觉那道屏障像一堵必须要打破的墙，不然自己就会撞上去；而且他有种感觉，觉得自己的躯体会被抬着经过这条艰难的路径。

分析师　我说，因此我们有了证据，在他和健康之间横亘着的是自杀这件事，我必须搞清楚这一点，因为我必须知道他不会死。

病　人　他曾经想过以各种形式重新开始不同的生活。（停顿）他提到迟到，最近比较明显。这是因为发生了一些新事件的缘故。他本来可以把所有工作排开，闲逛一刻钟，以便按时到达。但是，他的工作对他而言变得越来越重要，如今他会先把事情做完再过来。如果顺利的话他可以按时到达。他的说法是，目前，分析在某些方面不如他的工作那么重要。

分析师 我在这里做了个解释，把之前的材料收集整理起来并指出，我比他更容易看到这一点：起初他只能为自己出力，随后他可以为分析出力；现在他能够在工作的状态下为分析出力。我把这些与内疚联系在一起，包括自杀在内的整个阶段背后的因素就是内疚。我提醒他分析导向的事情是包括进食在内的本能的兴奋感。但目前由于无情的毁坏导致的内疚感太过强大，除非建设性的冲动与能力显露出来，内疚才会减轻[1]。
（停顿）

病　人 这些解释的效果在他的下一段话里显现，当时他用极轻松的口吻说："我现在可以拿疾病来消遣了；那大概是麻疹，小孩子得的东西。"

分析师 我指出，自从我将他对疾病的幻想里暗藏的自杀信息移除之后，他有了转变。

病　人 接着他说，他头一回觉得，如果有那样的机会，他会利用一场外遇来平衡他妻子的背叛不忠。

分析师 我指出，这说明他与妻子关系中依赖的元素减少了，而这些依赖则汇集到了分析里面。

---

[1] 参见《关切能力的发展》(*The Development of the Capacity for Concern*，Winnicott，1963）。

25

1月27日之后的那个星期

接下来的3次分析报告浓缩成了如下的陈述。

病　人　病人报告说在上次会面之前，他其实已经和一位女性的朋友上
过床。那是在一场派对之后。所有的感受都被封堵住了。他说
这样的事在分析之外的任何时间都有可能发生。他感受不到爱
（能力不受影响）。

（这次的会面从头到尾都单调乏味，被潜意识地设计为让分析
师感到没发生什么重要的事情。）

接着他说，他期待的是一个很棒的结果。他期待的是，他不说
我也能知道他曾有过一次掺杂着兴奋的经历。

（这信息起初是他迂回地透露出来的）

分析师　我向他指出，他谈起这件事时压抑得那么深，我是没办法将其
加以运用的。但现在我能够解释这件事在移情上的意义，一开
始我说，那个女孩代表他自己，所以在外遇这件事上，他如同
一位女性，和作为男性的我发生了性关系。

病　人　他勉强接受这个解释，但是因为这个解释里面没有自然的演化
而感到失望。

分析师　隔天他心情沮丧，我做了个新的解释，首先，我说先前的解释
显然是错的。我说那个女孩（在移情神经症中）是分析师。

病　人　接着便是立即的情感释放。这个解释引发出与依赖有关的主题，
而与情欲无关。

（分析至此走出了长达一周的困难阶段，病人对我发展出了强力的联系，这令他十分惊恐。）

他有个疑问："你受得了吗？"在他找寻过的可以依赖的众多对象中，他特意挑父亲来谈。他的父亲在某个特定阶段之前尚能够接受，但之后却老是把他交给他母亲。他母亲没什么作用，早已败下阵了（也就是在病人的婴儿期时）。

分析师 我做了另一个解释，但从结果来看它是错误的，所以我必须收回它。我提醒他，在整个孩提时期他女性化的自我都徘徊在他男性化的自我之外，而在他的移情神经症里，我的新地位等同于这个女性化的影子自我。在撤回这个解释之后，我看到了正确的解释。我说，眼下起码他的大拇指再次有了某种意义。他持续地吸大拇指一直到11岁，现在看来，他放弃它似乎是因为他再也找不到某个人能受得了他的这个行为了。

这个对拇指的解释明显是正确的，而且顺带让他非常刻板的手部动作产生了变化。他在整个分析里头一次把左手的拇指举起来放入嘴里，而他对自己的这个举动浑然不知。

2月8日，星期二 [1]

门铃坏了，他在门阶上等了3分钟。

病 人 他说，开头很公式化，并拿这与病史采集相比。病人总是认定你知道的比你显出来的要多。

---

① 参见《过渡性客体及过渡性现象》（*Transitional Object and Transitional Phenomena*, Winnicott，1951）。

分析师　"我会记住等候会让你不高兴。"（在这位病人的案例里十分不寻常）

病　人　他继续描述道，医生在采集病史的时候会有多么为难，是巨细无遗地去询问，还是仅仅满足病人，假装自己知道的和病人期待自己知道的一样多。话讲到一半，他出现了退缩[①]。从那个短暂的退缩里恢复过来后，他设法把退缩时的幻想讲了出来：有位外科医生在手术中途停了下来，这让他非常恼怒。并不是那个医生冲病人发脾气，而仅仅是那个病人倒霉；他接受手术到一半，医生就去罢工了。

分析师　我做了个联系，提到他的这个反应，是因为在我接纳了依赖这个角色之后，紧接着就有个周末休息日。我提起了门铃坏掉的事，但相比之下这已不那么重要；反倒是这个长间断直接联系上了他在上次会面结束时说的话，他说我可能受不了他对我极度依赖的需要，例如，他和我生活在一起那样。
（这个解释的效果非常显著；分析变得有了生机，并且一直持续到这次分析结束。）

病　人　病人谈到他的消极，说这如何让他厌倦，让他抑郁，这让他处于困境，当他昏昏欲睡时会生自己的气。这样的消极性是种挑战。有时候讲出来的话根本不值得费的那些力气。他真真切切地感到枯竭了。睡觉意味缺乏情感，一片空白。他的妻子很感性，受不了他用理性的态度面对一些事物，一点儿情感也没有。他开始谈论爱这个字眼，指的不是性的那方面。
他之后谈起琼斯在《观察家报》上的文章[②]，特别提到文中那个

—————————

①　参见本书附录《退缩与退行》一文。

②《良知的曙光》（*The Dawn of Conscience*），刊载于 1955 年 2 月 6 日《观察家报》（*The Observer*）。

玩纽扣的孩子，以及琼斯如何将其与食人风俗联系到一起。

我没有做解释，知道他明天来的时候，这个主题会再度浮现。

2月9日，星期三

病人过来时很兴奋。

病　人　"我觉得好些了。"（兴高采烈）他说自己和大家一起大笑了。整件事里有些全新的东西。事情发生得很自然。

分析师　我发现他不记得上回发生的事情，我做了个总结。在做总结时，我想不起退缩幻想的内容，我也告诉了他。对这个男人来讲，如果我能提醒他上一回的内容，总会对他有帮助。

病　人　他说，他觉得好些了之后，有种解放的感觉，这让他从妻子那里独立了。对于她，他现在有筹码可以使用，虽然他对她并无报复之心。他再也不必跟以前一样乞求同情。那样做根本没用，只让他自己感到绝望。

分析师　我说，这似乎强化了他的整体人格，令他稍微能够接近一些食人风俗和本能冲动。

病　人　他说，为了让事情更好，他和一位外科医师有过一番讨论，非常友善，结果令人非常满意。

分析师　这时我想起了他的退缩幻想，并且提醒了他。

病　人　他继续道，那个外科医生反对对一名需要特定治疗的病人动手术。这位外科医生明白情况，但从某种意义上来讲罢工了。
（停顿）

分析师　我解释说，兴奋出现了，但是也带来了与它本身有关的焦虑，所以受到严密的控制。

病　人　他说到其他一些次要的事。"我可以承受兴奋感。一年前类似的事情也发生过，但兴奋让我承受不了，所以那些事便离我而去了。我只容许一种智性上的理解。我的抑郁没有了的话，我会承受不了。事实上我不能明白，怎么有人可以那么兴奋，而且我对于可以胜任的感受没有任何概念。现在，这个治疗似乎令进步可以持续，我可以放得开了。"（停顿）"我不想再继续谈论兴奋了。"

分析师　"兴奋的重点是，变得兴奋。"

病　人　"这里面包含有危险。你看起来会很傻。如果你喋喋不休，人们会笑话你。"（喋喋不休这个词在这个分析里专门指代他幼年的一个阶段，据说他在变得闷闷不乐和退缩之前，是喋喋不休的。）"之后只留下你抱着宝宝（意指兴奋）。"
（停顿）

分析师　我做了个解释，把喋喋不休和抱持住婴儿联系在一起[1]。

病　人　"人们瞧不起大人喋喋不休。我一向很严肃。现在我感到自己在

---

　　[1] 关于"抱持"的概念，请参阅《家长—婴儿关系的理论》（*The Theory of the Parent-Infant Relationship*，Winnicott，1960a）。

分析之外可以自然的喋喋不休。在分析里面，即便当下或是我可以对某件事感到兴奋时，我也只能一本正经的。兴奋本身有些不同之处。危险就是如果你兴奋了，你就失去了它。它被从你那取走了，或被侵蚀了。"

分析师 "如果你表现出兴奋，它会膨胀起来。"（我可以在此处解释阉割焦虑，但是节制住了）

病　人 "是的。你很轻松，要是宣称兴奋了，并且认为它和某件事情有关的话，你就会变得沉重。华丽的自由很重要，但这只在没有爱的关系里才会出现。我昨晚一直想着这个。和那个女孩的关系就是一场华丽自由的外遇，和我妻子的关系不可能那样。"

分析师 我提醒他，他也在讲述关于自慰的事，而且他发展出的这个主题如同他已经要在那个当下就去做了。

病　人 "好处是不用承担风险；没有人际纠葛。"让他惊讶的是，他没料到自己结了婚之后仍然延续着这个需要，纵使这危害到他的性能力。

（这时门铃发出杂音；有人来修门铃。这造成了干扰，病人很吃惊自己竟然感到介意。）

"通常是反过来的。如果有什么干扰的话，你会过度担心而我不觉得有什么大不了。不过就在刚才，我们谈到这么私密的事情上头，我第一次看到，你关于分析的设置以及它的重要性所讲的东西是多么的正确。"

分析师 我将其与依赖的主题做了联结。

2月10日，星期四

病　人　他继续报告兴奋感，尽管和兴高采烈比起来程度上要弱一些。

分析师　"看来，你这辈子大部分时间的生活低于平均水平的兴奋，如今即便你只是达到通常水平的兴奋，你也会有明显的意识觉察。"

病　人　"是的，我发现，我不用那么费力就可以变得快乐和轻松了。我以前只是偶尔能，而且总得装扮出来。今天发生的一些事让我意识到，无论如何，小心谨慎都是必要的。在工作和家庭上仍有问题未解。我为自己感觉好起来而感到担忧和内疚，当然也包括秘密的外遇。兴奋过头很危险，也就是说，会赔上未来。把有待解决搁下不管，我也承担不起。但这之中还有差别。我现在对未来有了期待。我以前似乎陷在眼前的困境里找不到解决办法，也展望不到未来。从没希望能过上平常的生活。我的抑郁是为了寻求依赖。我会说我是从依赖当中，也就是从抑郁当中，要求我与生俱来的权利。"

分析师　"对未来和目前的绝望感，原来是你所不知道的过去的绝望感。你想找的是爱的能力，虽然我们对从前的点点滴滴毫无所知，但我们可以说，你早年生活中的某些差错，让你对自己的爱的能力起了怀疑。"

病　人　他同意所有的这些，之后他说："这项任务还有待完成。"

分析师　我做了个相当宽泛的解释，把他觉察到对自己女儿的爱的这件事涵盖进来，并且提醒他，这是在电影院掉泪之后发生的。

病　人　"我理智上向来认为快乐与痛苦相连。同样的，我把爱和悲伤联系在一起。我曾经跟人提起过。那是在青年俱乐部里关于性的演讲。我说爱和悲伤之间有一种关联，结果遭到猛烈的抨击，还被说是虐待狂。"

分析师　我说到，即便如此他仍旧知道自己是正确的，而那个演讲者错了。

病　人　"也许她（演讲者）也知道，但她发现在那个情境下不方便同意这样的观点。"

分析师　"我不需要进行回答，因为答案就在你的分析里面。"

病　人　"我没有那种施虐性，这种说法不正确。"

分析师　这时，我开始做一个更加全面的解释，提及恩斯特·琼斯（Ernest Jones）在《观察家报》的文章里提出的食人风俗这个词。

病　人　他说起一向察觉到做爱时啃咬很重要，通过这样的话补完了我的评论。

分析师　在这个全面的解释里，我说到他在某种程度上缺失了这个幼年情境，他需要我在分析里提供给他，也谈到要及时抱持住情势，这样一来依赖现象就可以经受住本能冲动的时刻或念头的考验。我刚好说起一个例子，就是机构里的婴儿一天当中可能会被3个护士照料，这会给修复带来困难 ①。

病　人　我的解释他很快就理解了，并说："就我的情况来看，是有四个，因为我的四种生活——医院、家庭、分析以及那个女孩，一切都取决于我能否在分析里描述其他象限里发生了什么。"他接着说："但是，事情的不利之处是，整个情景的分裂给了我更多可以去谈论的。在这四块地方中的任意一个，我都有很多可以说的，但如果我把一切说尽，再无可说之后，往往感到虚脱。"

分析师　我首先谈到他需要感觉到他对这个分析有贡献，如果他找不到话说，他常常感到尴尬和不足。我说："我们也谈论了人交谈的根源之一，是个体通过在一个情境里谈论另一个情境的过程，把各自分散的经验整合起来，这是人在健康状态下都会有的共通的基本模式。"

先前他能够找到的，都是这个根源模式的各种范例，他一直以来都在寻找。现在，他在分析中找到了这个模式，而且因为能够把它分离出来而受益。

（停顿）

病　人　"行得太远有危险。一个人会变得糊涂。"

分析师　起先我以为他的意思是我的解释太复杂了。然而，他指的是，他可能会把无数的琐事带到分析里面。我想起来，他小时候被人描述成是喋喋不休的，直到早年某个特定的岁数以后才变成除了一本正经地谈话外无法讲话的情况。

---

① 参阅《关切能力的发展》（*The Development of the Capacity for Concern*, Winnicott, 1963)。

病　人　于是他告诉我，害怕零零碎碎的一团无望的混乱，也就是他所说的太过分崩离析的状态。他选择每星期四与某大夫一起巡视病房这件事来谈，特别是因为巡房通常会影响星期四晚上的会面。我之前从没有听他提起这件事。某大夫的巡房从来都不简单，总有一连串的挑战，他满是想法和要求。现在有了新的进展，这位病人有了很多自己的想法，而且可以在上级面前坚持自己，他们都很享受这样的接触。还有一次，完成一台相当困难的手术。他写了一份病人的病史报告，之后收到了一封令人愉快的信件，感谢他非常详细完整的报告。这是一封感谢信，而且恰好这位病人处于可以接受赞扬的情绪里，或许这是多少年来的头一回。他当然乐于接受。眼下似乎每件事情都太多了。每当事情无比琐碎他就会担心，所以发展出一种技巧，把事情概化，这样就能简化问题。

分析师　和把材料分清条理不同，也可能在数不清的碎片里迷失方向。看来，这位病人在这里描述的是他与日俱增的忍受分崩离析或没有整合的能力。

病　人　他说这些想法就像有太多的孩子那样。

分析师　我作为分析师的工作是帮助他应付这些小孩，并分门别类理出头绪以便管理它们。我指出，他身上塞满了乱糟糟的修复能力，但他尚未发现，施虐狂可以提示出如何利用这种修复现象。和我的关系里的兴奋感只有些迹象，还没有真正出现。

病　人　他随后描述道，分析情境对于处在兴奋中的病人来说是很困难的。分析师们受到良好保护。他们有特殊机制的护卫，不会受到侵害。这种情况在机构中格外明显，在那里，病人和医师只在专

35

业情境下会面，预约的安排也不是直接进行的。医师们也接受分析。只有实质的躯体暴力，才可能伤害得了他们。有一回，有个男人试图闯入，他成功地蓄意骚扰到几位医师，最后受到谴责。一个分析师不应当表现出那样的举动。或者说他们何必那样做呢？"有两个想法"，他这时补充说，"一种是，我气恼的是分析师无法对言语的伤害免疫。但同时我也因为他们不会受到伤害而感到气恼。你只有在不出现时才会惹恼他们，但是那样很傻。"

分析师 我说，他漏了谈论不出现（我本应该说"假装"的，但是我忽略了）的事情。这就像是他告诉我他做了个不出现的梦，而我们现在可以瞧一瞧这个梦的意义是什么。我们可以看得出来，此刻这里含有他的施虐性，而这施虐性把我们引向了食人风俗。我做了一个额外的解释，提到，在联结他生活的各个象限当中，其中之一就是这位外科医生的赞扬。在上次会面的材料里，我和外科医生联系到了一起，并且，对他来说重要的是，我应该要能够看得出我通过这个外科医生表扬了他。

病 人 他对此的反应是，他认为我应该能够在他兴奋的时候也表现出我的兴奋。我怎么能不为他的成就而感到骄傲？

分析师 我回复道，我的确很兴奋，不过或许没有他那么兴奋，因为当他感到绝望的时候，我也没有那么绝望。我的立场是要纵观全局。

病 人 他继续他的论调，说分析师要有能力随着病人的进步而跟着兴奋。

分析师 而我说："你可以相信我，我之所以从事这份工作，是因为我认为这是当医生最令人兴奋的地方，而且在我眼里，病人有好转当然比病情恶化来得好。"

2月14日，星期一

病　人　他报告说兴奋的阶段已经消退。它的新鲜感消失了。这牵涉3个
因素。其中一个是他累了；另一个是，兴奋感解决不了他所有
的问题。（我察觉到兴高采烈的阶段到了尾声）当他兴奋的时
候，他期待他与妻子之间的困难以及其他困难，可以自动得到
解决，但是现在他发现它们还是和先前一样。

分析师　我提起上回会面末了他希望我也跟着他一起兴奋。我指出，我
们一起处理了兴高采烈的状态，而且，对他来说重要的是，尽
管我跟他一同分享了兴奋感，但我没有分享他的兴高采烈。

病　人　他说，改变已经延续了某种程度，比如说，他注意到装模作样
的需要减弱了——活着本身的沉重负担变轻了，刻意的行为变
少了。他的言谈，尽管还是有困难，但不再是无法改变的问题；
而且他常常觉得，说起话来和别人不一样似乎无关紧要。（停
顿）他说兴奋的结束带来了焦虑，因为在兴奋期间分析师有很
多话要说。现在他又无话可说了。

分析师　"你其实是想让我知道，你找不到任何话说了。"

病　人　"就像揭开了盖子，它揭露出我所说的东西毫无价值，我感觉被
曝光了。"（停顿）他斩钉截铁地说自己不想说话了。

分析师　这时，我做了一个全面的解释，连带提起先前的一个解释，我
把眼下的分析和在战争期间结束、他没有获得什么洞察的第一

阶段联结在一起。我说，满足感毁灭了他的客体。他在上周得
到了些许满足，而现在，我身为那个客体已被毁灭了。

病　人　　"让我想一想，因为我担心女友不再引起我的兴趣了。"
接着他从我解释的观点来回顾他和他妻子的关系。他觉察到，
满足在某种程度上总会导致和客体的毁灭相关的焦虑。

分析师　　我做了个解释，提及在我看起来被毁灭的时期里，我的关注与
兴趣仍然是持续着的。

病　人　　他汇报说，理性上他明白我的兴趣是持续着的，客体也持续在
那，但是需要花一番力气才能感受到这些事的真实性。

分析师　　我引导谈话的焦点，提到他利用挫折感将满足感维持在不完整
的状态，并把客体保存下来以免被毁灭。
（停顿）

病　人　　"现在我觉得我们进到重点了。回顾从前，我可以看出这个问题
有多真实。我在想，我这种反应是不是很不寻常、很少见，或
者说，我到底和别人一样吗。"

分析师　　我和他讨论这个问题的两方面。首先，他谈的是一种普遍的现
象；其次，他要处理的事，对他来说比对其他人而言重要许多。

病　人　　"这对吸吮母乳的婴儿会有什么影响？"（此时，他几乎重新触
及了第一次分析中的核心特质。）

分析师　　这时，我针对分裂型及抑郁型（没有使用这些术语）这两种可

能的反应，为他做了更长、更详细的说明。我从被孩子从大衣
上弄下来的纽扣谈起，这在病人的头脑里联想到了食人风俗这
个词。我说对他而言，他得到纽扣之际，重要的是他得到了满
足，所以纽扣变得不重要了（撤回投注）。"还有另一种可能的
反应，我之所以这么说，是因为它就存在于你的分析里，但你
尚不能察觉到它。那就是，关切那件现在失去了一个纽扣的大
衣，以及关切那颗纽扣的命运。"

病　人　他显然懂得我在说什么。（停顿）他说，周末的时候他对他的事
业该朝向两个极端中的哪一方发展想了很多。一个极端是智性
的、清高的发展道路，视欢乐为无物。相对的是快乐和愉悦，
他可以以此作为最重要的追求。就实际来说，前者意味着遵守
他上司的指示，撰写病历报告，在以智力活动为主的医学领域
开创一份事业。他的上司毕生致力于医学，沉浸在智性的领域
里。他忍不住想要跟随这种斯巴达式的统治，但是，他说这会
将他自己排除到图景之外。而相对的一端也无法令他满足，因
为那样他只是仅仅在寻欢作乐。他也许会游走在这两个极端之
间，但那样游走也不令他满意。

分析师　我把这与手头的材料联系在一起。我说，如果他的分析不再前
进，停滞在目前，他要面对的问题，正好就属于他刚才描述的
两种反应的前者（分裂型）。我说，未来是可以讨论的，而且
可以说，他的分析已经显示出他正站在另一条发展道路的边界
上，即能够关切客体。一旦他的分析涉及这个问题，那么关于
他的事业规划这个大问题的新的解决办法将会自动浮现。

病　人　他说，他想知道，如何能在分析里对先前从没有达成过的事抱
有期望。"人有可能获得他本性里不曾存在过的东西吗？一个

从没有关切过的人要怎么去关切？事情可以凭空被创造出来吗？还是说，被埋没的东西可以被发掘出来？"

分析师　我说，在某个程度上我们会发现他曾经有过关切的能力，却在某些婴幼儿的情境里因为绝望而丧失了这个能力。话说回来，要在分析里踏出前所未有的一步也并非不可能。这些事不只要靠他自己，也要靠他的分析师。

病　人　"嗯，宝宝当然得首先在妈妈那里达成这些事。"

分析师　"在这最后几分钟，我们理性地进行交谈，并且讨论了你的分析，这和真正进行分析是非常不一样的。"

病　人　"我也觉得如此，但是，理性地谈论事情有其正面的价值。"

分析师　我不禁把这种状态与第一次分析结束时做了比较，那时这个男人的人格和外在人际关系有了非常大的转变，但是毫无洞察。

2月15日，星期二

病　人　"我一直在想昨天结束时的事。你说我们在围绕着主题交谈。不知何故这让我笑了起来。这真是很特殊的反应。我不禁觉得这非常好笑。就好像我们之前说的，'我们只是假装很严肃'。我们轻松愉悦地玩着游戏。我们关注事情时的严肃态度放假去了，我笑了出来，感到非常兴奋。"

分析师 "你的'玩游戏'这个词让我想到,在之前的分析里,回应你'绝妙的自由'这个词的含义时,我好像用到了'游戏'这个词。上次会面的最后,你和我玩在一起,围绕着主题交谈,而且你乐在其中,并且感受到了和通常的辛苦工作的对比。"

病　人 "这让我想起莫里哀的一些东西。某人对另一名男子说,他这辈子说起话来总是干巴巴的。他非常吃惊。他从没有意识到这个事实,这让他很兴奋。"

分析师 "我想,那感觉是我们一起玩的时候被发现的。"

病　人 "大体上在医学里也有同样的情况。我现在能够明白,在严肃的主题中间穿插一些轻松愉悦的东西有多重要。这样可能不太得体,不过,有时在严肃的医学讨论里搞点儿小娱乐,说说俏皮话,讨论起来会更有成效。我提起过两个极端:我应该像个隐士或苦行僧一般从事非常严肃的工作,还是应该尽情享乐,避免做任何严肃的事。现在看来,似乎有可能合二为一,这和寻找中庸之道不一样。合二为一是同时把两个极端容纳进来。"

分析师 "这和拇指是同一个主题,你对它有兴趣,并且你把我代表成了它。"
（停顿）

病　人 "今天有新的主题可说。有关女友的事。我刚刚和她见过面。我对她的态度不一样了。原本只是理性地被吸引,一来是为了向我妻子表现虚张声势,二来是身体上感到兴奋。但这令我担心,因为我知道厌烦和疲倦一定会紧跟着出现。今天有了一个转变。我真的感觉到温暖,而且对她说的话、做的事感兴趣。我在想,

41

我可能开始恋爱了。这是全新的感受。我无法判断。这从来没有发生过。我不想给它贴标签。我今天和这个女孩在一起轻松自在，和我与妻子之间僵持不下相比，对比非常强烈。工作上也一样。似乎到达了过渡期。和那女孩在一起，当出现空当，她会持续给出一些想法，而我的妻子早就没办法了。或许她以前那么做过，但也已经放弃希望了。一个令人惊讶的例子就是，我和这个女孩打了半个小时的电话。这绝对是头一次。我和人打电话从来没有超过3分钟，除了公事之外就没话说了。我在家时的心情轻松很多，因为我已经不在乎我妻子和她男友的事情了。”

分析师 我问起他妻子的情况，以及她了解多少。

病　人 “她大概知道得很清楚，但是我想要弄点儿玄虚。开诚布公地谈论这种事就太冷血了。谁先提起这档事，谁就处于弱势。”
（这个病人不经意间表现出，他明白和女友的这段插曲是分析的一部分，他无意让婚姻破裂。他总是盼望着自己可以好起来，婚姻得到修补。）

分析师 我试图想展现，他生命中形形色色的分离开来的插曲，全都一起出现在移情里面。

病　人 他继续说到，他妻子期待他强势一点儿，而他喜欢依赖的位置。和女友在一起，没有哪一方是强势的。他突然想到，他和女友的关系就像兄妹一般，而相比之下和妻子之间的关系是父亲与女儿。他曾经和他妹妹之间偶尔有这种关系，但他们已经渐行渐远。和这个女友在一起的好处就是，可以实实在在地有这样的关系，却又没有乱伦的禁忌。他们可以互相帮忙。这提供了刺激的新鲜感，去发掘可能性。（停顿）他报告说他卡住了。

分析师 我接着刚才的主题，他将所有的在关系中的态度统统带到分析师这里，对冲突的体验通过在各个部分里见诸行动而被回避了。讲到这里，我指的是自慰。

病　人 "我在想，你一定会说这段和这个女孩的关系与自慰有关联，一部分是因为自从这段关系开始之后，强迫性的自慰变得少多了。我在想：'他会说你只不过是把幻想见诸行动。'"

分析师 我指出，他使用了"只不过"这个词，这很重要，我没有用这几个字眼。

病　人 "是啊，你会直接泼冷水。"

分析师 我处理他确实存在的自慰幻想，以前我们没有发现它，但是他在和这个女孩的关系里，还有特别是在随着与我的关系的发展而出现的交流里发觉到了这种幻想的存在。

2月18日，星期五

病　人 "我首先想到要说的是我上次来这里是3天以前，似乎过了好久，但我还记得那天早上做的梦的一部分。我半醒半梦，之后，随着我逐渐清醒，我回想了一下，顿时担心起来，因为我觉得我应该害怕的，但在梦里似乎很自然。这个梦是我引诱了我的女儿。我一度忘了这个梦但后来又想了起来。"

分析师 我指出这个梦跟随在他掉眼泪并且感受到了对女儿的爱之后。

我问他引诱是什么意思。

病　人　"大概就是指我和她性交。我现在想起来，最近她在我腿上时，我有些性兴奋，但必须要压抑下去。这种情况在上周我比较兴奋的时期，还有和女友偶尔性交的期间也有过。这是同一件事的各个部分，这段时期我没有自慰，我也不想。还有我可以用有意识的努力去压抑，以便保持能力。"

这些事让病人想起好几年前在家里和他妻子之间的问题。他头一次提起性欲很难被挑起而且早泄。在那种时候他会自慰以缓解紧张，从而有一些控制感。

分析师　我提醒他，他曾经把与妻子的关系和父亲与女儿的关系联系在一起，因此这个梦表示他与妻子的关系里发生了一些事情。

病　人　"这接上了我正要说的事。我很沮丧，因为做了这个梦之后我和女友见了面，我越来越喜欢她了，但现在我发觉她变得冷淡了。"

她之前的一个伴侣现身了，所以我的病人被甩开。她自己16岁的时候被她的父亲引诱过，因此她恨他。有个观点认为社会对这样的引诱不如对母子间的乱伦那样不满。从人类学来看，父亲—女儿的关系或许可以发展下去，但是母亲与儿子则不可以。病人说，他几次的关系里面，女生因为他的善解人意而喜欢依赖他，但是关系往往以父女之情结束。他觉得这是他人格上的缺陷。他无法变得有攻击性。

分析师　"你想表达的是，你没办法让自己去恨三角关系里的那个男人。"

病　人　"这只是马后炮。不是你自发想到的。这是个学术意味的观点。"

当下出现了进展，并且它的危险也来势汹汹。这一切会怎么落幕？他知道了和女友在一起的那个对手。

分析师 此时，我把只会在移情里融合在一起的4个元素：依赖、本能的满足、乱伦的梦、婚姻关系做了一个广泛的整合。

病　人 这之后他说，他刚好记起许多年以前他梦到自己和一个女人做爱，现在看来她似乎可能是他的母亲。梦中的那名女子无疑具有他母亲的某些元素。全部的这些都在和女友有关的两难困境之上显现出来。有3个不令人满意的选项：①和那个男人竞争；②撤退；③结束这段关系。

他认识到这3项都令他不满意，且感到气愤。这些结局仅仅是方便省事而已。而且他今天在前来分析的路上还在想："没有性爱的生活一定是令人不满意的，即便这样可以免去一些烦恼。人生如果没有期待，那活着还有什么意思。"他说，从很早开始，不知怎的他就知晓了性交是令人向往的，是某种哪怕并不需要，他也很想要的东西。

分析师 我指出在这些梦中父亲是不存在的。

病　人 就在这个时候，他说了更多的关于女友的那个对手的事情，他也是有两个孩子的已婚男人。这关系让他感到不满的是，这两个男人都在踩着对方的脚印前进（认同了）。

分析师 我指出，关于他女儿的梦还有和这个女孩的关系里，都回避了曾出现在关于他的母亲的梦里的那些强烈的情感和冲突。

病　人 他说，我一定要记得，过去几年来他对他的父亲已完全没有任何感觉。除了曾在分析的某一个阶段出现过之外，它们都被埋藏、扭曲了。（他把梦里的没有父亲联系到他对父亲没有感觉上面）他还说，"你必须记得，我和这个女孩之间发生的乃是一场戏。感觉很自然但仍旧是场戏，而且这场戏已经被打断了。我自然会暂时沮丧一段时间，我觉得前方一片阴暗"。

分析师 "关于这场戏，所发生的事情让你明白了自慰的隐含意义。"
（停顿）

病　人 "还有抑郁的。"
他接着说，他想找人聊聊这一切，但不是女友也不是他的妻子。他没有足够亲近的朋友，而且这种情况已经持续好多年了，而接受分析时，所有的事情都被严肃地对待。他需要有人可以开玩笑或一起玩。有些男人会喝酒而且感觉自己被甩了，另一些会卖力工作，或找人聊天。

分析师 "你说的是，你缺乏亲近的朋友，而且这样的人得是男的。"

病　人 "是啊，大概吧。"

分析师 "而且他也一定得把他的心腹事交给你才行。"

病　人 "对，因为只有这样，我们才可以避免一方依赖另一方。"

分析师 我问他有没有交过朋友，他告诉我念大学时有过这么一个。

病　人 他说，事实上都没有人当他的伴郎，他妻子经常拿这件事奚落他，说他们不得不找了个她的亲戚来凑合。他说，他觉得这一个小时快到头了。他会被撵走，也就是被甩掉。所以，重要的是快结束时就别再多说什么。

分析师 我提出"被甩"这个词的完整意义，这使得我和那个女孩非常相近。我说："只有我们俩在这里，如果我甩了你，你找不到人让你出气。"

就在这时，门铃响起，他说：

病　人 "我不确定；有人在门口呢。"

分析师 我得让下一个病人进来，那是位男性，当我送这位病人离开时，他看起来好像是在享受着玩这样的三角关系游戏，而且憎恨着让他被女人甩的男人。

2月22日，星期二

（迟到了5分钟）

病　人 "我突然想说，《柳叶刀》上有一篇关于尿床的文章，文中提及了情绪性多尿。"他报告说我一度对这个话题视而不见。（这似乎是不可能的）他注意到，随着最近分析的进展，他自己的多尿问题消失了。

分析师 我说他因为我的疏忽而感到愉悦。（我没有为自己辩护）

病　人 他说觉得自己被两种态度拉扯，战胜分析师，也想揭露那个生理医师。不过，那篇文章也提出，多尿往往源自轻微的器质性问题。所以很多的所谓心理问题可能其实是器质性的。

他说自己好比从心理治疗师手下抢救孩子一般。他报告这些的时候，仿佛像是报告一个令他吃惊的梦似的。他说那就像是从外科医生的刀下把孩子救出来一样。他把这与他要找一种比精神分析更迅速的疗法的渴望进行比较。

有一点逐渐清楚明朗起来，他在这个小时里处于阻抗的状态中。这是以昏昏欲睡的形式呈现出来的。

他说他处在两难困境里，看到心理学遭到抨击，他不知该高兴还是难过。这个神经学家也暗指，案主被归纳为功能正常，却没有证据支持。这一切暗示着，或许大量的心理原因案例终究能够如此处理。（停顿）他说他有一种奇怪的感觉：没有任何事情。这就像他看诊病人的那些会面，如果发现病人没什么事情，他就会转去下一个案例。不过，在这里，分析师一待就是一个小时。分析师没法转去下一个。他为自己略过困难的病人，仅仅是因为他们无趣而感到内疚。"医疗实践中很少会碰到像分析这样的情景。"

分析师 我提醒他那位"罢了工"的外科医生。

病　人 "你无法离开。如果这一小时什么都没发生，逻辑上的结果一定是你会很愤恨。"

分析师 我对他忽略病人这件事做了解释，并且提出了一个事实，某个层面上，我的确会忽略他，也就是说，在会面之外的时刻。

病　人 他说分析师要忍受病人一个小时。他拿这和他女儿对他的要求相对比。她真的不可以径自假设因为他在家里，所以他的那两个小时都得由她摆布。（停顿）他报告说他卡住了，并且宣称他累了。

分析的片段

分析师 （遗失）

病　人 "我从那个女孩身上发现，令她震惊的东西和会让我震惊的东西不同。"和同性恋有关的任何征兆都会让她震惊，而且她有同性恋的倾向，为此她还曾经接受过某种类似分析的干预。"会让我感到震惊的是乱伦，不是同性恋。"当他还是孩子时，他害怕妈妈亲他，而且现在仍然感到厌恶。或许他有着"变态的乱伦念头"。这让他充满恐惧。

分析师 我问关于恐惧他联想到什么。

病　人 "它称不上是被社会所不容。男孩子亲吻他的妈妈不会令人不悦。"他提醒我在他7岁或8岁的时候曾经有一件事情，是他先前在分析里报告过的。和一次散步有关，全部家庭成员都在场。他父亲把他推向母亲，并不愉快。
（停顿）

分析师 我做了一个涵盖广泛的解释，指出他近期朝向三角情势的发展，并把他的昏昏欲睡与他还感觉不到，但与这新情势有关的焦虑联系在一起。我说我知道他真的很累，但他不会喜欢我把这作为全部的解释。
（停顿）

病　人 "我的心思好像飘走了；很难集中，或者获得我想说的念头。"

分析师 "我的长篇解释挤走了你的思绪。"

病　人 "不，我可能今天原本就产生不出什么东西。"

49

分析师　我拾起之前关于渐渐损坏的话题，那个解释在当时很恰当，并且在当下也等同于阉割焦虑，起码就理论而言，父亲在三角情势里现身了，而这是以前没有的。我还把上次会面的结束和"被甩"这个词，以及和他在我"甩了"他之后让下一位病人进入时，他听到了那男子的声音联系起来。

病　人　他报告说他累了。

分析师　"我想我或许说得太多了。"

病　人　"不，我只是想睡觉了。"

分析师　我当然受到他在这个小时一开始时希望有更快捷的治疗方法的影响，而且我知道他若认为我有材料可以工作，会选择要我加快脚步。

病　人　他关切到我"笨拙的尴尬"；他说他被惹到了。这就像他没有被接纳一样。被拒绝了。他感到他不应该被昏昏欲睡弄得这么生气。他应该可以从容应对。他累了，但里面还有些别的东西。

分析师　"所以睡觉是为了应付某些相对立的东西，如攻击性、恨或纯粹是莫名的恐惧。"

病　人　他报告说自己恍惚了，非常累，困。

2月23日，星期三

（他迟到20分钟。今天迟到是因为医院有急诊）

病　人　他说起昨天。他的疲劳只是故事的一部分。然后他就只是非常疲劳，这有极大的区别。（他识别出疲劳是一种阻抗）"我想不起一天前发生的事的情况到底有多频繁。我想不起昨天的会面，我觉得本应该可以的。"他担忧自己的健忘。即便在那会儿他也想不起任何事情。

分析师　我做了解释联系起昨天的那个小时，并且提醒他，疲劳之下可能是焦虑。

病　人　他随后报告前晚做的梦的片段。他发现自己这么说着："这也许不重要，可是……"在这个梦的片段里，那个女友拥有医学博士学位，还是皇家内科医师学会会员。这些头衔她得来全不费功夫，几乎没听说过她曾经为此努力过，这根本就不像她的作风。她既不聪明也不学术，甚至还被认为能力不足。甚至可以说她是头脑不清楚。和这个女孩真正的关系，应该说是她找到病人来当靠山。他一想到自己并非自然而然地有优越感就焦虑起来，这里说的是在医学方面。她是来向他寻求帮助的。换句话说，他又变成父亲的形象。

分析师　"这和那个女孩厌恶同性恋有密切联系。"

病　人　"是的。"

分析师 "问题是，有阴茎的是谁？"

病　人 "她被某大夫严厉地批评，毫不留情，我总是为她说话。"

分析师 "但是一个人需要为同事说话，这似乎意味着她是个男性。"

病　人 "我也预见到了另一个困难。我们只围绕医学话题谈话。如果我们没有这样的话题可谈，我们就无话可说了。"

分析师 "似乎，这个梦也给出了线索。这女孩对同性恋有恐惧，并且可以表现得能力不足，费尽心力地不那么阳刚，而就某方面来说，这很符合你的需求。这个梦给出了整个情况的另一半。"

病　人 "从这里我可以看到男人在和女同事一起时会出现的所有问题。到目前为止，我认为女孩们一贯拥有平等的状态，我一直坚持这一点。首先，如果男人说女孩们的能力不足我会很生气；其次，想到男人能做的事女孩也同样做得到，让人感到很欣慰。"

分析师　我做了个解释，涉及他处理两性差异的尝试，基本上更适用于男人之间或兄弟之间的竞争。

病　人 "我头一次能接受支配主导这个概念。记不记得这是我妻子对我最大的抱怨，就是我从不支配主导，安排假期或任何事。现在我看出来了，我一直都觉得有必要去确认她是同样能干的。"

分析师　此处我做了个解释，他评论道：

病　人 "你所说的只是在重述你以前说过的话。"

分析师 我同意。

我对于他无法想象一个女孩与男人之间有差别做了进一步的解释，是因为这会挑起他自己失去阴茎的恐惧。

病　人 "她很担心表现出阳刚味。对于她，有条理的思考就是阳刚的。"

分析师 我解释了这一点，关于这女孩的心理，我们要处理的这个问题不只是属于他，也属于她的身份认同、她的父亲是什么样的，等等。

病　人 "但她的心理不是我们关心的。她被我提起来仅仅是因为这凸显出我的困境。"

分析师 我提醒他，有条理地思考是他最拿手的，对那女孩来说这是阳刚的，对他也同样如此。

病　人 "问题在于，激烈冲动是我希望通过分析达成的，但对她而言这是一种女性的性格，在男人身上不受欢迎。"

分析师 我说，他无法即刻分辨出我是通过那女孩的眼光，还是个人的观点来看到这个主题。我确信对他而言，能否自发随性的这个问题是不分男女的。根据他的幻想对女生做解释时，我说："这就好像她们的头脑都为了你而被切除了。"

病　人 "哦，那是你的幻想，而且相当猛烈。"

分析师 我试着把这种有条理的思考与他父亲的性格特色联系在一起，但是他提醒我，他父亲能够相当地自发随性，而且这并不令他失去男性气概。

我于是问他，他小时候一直跟随着他的那个女性自我。

病 人 "这实在很难得知，因为尽管我记得自己跟你提起过这事，但我无法很轻易地把它弄明白。我想，不管怎样，它具有阴茎。"

"在青春期时我注意到，我梦里的那些女孩子，她们都有阴茎。我在梦里不觉得错愕，但醒来时却非常错愕。相对地，在白日梦里，因为要花力气去想，所以我能够想出如同实际的那样的女孩。"

分析师 我说，很可惜这次的会谈比较短，但我无法回避这一点。不过，我们谈到了他青春期时的梦，发现梦里的女孩子们都有阴茎，所以我们到达了梦引领前去的地方。

我多给了他10分钟，然后结束这次的会面。

2月24日，星期四

我不得不让他等候了10分钟。

病 人 "首先，我意识到我们谈到了某件重要事情的当口。停止的时候我并不情愿。对于谈到了什么，我只有模糊的印象了，但是或许我能够想起来。"

"其次，我意识到步调的事情。这个治疗要进行多久？一个人如何知道治疗可以结束了？如果有个目标会有帮助。比如说，在夏天如何？一个人怎么知道要行进多远？治疗自然会产生一些扰动，所以不能在治疗结束时就期待有好的效果，而是得等到结束一段时间之后。还很难安排我未来的计划，但是我不会强求。我不喜欢前景不明确。"

分析师 （我给他讲关于我的暑期休假的一些细节）

"我明白你有切实的难处"，他说。

（这时，我把昨天的分析重述了一下，讲到分析突然中断时正在谈青春期梦里面的女生们都有阴茎）

"所以说，你和女友的关系是分析的一部分，它的价值如同梦一样重要。"

病　人 "那个女孩，首先，她自己并不稳定；其次，从理智上说不是个长远的伴侣。我对此并不确定。这听起来很势利。但我们的交集只有：第一，渴望做爱，为了快感，我俩都想借此来重拾自信；第二，作为医师，我们讨论医疗方面的事情；并且第三，她也曾接受过分析。

但是这段关系真的没有未来。我觉得没有理由为了她离开我妻子。但是这段关系非常可贵。和女友在一起，我发现自己有更大的能耐去追求快乐而不觉得紧张。一部分也归功于分析。和我妻子在一起，我得刻意努力去享受事情，这更像是种技巧而不是本能。和那个女孩在一起并不浪漫，但一切都那么自然。我们都很放松，顺其自然。在她的生活里有，并且将来还会有别的男人，但我不用处理这类纠葛。我不想赖着她，何况这样做很危险。我靠她将自己的爪子打磨锋利，这无关紧要，因为她自己一开始就不忠，也不稳定（尽管以她的方式体现出诚意），还很耿直。我也可以很耿直、冷酷，不会有别扭的内疚之情。和我生病那阵子，在医院认识她之初发生的事情相比，这有了很大的差别。她很想依赖我，假如我曾和她更深入地交往了，我必定做不到不带给她灾难地负她而去。"

分析师 "在这里自始至终很重要的一点是，你觉得你可以相信我不会赖着你，所以在这里唯一的事务便是你自身的利益。"

病　人 "当我之前离开你时，我认为我已彻底离开你了，知道你一直对我有兴趣，这令我很惊讶。我突然开始琢磨，同样的事情会不会再次发生，如果我离开了，你会不会记得我，会不会期待着我回来。"

分析师 "是的，我会的，如果像上回那样，我知道你没准备好就离开了。"
（我也提醒他战争的情况，我也因而受到一些阻碍）

病　人 "这次又是同样地有些国内纷争。"

分析师 我继续什么是准备好了可以离开的主题。
"那个女孩拥有阴茎的幻想仍然存在，如果你现在离开的话，你是在回避这个问题。"

病　人 "是的。和女孩子们在一起时我不会憎恨其他男人，我只是在想到他们时会变得恼火。现在我对女人的态度取决于她们有没有做出一些举动表现出对我有兴趣，这样我就不必发起任何事情。我知道妻子对我的敌意，这多少造成了影响，尤其是对于我不能主动这一点。我被逼到了认罪乞怜的处境里，所以我不再允许这样的事，我不想让另一个女孩变成是必需品。我不想看到自己再次去认罪、去乞讨。"（停顿）"现在我不会再向妻子卑躬屈膝了；我也比较不会老是急着试图讨好她。那样她都厌烦了。反正她对我没有好感，如今她更是没有理由让事情拖下去。"（停顿）"很难再多说些什么。没什么有价值的——只是在占时间，为了说话而说话，没有进展。"（停顿）"我没有记

56

得起来的梦；那倒是会让事情有进展。"（停顿）"我意识到有什么事有待完成。我现在想起，你曾经说过，我妈妈经常很焦虑，在我小的时候，由于她需要事事完美。我目前的焦虑和她相似。我估计这和其他病人的状态不一样；他们也许比较不那么意识得到需要有进展，能够享有健康的知足常乐。他们或许采取的态度是：'为什么要把进入你脑子里的任何东西说给那个傻老头听。'"

分析师 "你也许正有那样的感觉。"

病　人 "我觉得我有，但是我必须通过前进来让我自己安心。"

分析师 "你通过间接的途径找到了你的感受。"

病　人 "这和我面对上司是一样的。我会因为没法掌握某个案例而焦虑，难以接受批评。我觉得自己会被排斥，而且必须承担责任，就像是命中注定了要表现完美。"

分析师 我做出解释，内容包括："你只能通过类似的由焦虑驱动的完美主义来附和你母亲的完美照顾。这背后是爱与被爱的绝望感，而且也发生在此时此刻，在你与我的关系当中。"

病　人 "我感到了清楚的厌恶与反感。"

2月28日，星期一

病　人 "来这里的路上我在想，谈论现实和真实的事情并不真的有用处。这些事情似乎比梦还不真实。我正在想着一些真实的事情。它们值得我尝试带到分析里面么？它们似乎不如梦有用。我今天挺沮丧的，主要是或表面上说，因为家庭的缘故。家庭的情况现在越来越麻烦了。直到最近我才接受这情况，感到悲哀，但觉得可以通过分析而得到改变。如今我面对的是必须做出选择。照理说，我应该和女友分手。但是我不想放弃这段关系，回到从前的老状况里。"

分析师 "这感觉很真实，而且这确实是真实的。你真的是进退两难。"

病　人 "我跟那女孩说了关于家庭的事。很难让那女孩实际起来。我正打算夏天时和她一起去度假——但那样的话我就真的需要跟我妻子讲。这会把问题掀开，她理解或不理解都会带来某一种终结。可是我能给我妻子什么呢？只有收入和些微的忠诚，如果连忠诚也没了，那么我便是一无是处。况且，我不希望遭到唾弃。这倒不是说我很同情她，她不会谈到我的问题，她只有她和她男朋友的问题。根本没空谈起我和那个女孩。我很想说这全是她的错。她可能会离婚，而我弥补不了这种伤害。也许她知道但是并不相信，或者她不知道但始终怀疑。我希望有办法让我可以和她谈一谈。但到时候，我只有在获知了确定的结局后才会谈，而我还不知道结局会是什么，所以我不去冒这个险。"

"我也许会提出一些引导性的问题，但是她知道这个把戏。这也牵涉我妻子自己的困难，等等。所以昨晚没有和那女孩见面，因为我不喜欢和她太常见面。但我后来觉得……"（细节遗失）

分析师 "你和那个女孩有一些共同的兴趣，所以当彼此有交集时你们可以玩在一起，但是和妻子就玩不起来。"

病　人　"有个故事讲到了一个妻子不忠的男人，是一位美国作家写的。
最后这个男人去了欧洲旅行，终于情势逆转，他为自己找到了
一个女孩。然后他的妻子则无法忍受她自己，放弃了她荒唐的
生活，去和她女儿一起生活，但却死缠着他，逐渐崩溃。危险
在于，我的妻子靠我的忠诚才维持完好，如果我离开了，她就
失去了拥有男友的能耐，会破裂。我真的如此恨她，非得这样
对她不可吗？不论她是顺利快乐，或是分手破碎，我能受得了
吗？我妻子曾说：'我绝不会离开你。'我觉得她的意思是，她
没办法容忍这样的耻辱以及诸如此类的。她会当面给我难堪。
起初她想知道我是否会自杀。现在我想，她想问的是，她这样
等下去是否值得，或是如果分析奏效的话，我会不会离她而去。
回忆起这些让我在想，她也许不是真正缺乏兴趣；她可能必须
要收回这份兴趣。否则她无法面对这个情况。她对我的漠不关
心可能是一种防御。我发现我对自己的工作不再那么感兴趣。
工作不是生活的替代品。某大夫的压力会导致我把人生全部奉
献给工作。而在这里，我在浪费时间，只是思来想去，花时间
理清我的想法。"
（停顿）

分析师　我说，这些真实的事情改变不了一个事实，就是眼前不远处有
个非常重要的幻想，而且还和焦虑关联着。这幻想就是他青春
期梦中的女孩子们具有阴茎。或许现实情况已经根据这个幻想
自行调整，所以他太太有阴茎，而且呈现出与之相关的问题，
而他的女友则被当成是白日梦中的女生，如同一般的女性那样。

病　人　"目前在这里有个现实上的困难。我和这女孩有一起玩耍的空
间。我需要在真实的情景里玩。而在这里，我们有的是专业的
关系，唯一的玩耍只能通过梦以及通过我们对它所做的工作。"

分析师　"是的，我明白。而且你觉得我不愿意玩耍，就像你之前在其他场合说的。问题是，阴茎在哪里？由于男性的对手尚未出现，没有人有阴茎，而你希望那个女孩拥有它。在有性交的梦里，在某种程度上，母亲即是那个女人，你差一点儿就意识到了某个男人——父亲。"

3月1日至3月29日

3月1日，星期三

病　人　"那进退两难的情境带来的沮丧仍在持续。我原本希望和我妻子辩个水落石出，但我没那么做，又一次把它搁置下来，我挺高兴的，可是同时也挺心烦的。"

分析师　"重点在于你不知道自己想要什么结果，因此你觉得先把它搁置下来更加妥当。"

病　人　"什么步骤会让事情好转？我期待拖延可以换来两种情况：我的头脑可能更清醒一些，再有可能发生些其他的事情。归根结底，我的婚姻失败是个事实，尽管我理智上看得很清楚，但我不能接受。再说，我由于兴奋阶段而沮丧，那被证明是个短命的阶段。"

分析师　"当抱有希望时，你觉得你和妻子都一定会有所改变。"

病　人　"我试过了——但是我妻子不感兴趣。我沮丧也是因为虽然和女友在一起不像和我妻子在一起那样像演戏，但仍然不真实。还是有一些压力和紧张。我真正想要的是一个不用假装的关系。还有，尽管我改变很多，但讲话还是有困难。"

分析师 "你将你的防御模式当成稳定因素，是你无所依靠时可以抓住的一样东西。"

病 人 "我以为有了这女孩我会对我妻子感觉更冷淡些，但是并没有这效果。我还是一样很想要她。之前，弥补就是坐在家里压抑沮丧。我告诉她我今晚不回家，因为其实我计划和女友见面。在我告诉我妻子之前，我们因为别的事起了口角。我挺气恼的。这是个全盘告知她的机会，但是我没有实说——我不想去道歉；最好坚定一些。"（停顿）"况且，我妻子可能已经察觉到发生的事情了。是有些端倪的。这么多年来她头一回把我的睡衣烘暖。还有些其他的细节。这是起了口角之后，我还没告诉她不回来的时候。我不希望错过这个机会。"

"这令我和女友的关系混淆困惑。我妻子还谈到了假期——这挺新鲜的，以前她对这类话题总是嗤之以鼻。要是我在那个戏剧性的时刻投下炸弹就理想了，说我打算要和女友离开。但我不是那种人。我不享受这份残忍。这让我想起，在我遇到我妻子之前的一个场合，我曾计划和女友去度假。在那天到来之前，我们便发现不喜欢对方了。于是就有了个两难的情况——取消还是按计划进行？我挺软弱的，按照计划做了，想着我们或许还是有可能享受那个假期呢，但当然啦，并没有成功。那要是——我妻子不会接受我这样被软弱牵着走。"

分析师 "那软弱似乎意味着你害怕你妻子，一种你还不了解，也几乎不觉得它是害怕的害怕。"

病　人　"就像不饿却吃东西那样。软弱意味着不必冒被抛弃的风险。英勇的人会承担这种风险。"

"就像是跳水，对我来说意味着摆脱母亲。我被绑在了她的围裙带上。"

分析师　"这里的问题在于没有人可以投靠。好比你第一次学步，当你冒险离开母亲的时候，父亲却没有为你现身，让你可以过去。离开她纯粹意味着从她身边走开之后便无处可去。"

病　人　"这似乎有道理，但这像是一个新的话题。我的女儿突然站起来走路了。"

分析师　"你的女儿已经超越你了，而且从发展的角度来看，她已经通过了你目前所在的这个阶段。"

病　人　"只有在被父亲抱持着，而且在我没有发觉的情况下松手时，我才学会了骑自行车。如果我发现我是一个人，我便跌倒。游泳也是一样。我首先得浮起来，然后我可以做些动作，最后我才会游泳。不被抱持着的这个念头很重要。那感觉就是无处可去了，或无路可退了。跳水也一样。我总是尽力掩饰焦虑——我就闭上眼睛故意一跳，但其实我仍然焦虑得无法跳水。在工作上，当我需要独自工作时我确实会觉察到一些焦虑。说起来，这些每个人都碰到过，但是我害怕被抛弃——这种情况我会惊慌失措。"

分析师　"在你紧跟着退缩的时刻（关于'介质'的解释）所做的一连串梦当中，其中有一个是关于出国度假的。那是个周末，然后你又回来了。"（我把它点了出来是因为它处于一个系列当中——

"介质""怀抱"以及有个地方可回）[①]。

他慢慢回想起这个原本已经忘记的梦。梦里有个女孩，是医院里的医师。

病　人　"事实上，那就是现在的这个女孩，当时我还没和她发展出特殊的关系。这就如同分析的结束那样——结束时会发生什么，是不是就那么停止了？我觉得我会惊慌的。"

分析师　"你觉得结束就是放手，无处可去，也无人可投靠。这尤其适用于咬噬结束之后——我们之前曾经经历过。事实上，现阶段的分析是远远地从你在每个时段结束时或在分析结束时吞噬我这个话题那里偏离过来的。你被遗留下来，和被摧毁的我在一起，而且对自己的内在充满焦虑。"

3月4日，星期五

病　人　"嗯，好像没什么事情。或许因为我嗓子疼的缘故。或许因为今天是星期五，这意味着之前和之后当中会有空当。星期五似乎脱离了分析通常的轨迹。"（停顿）"由于连续性被打断，会有一些困难。我会把它和上回我们谈的联系在一起。这就像放手。一个小孩学步，意味着他要放手。但是他必须能够被抱持住。重新来过意味着再放手一次。这里似乎是个障碍……"

分析师　"可能可以这样说，你30岁，然后2岁，然后又30岁大，因为依

---

① 参见本书附录《退缩与退行》一文。

赖—独立,这样反反复复是痛苦的。或者我们可以说,我表现得让你失望了,因为这样的中断,我没能确保得了抱持住的信心。"

病 人 "我可以就这么一整个小时躺着不动(而不睡着)。我今天没有任何急迫的感受。这也许只是我身体不适的缘故。"

分析师 "如果你身体不舒服,你在经验上是知道的,那样更容易得到适当的照料。"
(停顿)

病 人 "我就是在计划这个周末;我忘了自己在这里。我只是借计划周末想些工作上的琐事来填满时间。我似乎很懒;我感觉有别的人会来帮我做事,替我说话,就像当我不适的时候放下工作,别的人就会去做。那真的应该是你,我猜想。"

分析师 "譬如什么样的琐事呢?"
(停顿)

病 人 "其实没什么事,我只是受不了这样的浪费。没有产出。何必专门来浪费时间呢?"(停顿)"没什么需要抓住的。我只是在想着医院,还有今晚我要做什么。"

分析师 "你计划要做什么?"

病 人 "这个嘛,我应该会和女友见面。但会发生什么取决于我感觉如何。但这并不是议题。我还想到了我的家庭以及医院。昨晚真是巧得出奇,我想;自从我发病到重新开始分析以前,我一直没有吃安眠药,尽管我其实可以得到,况且我身为病人住院期间无法睡眠，非常非常需要镇静剂。离现在整整有一年了。然后我开始嗓子疼，几乎一夜无眠。但起先是我接到了一个非常棘手而罕见的案例，熬夜到十二点半把报告写完，必须全神贯注；接着我就开始嗓子疼。我醒着待了两个小时，然后去找些药丸。"

分析师 "也许这并不是巧合；你对自己已没那么有把握了？"

病　人 "呃，是的，这是真的。下午的时候，那个案例来之前，我感觉不舒服，想起自己有几个晚上都睡得不怎么好。当然，这和我生病时不一样。我只是觉得，如果我上床早一些，也不会因此就舒服点，因为我会醒着睡不着。事实上，最近这几天，我感觉自己总的来说不那么稳定。我不怎么想要把工作做好，尽管我实际上仍然做得同样好。这里有个悖论。我所关切的是不再关切了。自从我和那女孩在一起，我就不那么有野心了，或者是花在工作上的时间变少了，至于工作或生活的两难问题，我选择了生活。"

分析师 "在这段时间你也许做过一些梦？"

病　人 "没有，这更像是我意识清醒的时间变长了。"

分析师 "也许当前的阶段和解离的崩解之间有关系——你的家庭事件不受与女孩的婚外情干扰，但之后（就像在上次会面里显现出来的）你开始同时感受到这两者，并且因为冲突而感到痛苦。"

病　人 "是的。"（这时他再次说起事实，确认了这个解释。）"这就像抓着什么一样。除非我能抓到别的什么可靠东西，否则我不想松开手。昨晚我觉着或许我会取消今天的会面。"

分析师 "但是你还是来了，这意味着，取消会面的意义可以得到讨论，你也能够发现让我知道的结果……"（这时病人颇为勉强地说"是啊"，然后我看见他睡着了。几分钟后我不小心发出轻微声响，吵醒了他。）

病　人 "我今天不想说话。"

分析师 "当我正说话时你睡着了。"

病　人 "我想我说完最后一件事了。"

分析师 "没有。"（我把解释重复一遍，他想起自己睡着前勉强说了声"是啊"。）

病　人 "是啊，我来了还是比较好，就算我不说话，我们也可以了解它。要是不来，就真的全都白费了。"
"再说，我也不愿意因为不来而让中断更长。那样做就是不把分析认真对待。那样并不专业。"

分析师 "但是你寻找的是冲动，不来会使得你来到这里更加真实。如果这关乎专业不专业，那么你就是为了冲动以外的理由来的。"

病　人 "是的。和那女孩，谈话的大部分都是专业术语。对我来说，重要的是，我可以和她谈一些与我们共同职业无关的东西。有时候我觉得，在家争吵的时候要比顺遂的时候更好，顺遂时我就得去面对自己。跟女友在一起时，谈话满是技术名词，会有些紧绷，不过——这让我想到我和我妻子关系上的一个难题。做爱之后，那时我们还有非常规律的性生活，她都不讲话，她感觉很窘迫或是想要睡觉。就在那个时刻我感觉没有压力，和女友在一起也是在那个时刻我们会自然地谈话，不再使用技术语言。"

分析师 "做爱之后的时刻对你而言非常重要，因为在那里，你至少达成了自然地去爱的能力。所以，你和你妻子在这方面的困难，对你来说非常真实。这说明你和女人的关系里总有些许的焦虑，这基于潜意识里对阳痿的恐惧，恐惧女人可能会对你提出要求。简单来说，做完爱之后，你感觉免于这份威胁了，能够自由地去爱和被爱，而这是你一直在寻找的东西。"（停顿）"还有一件事是，上星期有两次的分析时间比较短，这可能会影响你在这里的态度。"

病　人 "我不这么想，因为两次都是因为我迟到的缘故，而且我也知道我得到了整整一个小时的时间，然而通常的分析是50分钟。"

分析师 "不过，非理性的感觉如何？"

病　人 "好笑得很，我认为，当我迟到之初的时候，我对那损失感觉更加气愤。"

分析师 我没有再走更远，但我看得出来，这与分析师可能会提出要求有关，而且，迟到替代了"不来"而被带进分析中，指示病人可以凭冲动而拥有我的这种需要，这是他由于我会有所要求而产生的焦虑的好的一面。

3月8日，星期二

病　人　"我在想，今天是不是不会发生任何事情，就像昨天那样。我下了结论，说星期五并不一样，以为之前和之后当中有空当。但是今天之后是没有空当的。我发现唯一能说的和家庭有关，延续了我两难处境的这个话题。我是否应该把那女孩的事告诉我妻子？家里的情况似乎无法挽回了。照理说，我应该认清事实，不再试着进行和解。而今我看到，我必须尽快做决定了。那女孩已经暗示她希望我们可以住在一起之类的。昨晚在家里，半睡半醒之间，我肯定是把我的手放在妻子身上了，她马上把我的手拨开。我醒了过来，她相当愤怒。我感到被拒绝了，但我什么也没说，生气地转过身去。过了一会儿，她试着依偎着我睡，这我就糊涂了。她什么意思？这非常古怪，因为这意味着她因拒绝了我而产生了关切。还有，今天我打电话时，她的语气比起这好一阵子以来都要温和许多。"

分析师　"处理她的拒绝比较容易，不过当她似乎关切你的时候，你又被扔回了两难处境，以及你感受的冲突当中。"

病　人　"女友说过，她现在想要个孩子，她希望我做父亲。自从她堕胎之后一直不孕，如今她觉得这些年来她好多了，想要孩子的话就应该尽早要。我对家庭的感觉更加绝望了，或许这能让那女孩乐观起来，但是我想我妻子在猜疑着呢，并且开始反击了。"

分析师　"潜藏的问题是你对女人的两种念头，对于女友是没有阴茎的女人，对于你妻子或许是有个阴茎的女人。"

68

病　人　"或许我妻子也碰到同样的情况。她总是很讨厌被迫当家做主，而我却令她如此。她总想成为十足的女人。"

分析师　"问题真的来了，要是你娶了这个女友，她在10年的时间里会变成什么样？"

病　人　"她害怕支配主导。我以前觉得自己会渐渐受她支配摆布，但现在我觉得这不会发生。我以前很容易就被人支配摆布。我想是我想要被支配摆布。和我妻子在一起，我发现很难翻盘变成支配的一方。"

分析师　"去改变会牵涉他人的某种模式总是很困难。"

病　人　"好笑的是，像我这种天生好脾气的人，总被以为是甘愿受人支配。"

分析师　"这一切多少和你的其一或两个姊妹有关联，你不愿意自己是有阴茎的一方。"

病　人　"这会儿有两件事情进到我脑中。一是，你是怎样现身的？你要支配我吗，还是怎样？我有时候会害怕会面由我支配主导。"

分析师　"在这里我是那个女孩，有或者没有阴茎。你纳闷的是，当你有阴茎的时候，我作为那个没有阴茎的女孩会有什么感受。"

病　人　"确实。所以关于女友有一个困难，就是她把我看成是可以跟她做爱的男人，而不是真的对我这个人感兴趣。"

分析师 "照你这么说，好像她可以利用任何男人，因为男人代表了她在回避自己双性恋的努力中的男性自我。她可能对你的男性高潮比对自己的阴蒂更感兴趣。"

病　人 "是的，她特别关切我的高潮。我常常想，这实在很奇特，因为她根本上是个自私的人。"

分析师 "她的驱力目前对你来说特别有价值，因为她需要令你对自己的能力重拾信心。"

病　人 "我突然产生一个念头，她目前很想要孩子是在尝试将自我确立为女人。"（补充：暗指的是，尽管没有非常强烈的女性高潮。）

分析师 "所以说，将来你和她对于彼此的价值，和当前的情况相比乃是两码事。"

病　人 "说来好笑，出于一种撒野的心态，我认为我还挺欢迎怀孕这个主意的。这等于是对世界以及我妻子宣战。另外一点是，我觉得如果结果是个男孩也不错。我现在发现我希望自己能有个男孩。我妻子不想再生小孩了，所以我对有个儿子这件事早已失去希望。"

分析师 "还有一点是，对那女孩或对你妻子来说，生个儿子很像是给她们一个阴茎，这让你从阴茎的妄想中解脱出来。在这一切当中重要的是，你发觉到你对第二个孩子不是男孩而感到难过。"

病　人 "是的，生女儿我很高兴，但这多少是单纯的否认，而且这让我觉得更容易摆脱我妻子。不过我觉得我不配有儿子，所以我乐意给那女孩一个私生子。这样有违常情，但这样的违常是重要的。让这世界变得令人能接受的唯一办法就是去挑战它。不知怎的，这个念头挺撒野的，因此很刺激。那让我心动。"

分析师 "先前你说起过你顺从的自我，而这可以说是隐藏了你真的自我。真的自我处于莫大的危险中，因为它还只是个有阴茎的小男生，而且因为这阴茎而在家中受重视。那个假的顺从的自我把真实自我藏匿起来，保护它不受预料中的危险侵袭。然而，真实自我也被容许通过活跃的反社会行径、离经叛道、撒野捣乱等显露出来。"

病　人 "而且，有帮助的地方是，这些反社会行为不是真实的。"

分析师 "是的，但它非常贴近你真实的男性自我。"

病　人 "这让我想起，目前的问题是从我发现自己合格了，第一次要以医师的身份处在承担责任的位置上，并且做决策的时候开始的。我没办法接受的正是这个，我的妻子也因同样的事情埋怨我，说我从不决定任何事。"

分析师 "当你还是个婴儿，以及当你还是个小男孩和姊妹们在一起时，也是这样的。这其中有个纠葛得仔细瞧一瞧——这个问题就是你母亲的态度。那可能是，当你还是小男孩时，你梦想着与母亲有性关系，所以害怕父亲。但是这却并不是你的说法。父亲还没在这场景里出现。这让我想到，当你成为一个具有性兴奋以及乱伦的梦的男孩时，你发觉母亲对你另眼相待，这么一来，你让自己的男性气概膨胀开来成了一种危险。你的母亲很可能也想让你成为她的阴茎。你从这里退却了，所以你并没有迈入与父亲起冲突的下个阶段。"

病 人 "我不记得是否曾经有意识地想过自己是个有阴茎的男孩，但是我想，我会把这一切都忘掉是合乎逻辑的。作为男孩的我自己似乎已被抹去了。"

分析师 "你穿戴得像个女孩的事也会在其中作为对你男性气概的否认。看来，你受不了你的姊妹没有阴茎的苦境，因为你对她们另外有什么一无所知。我也想提醒你，你的吸手指习惯以及你需要有个东西可以握着。通过吸吮而不是握住你的阴茎，你避开了有阴茎或没有阴茎的问题，你所做的令你和你姊妹之间没有区别了。"

3月9日，星期三

病 人 "今天不是关于我的事；发生了一件事，把问题给模糊了。昨晚，我安排在家待着，心里想着今晚和女友去参加一场派对，我很可能还是会去的。但我妻子提早回家，哭哭啼啼的。她去探视了她的男友，他的病情加重了——已经瞎了，并且晕厥过一次。他快死了（这已无法避免了；他有心脏的问题，患有二尖瓣狭窄和心内膜炎）。对我来说，这让事情变得复杂了。如果我自己去享乐似乎太刻薄，但是另一方面，我妻子不愿说起，我也就帮不上什么忙。我何必为她牺牲却又得不到感谢呢？从前我会愿意这么做，就当作是为主上受难好了，但如今我不再那么甘愿为她奉献自己了。但是我为这个消息而难过，她问我为什么会难过。这很难回答。其中一部分是因为看见她为这个男人而难过吧。我也挺恼怒的，因为她从来没有在我——病是另外一种——生病的时候为我难过过。也有一部分是因为我感到整件事情会影响我的生活。还有一部分是因为我为在无形中见识到的哀伤而感动。我无法不受影响，这是最大的原因。"

分析师 "是的。"

病　人 "后来我一直在思索未来，以及可能的结果。就某方面来说，我们的关系可能会改善。但另一方面，更可能是恶化。我妻子将不会有任何占据她生活、让她开心的事，于是会趋于怨我怨得比以前更强烈，以前她可能有的怨恨也会被她对自己行为产生的内疚感掩盖过去。她会更加吹毛求疵、更没有同情心。我干什么说这些。我只是在揣测。"

分析师 "你不知道哪个改变会更好或更糟糕。"

病　人 "就看可能好转的程度如何。如果我们之间有了很大的改善，那么我就会知道要选择哪种改变。由于她的男友将要不复存在，我可能会被逼得不得不说，是她的缺乏情感把我逼走的。这相当合理，但对她来说并不成立。我非常希望能够和她全面地谈一谈，就像人家说的男人和男人之间的对话，或者说冷静理性地谈论，但那是不可能的（这次的危机除外）。我希望她质疑我，这样我就可以证明自己。她对我的不忠没有任何说法实在令人沮丧。"（停顿）"我是不是打断了？你好像有话要说。"

分析师 "也许你觉察到我正在想要不要把某些话说出来。是这样的，可能也有对于这个男人的死的直接的哀伤，因为你认识他。"

病　人　"有可能，但是我已排除这一点。我认为这更像是一种发同感式的哀伤。在医院里，我发现我不会对病人的死感到哀伤，告知家属是我担心的部分。也许是目睹他们的反应的缘故？很难启齿告诉一个男人的母亲或女儿说他得了重病，尤其是告知某个母亲她儿子的死讯，而这个男人的死似乎不过是个技术层面的事情。"

分析师　"这哀伤是被锁住的，和你父亲的死有关。也许你这种间接的反应是因为这个缘故。"

病　人　"是的。父亲过世时我一点儿也不哀伤，这点值得注意。我或许还没有对这件事感到哀伤。"

分析师　"有两件事因为这个男人生病而一同发生了。一方面是，你的教养抵制哀伤，而且你也没准备好，另一方面是，就你所描述的来看，你进退两难的处境加剧了。"

病　人　"外头发生的事又再次涌上来，把潜藏的事情冲掉了，这样一点儿帮助都没有；但是这无法避免，它们必须得到清理。"

分析师　"有阴茎的女孩的幻想还留着呢，似乎有可能你的女友感觉上是需要一个男人的，而你的妻子自给自足，拥有阴茎。"

病　人　"我明白前一部分，但不明白后面关于我妻子的部分。"

分析师　我承认挺含混的，并说我还不够清楚到去继续这个解释。

病　人　"我注意到这一两个星期以来我很想跟我妻子做爱。所想到的和所感受到的是截然不同的两回事。我想的是，当下既然我有性方面的出口，我应该会感觉冷淡些，但是我发现实际上，当和妻子在床上时，我会对她有欲望，尽管我的理智说'算了吧，何必去烦她'。既然知道不被许可，那我便没有必要去要求，似乎我的欲望较少理智，较多本能。在过去我会归结说，如果真要做爱的话，那一定是和我妻子，这很合理，所以我把它当成一种权利来看待。现在我可以不理会我的权利，我反而发现有种新奇而自然的感受涌现出来。当然，我会说还有另一种解释。在我和那女孩开始有性关系之前，我已发觉自己阳痿。由于我没办法满足妻子，我证明不了自己的能力，我还有很多疑虑；值得去冒可能阳痿的风险吗，或冒着可能没办法全然满足她的风险？自从发现我自己可以给女友彻底的满足之后，我才能够把这些疑虑抛开。"

分析师　"从前它总是一种测试，现在它比较像是一件自然的事情。"

病　人　"还有，我再也不卑躬屈膝的了。现在我知道我能行，它的感觉很不错，但也不是非做不可。我现在是在主导的位置上。"

分析师　"这和身为家中的男性有关联。"

病　人　"是的。我第一次开始觉察到我是一个男人。这感觉像是吹嘘，吹嘘性能力，排斥任何其他的事情；在这里则是排斥分析里的进展。"

分析师　"问题是，我是谁，你向谁吹嘘你自己？我可能是姊妹、父亲、母亲、兄弟——我认为我此刻是母亲。"

病　人　"对，你是母亲。我还小的时候，我会证明自己在走路、阅读
　　　　方面有进步，我会跟我妈妈说：'看啊，妈妈，我现在可以做这
　　　　个了。'她会注意到。而我在工作上也是这样。如果我接了罕见
　　　　棘手但又令人兴奋的案例，总等不到调查彻底、完成报告，我
　　　　便会叫来同事，就是非炫耀不可，无法等待。炫耀很令人兴奋。"

分析师　"向着母亲。"

病　人　"对，我确定是母亲，因为我从一个男学童的故事里间接想到这
　　　　一点。一个男孩梦遗了，并且冲进了他家长的房间大喊'看啊，
　　　　妈妈，没有用手哦。'你看，我对我妈妈直接的行动被掩盖了。"

分析师　"你也可能讲到了排便。首先，拉屎这回事令人兴奋，随后来的
　　　　是附属于囤积的快感，这么一来的结果便是一次大排便。如果
　　　　施以训练，孩子就没时间产生自然的进步，便会留下某种程度
　　　　的需要，去回到拉屎带来的兴奋里。我会说，涉及金钱等事情
　　　　也是一样的。"

病　人　"你可能是对的，但我还是觉得，把还没完成的半成品拿出来
　　　　炫耀，而不是等我可以展示成品，这对我而言很不合逻辑。我
　　　　让自己有在工作中出丑的风险，可能做出错误的诊断。我贸然
　　　　下了结论，然后试着让所有的资料符合它。"
　　　　"这让我想起，我童年吃饭时的主要两难困境。当出现一点儿
　　　　美味时，我应该是吃了它，然后发觉这一餐剩下的部分索然无
　　　　味，还是把它留到最后，而我通常先把它吃掉。"
　　　　（注意：这是第一阶段的分析的主题）

3月10日，星期四

病　人　"我记得住的这么少，我挺吃惊的。最初我是期待或说预期会是这样的，因为我处于非常不安、困惑的状态里，话也不多。现在我认为我应该开始能够知道我在分析里的状态什么的。这就像那种在当时非常清楚的梦之类的。"

分析师　"这确实和做梦很像。从某个程度来说，在分析里你处于退缩状态下。我们可以说分析是在近似于做梦的层次，而非清醒的状态里运作的，尤其是当你没有谈论现实生活的时候，还有分析开始进行了一会儿之后。"（停顿）"我当然会提醒你。"

病　人　"不，我看得出来，那不是目前的重点。上次我就觉得那并不是根本的。我离开时带着一种模模糊糊的不满。我隐约想到那有一些支配的念头。我要是忘了上次发生的事，我可能会开启新的话题，这样会让你为难。我常觉得我给了你一个很棘手的任务。要么你得需要全程做详细的笔记，不然就得像我对我的案例做的那样，等到结束时，在我自己整合了这些材料之后写一个简短的笔记。"

（我没有冒险在这个当口做笔记；显然，问题来了，他是不是听见了什么。）

他继续说到，这让他清楚意识到他对我的依赖。

分析师　我对于这件事是这么回应的："无论我有没有详细做笔记，这都不会有根本上的差别；事实是，我必须聆听，领会你所说的一切以及发生的一切，并且有一套办法把事情分类、整合材料，无论有没有记笔记都是如此。"

病　人　他说他希望有一天他能够回顾他的材料，瞧瞧改变都是如何发生的；目前他特别有这样的感触，时常觉得自己大有起色，但却不明白到底发生了什么。

（停顿）

分析师　我把上次会面的内容重述一遍。我说，上次结束时的话题是吃饭时的一点儿美味，他记了起来。我继续追溯男学童的故事，以及我把自己作为母亲，而他可以向我炫耀他在各方面的进步的念头。我也提醒他，他说他头一回开始感觉到自己是个男人。

病　人　"当我结婚时，我非常热切地向全世界炫耀我妻子真的是个女人，不厌其烦地这样做。"

分析师　"这和你幻想女人有阴茎这个念头相吻合。"（我注意到他开始打起盹儿来，他很可能没听到这个解释。）

病　人　"这些事都和这个念头息息相关，我来之前一直在思考这一点。我从女友那里有了一种感觉，我能对工作产生真实的兴趣。这并不尽然。和她的关系让我感到真实，对工作更感兴趣，更有男子气概。这也跟她是医师，对我所做的事等感兴趣有关，所以没有完全的休息，而且就如同我曾说过的，这是由于我讨厌把事情放在心里的缘故。"

分析师　"积极的一面是，如果你能找到对的人炫耀的话，你便可以得意地炫耀一番。我在想，你现在是不是不再想要压抑某些医院的事，或许你会告诉我。"

病　人　"是的，其实我正要这样。首先，有一个非常有意思的案例，其次，不知怎的，我今天完全依靠自己做决定做了一件事，而且我对自己非常满意。事实上，住院医可能不赞成，但结果很不错。在把胸腔的积液导出之后，我放了些空气进去，结果这让 X 光片的效果非常好。"

分析师　"这样可以有更好的诊断。"

病　人　"是的，我们之前靠默认的方式来做诊断，而现在我们可以让它更确切。"

分析师　"那案例呢？"

病　人　"对。"他接着告诉我，那老人因为胸腔有太多积水，诊断上很含糊，大概是癌症。没有证据。再有就是他把空气放进去，令肺的轮廓首度在 X 光下现形。"我这么做没有任何人给任何的建议。"

分析师　"你需要我能够在这里做出这样的事来。"

病　人　"是的，我要求你有技法让事情变明朗，就算搞点儿噱头也好。"

分析师　"这里有一种和我的认同；你从事的工作像我从事的工作，或者我应该倒过来说？"

病　人　"你说的有一些我没理解。事实是，我对这个案例感到兴奋。说不定结果是，那个癌症被发现是可以做手术的。"

分析师　"你是个优秀的外科医生吗？"（我故意这么做，考虑到他曾提起的半梦半醒的状态，还有他说的"噱头"这个词。）

病　人　"我接着产生了一个古怪的想法。你的问题像是关于工作的；这以前也发生过；它们总是让我吃惊。你是出于兴趣才这么做的？对这个案例？还是别的什么？你是在指我漏掉了什么吗？我可能会对此生气。不论如何，当你做这类事情的时候总是令人大吃一惊。某种程度上我挺开心的，某种程度上我挺生气的。我感到谈论医院是错误的。"

分析师　"问题是，我现在代表的是谁？也许是你不知道医院的事情的妻子？"

病　人　"对，或者更像是我父亲，某种审查者。"

分析师　"当然，我知道我的言辞超出了分析；不属于好的分析技巧，但是你刚才一直在应付半睡半醒的状态。"

病　人　"我真的欢迎它。我真的想要可称为精神分析捷径的任何做法。"

分析师　"事实是我叫醒了你。"（我考虑到他想要噱头的这个警讯，但我不认为这是对我所做的行动的主要反应。）

病　人　"是的，这种事让人生气。就像医院的工作，当我夜里被叫醒一样。并不全是失去睡眠的原因。恼怒源自一个人的梦境被打断了。这倒让我想起老一辈中国人的故事。有观念被教导说，人睡觉的时候灵魂会离开，所以一个人突然被叫醒是一种真实的危险；灵魂就再也回不到被叫醒的身体里了。"（此处其余内容遗失了）

80

分析师 我重申了一些基础，说分析在某种程度上是工作在睡眠与清醒的交界处属于梦的那一端的，而且他显然正好来到了可以感受到睡意和醒来同时向他召唤的地带。

（他察觉时间临近结束）

病　人 "这就像在结束时就不要提出新的材料结果感到被拒绝一样。如果提出新的材料却没有时间处理，那是挺冒险的，感觉起来像是真的有危险似的。"

分析师 "上次会面结束时我确实感觉到你不希望结束，所以说，我的停止是个创伤，就好像我突然把你叫醒一般。"

3月14日，星期一

（病人迟到了，但因为与牙医有约，所以必须准时离开。）

病　人 "嗯，我觉得必须要停顿一下。有些关于现实的事情要说一说，可如果我立刻就开始似乎不太好，像是迫不及待似的。当有真实的事情发生时，就没有时间留给梦以及对它们的讨论了。一个梦是需要有闲暇的。昨晚我在医院值班时约女友见面，事情有了新的进展。她本应十点过来见我，但是她没有按时到，而我则开始怀疑起来，感觉烦恼，我挺惊讶的，没料到会心情不好，因为就感情上来说她对我没那么重要，只是很有用而已。也许她不想来，或是已无所谓。她十一点半过来的。我马上和她做爱，随后阳痿。部分是她缺乏激情，还有就是我动作生硬。这就像当我来这里之后的突然开始，我在这次会面开始就讲了我做不到——那样很生硬。我开始焦虑了。她的可利用性已经

到头了吗？我曾经享受她是因为她重拾了我的自信，而现在似乎
像是新的什么了。阳痿还会持续么？现在不和她做完爱，我便很
难和她自在地谈话，所以我又一次不知道我们见面的意义了。"

分析师　"你已经在生气了，而这让问题复杂化了？"

病　人　"我想，我不关切她，除非当她在我身边。因为她总是随叫随
到的。而今我必须面对她不再想随时都有空的形势。之前，我
没有和男人竞争的担心。如果她没空，那样的话，那仅好像是
她有别的兴趣。"（停顿）"这里有一个困境。首先，我发现性
其实非常重要；其次，其他的事似乎更重要。"

分析师　"在你能达到'平衡'（他的用语）之前，你真的需要能够带给
你性的自信心的经验。"（停顿）"你需要对自己性的能力有信
心，之后你才可以考虑平衡的问题。"（停顿）"在这里，就没
办法做出你想要的解释这一点，你让我变得无能了，因为我不
知道那会是什么。"

病　人　"在我继续别的事情并忘记它之前，我想确定这件事没有被浪
费掉。"

分析师　"你得靠我把它记住，并且在适当的时机谈及它。"

病　人　"我不想那么生硬，在那女孩没有暖好身之前就占有她。"

分析师　"在这里，你把你的分析师当成那女孩，而她应该已经暖好身了。
更正面地说，你昨晚的经验表明了，你通常要麻烦一下给那女
孩暖身。如果她一开始就很兴奋，那么这兴奋便属于她来见你

之前已发生了的什么经历。"（停顿）"这带来了有其他男人的念头。"

病　人　"我在想别的事。"（停顿）"很古怪。我来的时候真的很清醒。我突然很犯困。似乎跟你说完才发生的事情之后，我等待着你来做点儿什么事。"（停顿很久）"我想要再次开始，但我觉得很困。如果我开始些别的东西，那么我已经说过的就被浪费了。这必须首先得到处理。如果我把它重新开始，它将全部被忘掉。我有种感觉，觉得你并不想说任何话。就好像你隐瞒了什么似的。"

分析师　（我完全不清楚要解释什么）"自从我被认同为这个女孩之后，问题就来了，那女孩说了什么？或者换种说法，她会怎么说？"

病　人　"我处在两难困境里，我很容易就能说出她可能会说什么。我很焦虑她单方面不想要我了。我以为我是逢场作戏，享受一段彼此都无所求的关系。我跟她说，她没过来我很心烦，而我感觉自己让她听上去像个抗议。我听起来很悲惨。我也跟她讲了我妻子，自从那个男友复发以来，她现在是完全没有反应了。她根本不和人说话。女友说：'你想要的是被人爱。'我不想让她知道我的情感需求，就这方面来说，我妻子是一个母亲的形象。我不想那女孩也像是那样。这关系会退化成依赖。令人满意的关系意味着平等。"

分析师　"看来与那女孩的关系已经历了一个发展。现在比生理上的满足要更多了。那个女孩变成真人，而你变成为那女孩而在的人，出现阳痿则是这个转变的征兆。"

病　人　"我似乎是把她的需求是什么的问题搁置到了现在。实际上，她想要摆脱她的那种漫不经心。她一直想要长久的关系，我对她并不确定，她对我也不。她希望我对她孤注一掷，永远在一起。但这真的不大可能。我几乎对她说了谎，说到度假的事情什么的，而我觉得这只不过是一场戏。昨晚察觉到了对关系的依赖，强化了她对于长久关系的考量。她28岁了，她想要孩子，但是我不能就这么让我妻子走。"

分析师 我继续他的阳痿是他的关系扩大化的一部分这一主题，而他之前的能力和限定类型的关系紧密相关。同样的话可以用在喂食与婴儿期上面。就理论上来说，一开始只有本能，但过了一段时间，与人的关系出现了，在那之后，本能便不可能得到彻底的满足。

病 人 "我觉得已经达到了一个阶段上。我现在再也没办法继续假象了，必须考虑到诸如她能不能给我更多的疑虑。她的个性真的是挺肤浅的。结果就是我对这关系的进一步发展感到无望。"

3月15日，星期二

病 人 "我不记得昨天的了。我似乎记得昨天我想说点儿什么但是那个小时结束得短了。"
（停顿）

分析师 "需不需要我提醒你一下？"

病 人 "我真的不知道。"

分析师 "事实上，我们确实提前结束，因为你得去见牙医。你希望我对你报告的真实发生的事做解释。"

病　人 "是的，我试着帮你做解释。它一直围绕着不期而至的阳痿的感觉打转。问题在于这个情绪经验是否能带来点儿什么。"

分析师 "你感到焦虑和你觉察到某一个阶段的结束有关，因为阳痿提示出你和那个女孩的关系扩大化了。"

病　人 "这些感觉在我离开后还持续着。看完牙医我就回家，我沮丧了，想到我的妻子死气沉沉的，我没什么好指望的。随后我有了一种全面阳痿的感觉，对女人完全缺乏兴趣，和几天前的兴奋相比简直反差强烈。让我惊讶的是，我妻子想要出去看电影（在这种场合下，病人就是居家看孩子的人），这令我很愉悦；至少这会减轻家里的张力，等等。在她的要求下我给医院打电话，发现她的男友病得不如她所想的严重，我马上更加开心了。两难的局面可以搁下来了。当她回来时，我告诉她，她放下心来，之后我又沮丧了，比之前的更甚。我并不真的清楚为什么，除了这凸显出关于那女孩的冲突之外。做决定的时刻马上要到来了，而关于那个女孩我并非极其开心。我向妻子暗示分开度假的可能性，她欣然接受这个主意，出乎我的意料，所以我又陷入进退两难了。我意识到我仍然依赖我妻子，比我准备好要承认的更甚，尽管这很无望。"（停顿）"看来这和昨天一样。我在想，你会记着这故事么？恐怕，我没向你提供太多。"

分析师 "我只是在纳闷，为什么我无话可说。"
（于是我回顾了昨天的会面，说到了那个两难；如何继续利用那个女孩，但又不会陷入更开阔的关系以及相互依赖的纠结当中。）

病　人　"还有另一件事，我推迟告诉你是因为我想知道继昨天所做的
之后我们有没有后续动作。有个问题来了，这之后要做什么工
作呢？有建议说秋天时我应该在同一个部门当住院医。好处是
薪水增加了，治疗也可以继续。这还有待决定。我想我可以应
对那份工作。这就是我来的一路上想的事；我发现它令人兴奋，
所以我把它放入考量。"

分析师　"这个想法显示出你有了真实的变化，尤其是，你发病的第一个
征兆就是当你必须承担责任的时候。"

病　人　"而且这意味着少做一些新手的工作，目前将目标设定得更高
是安全的。"

分析师　"这个工作的到来也是分析的一部分，你希望我也跟着你一同
兴奋。"

病　人　"对我目前来说，给新手提建议回避自己亲自做工作容易，因
为两年的例行工作之后，它已经变得相当无趣了。"

分析师　"将来也会有教学吧？"

病　人　"是的。问题是，我足够老练到去教学吗？我以前不够老练也
不够有自信去告诉别人该做什么。"

分析师　"这是初级住院医吗？"

病　人　"是的。目前做这工作的人能力不如我好，经验也不足。"

分析师　"你说的正是，大致的能力是不会因特定的一次局部的阳痿而被抹杀的。"

病　人　"你昨天说我嫉妒男人，这几乎从没有出现过。但是在我上次阳痿的前一晚，这个感觉开始冒出来了，尽管它只在背景当中。但是我对此感到恶心。我不喜欢和男人竞争。"

分析师　"似乎当你知道你占优势时，竞争就不成问题。"

病　人　"另一方面，我不喜欢在地位不平等的时候竞争。"

分析师　"在分析室里，对你来说重要的是，我们是仅仅2个——就如同你是个小孩和妈妈那样——还是我们有3个人，而第三个已经被排除掉了。"

病　人　"现在我了解了，和我妻子在一起时，我不承认存在对手的可能性。和那女孩的话，即便我知道她生活里还有其他男人，我也不把他们严肃对待。我对这念头还挺愉悦的。我可以扮出竞争的样子。在分析这里，我非常擅自地为了没有其他人存在而欣喜，拒绝承认之前和之后都有别的人。我躲开了门口的人，只有偶尔不巧才会见到，他们仅是抽象的存在。我否认他们的存在。"

分析师　（相当不相关）"当你能够承认3个人时，你就能够因为第三个人有敌对的阴茎而放松下来了，这样的话，你就不需要女人有阴茎这念头了。"（此时病人鼾声响亮地睡着了）"上回，你若不是因为停止而对我生气，就是因为挡在我们之间而对牙医生气。"（停顿）（他三四分钟之后醒来）"你睡着了吧，我想？"（他承认。我重复了这个解释，随着他开始明白我解释的东西，他

87

睡意全消。）

病　人　"奇怪，我昨天在想，牙医的地位比分析师要低，但是我却要
比来接受分析时更小心地准时赴约。那牙医挺无理的，我想，
要我准时。"

分析师　"准时这事对牙医来说很敏感，因为你只是偶尔才去一次⋯⋯尽
管你或许还得等待。"

病　人　"是的。"

分析师　"但是主要的事情是我们的关系被一个牙医打断，他是个想象中
的危险人物，可能因为你咬人，因为你的食人冲动和念头而拔
掉牙齿来惩罚你———种阉割的形式。"

病　人　"是的。"

3月18日，星期五

病　人　"来这里的路上，我有种什么都不想说的感觉，还是由你开头，
问问题比较好。"

分析师　"好，这样把责任都扔给你也挺奇怪的。你还记得昨天的事吗？
这个念头和昨天的事件有关吗？"

病　人　"不，我只是有这个看法。我认为最近的几次我都没有什么产

出。我没太多可说的。所以如果你承担责任的话，你就不能说我是什么事都没发生的原因。也许还有很多其他的东西，搞不好。要负担起一个小时的进展，决定什么有利，什么不说，这责任重大。很多很多都被发现是不重要的！有些是我不想提。之前我以为我应该说出所有东西，但是有更多的念头出现，我就必须找理由压抑。我现在感到兴奋。这里有个问题：'谁来当父亲？'"

分析师 "真的吗！？"

病　人 "我为身为父亲角色感到焦虑，会担心你对此的感受。有个变化正在发生，你变得不那么没人情，不那么像是纯粹的分析师。发生的变化同样也是全面的。我已能够更多地察觉到我说的话给人们带来什么影响，这和分析非常不同。还有，当我害怕自己疏忽间说了什么会对她造成意外影响的话时，我便会字斟句酌，那时我跟我妻子说话就挺困难的。"

分析师 "你只是逐渐了解到，挑什么话说可以是焦虑（阻抗）的一部分。"

病　人 "一开始没有压抑的问题，有很多要说的，之后我不是忘了就是睡着了。这些办法现在有点儿露馅了，所以如果某话题令人不快的话，得需要有新的方法了。"

分析师 "我现在相当紧密地和你的妻子联系在一起呢。"（此处这个解释应存疑）

（停顿）

病　人 "还有一件事，我还有另一个法子，就是有很多的细节，无论单挑哪个出来，明显都太琐碎细微了。"

分析师 "你可以想出一个来吗？"

病 人 "嗯，刚才就有个念头，一个一闪而过的，关于数纽扣的。这念头对我而言就极其琐碎。"

分析师 "对这两个词有什么联想吗？"

病 人 "没有，没什么，只是我和我妻子以及她的妈妈谈论卫兵制服上纽扣的数目。我不知道不同的卫兵团有特定的纽扣数目。"

分析师 "至于数数呢？"

病 人 "嗯，我女儿正在学数数，非常喜欢玩包含数数的游戏，数东西什么的。还有个念头是数绵羊，我失眠的时候从来没有这么做过。"

分析师 "纽扣的意念最近在分析里出现过，你记得吗？"

病 人 "不。"

分析师 "你讲过恩斯特·琼斯提到的纽扣，而这属于食人风俗这个概念①。"

病 人 "哦，对了！"

---

① 参见原文第 24 页。

分析师 "而且碰巧上回会面结束时有牙医，这人很容易和想象中为了惩罚咬噬而敲掉牙齿的念头混在一起。所以数纽扣如果不是在向你自己确保所有的纽扣都还在那里，那么就是承担了肆意食人后体内的那些纽扣。"

病　人 "哦，对！我脑子里还有另一个念头是所谓的'肚脐眼'，意思是没穿衣服的。在那个时刻我在想乳头。在肚脐这个念头之前，我先有了乳头的念头。"

分析师 "问题来了，是一对乳头，还是两次都是一个？"

病　人 "这是个两难。婴儿很难决定要从哪个乳房开始喝奶。"（在当下，病人仿佛真的婴儿似的重新体验着那经验，他把右手指放到嘴里。他之前是吸左手的拇指。）

分析师 "这肯定是算数的开端。"

病　人 "二可以意味着母亲和我。"

分析师 "这里也有问题，婴儿在某个时间点上知道了有两个乳头，但是更早之前（无论何时）只有一个乳头，可以说，复制了一遍。"

病　人 "对我女儿，我总是不厌其烦地给她洗澡，在她生命里趁早出现，就我的记忆，这是我父亲的念头。他说他尽早地参与了对他婴儿的照料，好被认识、接纳为父亲，也借此宣告自己身为父亲。由于各种原因，我对二女儿做得少些，所以感觉挺内疚的。我不禁想：她会像大女儿那样把我当成父亲么？"（停顿）"我现在有种想要通过不讲话，也不说出我的想法来惩罚你的冲动。"

91

分析师 "关于这一点，首先你需要培养你忍住念头想法的能力，并发现我没办法神奇地知道你的心思。"

病　人 "在分析里，如果我惩罚你，你可能会生病或不出现这样来惩罚我；你有办法把惩罚做极致。"（冲动的直接逆转）

分析师 "精神分析的残酷的、以牙还牙的惩罚的能力——你睡着了？"

病　人 "我期待被人支配，这样可以脱离我的道路以避开惩罚，避开要忍住的局面。我不想惩罚任何人，不过我最近变得多少有点儿控制不住自己的脾气。有一种对于竞争的承认在里头。"

分析师 "你正在处理从以牙还牙到父亲打你这个人性化概念的过渡。"

病　人 "是的……是的……"（睡了又醒，大概没觉察到睡着了）"惩罚可以有不同形式。在一个普通的医院病房里，让病人在病房等很久可以是某种惩罚形式的一部分。这就像抄书一样。"

分析师 "你想到了学校里的惩罚？"

病　人 "是的，但是我在那里也会躲避惩罚。选给我的学校也少有这类特质。"

分析师 "找不到母亲之外另一个以人的面貌出现的对手，父亲；父亲是你另一个版本的母亲，你只得从母亲身上找对手；这有时候纯粹就是她拒绝扮演她的那部分，如你所想的那样。"

病　人 "这句'拒绝扮演她的部分'正好就是我对我妻子的感受。这就是她的态度，没有兴趣和同情心。我是兜了一大圈才想到了这一点。"（病人总觉得自己间接得出的想法更有信服力）"和女友在一起时，我发现很难说出她的名字，尤其是在做爱时，我记不起她的名字，通常想到的是我妻子的名字。大致来说，我已经不用受洗名了，虽说前不久在医院我曾稍微用过。这可以说是对亲密的否认。"

分析师 "我想，你是间接地提到你的母亲，以及你对她的称呼。你大概不会用她的受洗名吧？"

病　人 "我可能偶尔用过，但只是因为说'妈咪'也很困难，那真是亲昵得可怕。所以我干脆什么名称都不用，把这困难遮掩过去。我也用同一方法遮掩类似的困难，避免使用名称。"

分析师 "'妈咪'确实是个'夸大嘴'的称呼。让我看看，你母亲的大名是什么？有什么重要性么？"

病　人 （他给出了那个名字）"不，大概没什么特别的。"

分析师 "你父亲会用那名字称呼她吗？"

病　人 "嗯，非常少——通常是'妈咪'。和我妻子在一起两三年之后，我也倾向于叫她'妈咪'，而且因为这么做而自责；她可能不喜欢，我觉得。只有在孩子在场，为了形容特定的功能而给她一个标签时，这才是合理的；这并不把她当作是妻子。我曾刻意用她的受洗名，我觉得她偏好这个。她没有明确这么说。这是个关于功能还是个人的问题。相较之下，叫我自己的母亲'妈咪'就很合适，但是用她的受洗名叫她就冷淡、疏远了。"

93

分析师 "你还记得我们如何开始；关于我是个分析师还是一个人吗？你跟我说话时从来没有用过我的名字。"

病　人 "用非特定的头衔更加方便。"

分析师 "你感知到这一切的背后有一个危险。我会这样说：如果你失去乳房，你也面临失去你的嘴巴的危险，除非你让你的嘴巴和乳房没有亲密接触。"

病　人 "我没有跟上……"

分析师 "也许我跳得太快——不过……"（在这里我重复了解释，并且联系到倾向于用睡觉解决问题的冲突上。）

病　人 "进来之前我在想：'如果我改变我的态度，要求你先讲话的话，这会很像和女友的关系上发生的改变。'好一阵子之前，你提到我把自慰的幻想见诸行动，我被这个念头吓到了。我想要事情是真的，而不是演出来的。我从纯粹只是幻想转变为去谈论它。我达到了把幻想见诸行动的程度，而这依旧不真实。如今这不再仅仅是谈论了，而是一种行动。"

分析师 "就使用嘴巴这回事，你已做到了把说、演、幻想结合在一起。似乎你的父亲非常早就进入你的生活，在你会数到2之前，或者在你只会数到2但是依旧用嘴巴去爱，并且对乳房充满爱意的时候。如果他是个有区分的个体，他就会因此和与嘴部活动相关的以牙还牙的恐惧关联在一起。这意味着他关系着失去乳房的嘴巴，而这是非常严重的危险，以至于你必须通过睡着以及其他方法来避免嘴与乳房之间的亲密。这妨碍到你在之后的

94

阶段以人类的形式利用你的父亲，一个会惩罚的人，一个在你因为对母亲的爱意而令阴茎勃起的幻想中的阉割者。"

3月22日，星期二

病　人　"嗯，我要从今天傍晚发生的事情说起。我已经安排好了和女友外出，而且我不想告诉我妻子。我是想说的，但我知道这不会有帮助。这只会带来摩擦。我知道她很期待今晚能外出（病人就得看孩子），但是我打电话告诉她我不会回家。我妻子生气地挂了电话，不管怎样都拒绝谈论此事。我发现自己气得发抖，也许是沮丧，到现在3个小时过去了可是气还没消。我当然不想在目前引发危机。另外的选项也很极端：相安无事意味着放弃女友；所以现在这里有个两难的局面——继续这无止境的危机，还是温顺地回归，尽管在家待着仅仅会是冰冷的。和女友的关系并不理想，但目前就其本身而言已经相当令人满意了。"（停顿）"这很像我们之前谈过的另一个问题。你对这类材料会怎么做呢？"

分析师　"首先，你依靠我来帮你整合目前在你生活中整合不了的两方面。和你妻子的关系，以及它包含的各种可能的状况，好坏都有，还有是和那女孩能够立即得到满足的关系。"

病　人　"看来，我现在比以前更濒临非得做个终结的情况，所以这更令人不安。"（停顿）"有两个选项：一个是家庭，运作在完全不现实基础上的家庭——也没有友谊，换句话说，断绝了关系——或是和女友在一起，尽管和她在一起存在很大的想象成分。我

能够看出它穿插着浪漫。它也更为真实。我和妻子的关系一直
僵持着，但是我不想抛下这一切。不知怎的，我仍然怀有希望，
尽管我不相信会产生什么结果。我可以理解我妻子的观点，但
是我不能接受她缺乏情感的态度，而且，实际上，我没办法和
她讨论任何事。她定下了条条框框。毫无疑问，我被她挂电话、
拒绝讨论搞得非常愤怒。"

（这持续了大约20分钟）

"我有理由不再多说下去。我不想它持续一整个小时，但是我没
办法不经停顿就转到别的事情上。这件事留下了太大的阴影。"

分析师 "你仍然受到电话被挂之后反应的影响。可能是气愤，就像你
说的。"

病　人 "是的，电话被挂——我陷入了阳痿无能的状态。我什么事都做
不了。我本该不受影响，或者愉快地说这是她的错，但我气的
是我自己。或许我因为被激怒而生气。"

分析师 "你会记住，那对立原本是在你妻子的态度和分析之间的，而现
在她的对立被你感觉为是冲着你对那女孩的反应的。"

病　人 "是的，这扰乱了一个更根本的问题。"（停顿）"我原本期待，
你总有办法可以处理这些事，把它们清理掉，但当然你办不到。"

分析师 "有一点是，你正处在一个没有其他男人存在的三角关系里。潜
在的恨意是介于两个女人之间的。"

病　人 "最初那个女孩并不在意我妻子。这段外遇原本无意要有结果。
然而如今她想要从中获得更多，而且她害怕再度失望。但是我

们对于长久的关系都有疑虑……我发觉她的请求令人兴奋，还有她对我的依赖、她有需求就直接地表达，所以我们在死胡同里越走越深，没有出路。我被逼着在两个死胡同里做选择。"（停顿）"还有，在我处理和她之间的关系时，有件新的事情。那就是她有别的男人，尤其是他们中的一个。我逐渐发现了设法铲除其他男人的兴奋和竞争。这绝对是关于男人的新体验。首先，这样的竞争是新鲜的，部分缘于我的发展；其次，为了女孩和一个男人争斗令我即刻兴奋起来。我以前是没办法应付这种状况的。"

分析师 "就某方面来说，你一直以来都在寻找那个由于你对于女人的爱而产生恨意的男人。追根究底，那是你的父亲，是你从未遇见的父亲身上陌生的一面，尤其是他在你很小的时候刻意走进你的生活里，并且把他自己塑造成还是婴儿的你的另一替代的母亲。"（正在这时病人把脚放在地板上）

（停顿）

病　人 "还有个因素我从没真正在这里谈过：那就是和女友性关系的这个方面。我和女友的兴奋和满足，甚至比我和妻子关系还不错的时候都要更为真切。这多少要归功于分析给我带来的变化。困难在于，一直有这么一个念头，那就是如果我在治疗中受益，那我妻子要怎么跟上步调呢，还是说一切都白费了？我原先并没有准备这一点。之前，我以为，如果我变得好一些了，我就能应付我妻子。现在我必须去应对的感觉是，她可能会因为我的变化而抑郁；她有可能会恶化。有太多事是没办法直接和我妻子探讨的。她甚至不期待有性高潮，所以在她的观念里并不渴求性爱。但问题在于这可能是我的错。她可能是为了应对我最初的笨手笨脚以及无法兴奋，而发展成这样的。要是有人曾

97

经和她谈论过此事，或许会好一点儿。如果好转意味着必须舍弃性生活，那我可不能接受。我妻子说过，我就不要指望和她有性关系了，但这大半是因为过去的经验令她失望的缘故。她暗示过瞧不起性这回事，它是低等的。我想她和她男友的关系就如同她说的，是精神性的。我替她感到惋惜，但她一定会排斥我开始能够给予的愉悦和兴奋。要是我变好了，可能会出现的情况是，我会发现她有些问题，并且做不了什么，因为她会被这个念头吓到。到目前为止，她所有的问题都隐藏在我生病的这个事情后面，而且在那不满意感之前已有了。"

3月23日，星期三

（在时间上做过重新调整）

病　人　"我头脑里接着想到的是，我的问题在本质上起了古怪的变化。起先我没意识到什么特别的症状，只是为了不能去工作或负起责任而有疑问。现在工作其实已不成问题，尽管我不觉得自己发挥了最大的能力——或许是因为这工作的性质。现在的问题都是围绕着个人以及性方面的困扰。我妻子很难理解性和个人方面的问题才是首要问题，她觉得那都是些琐碎的事。但就目前而言，它非常重要。我就是想讲讲我妻子的态度。我不知道为什么，但是似乎适合提出来。之前我一直不愿承认性的核心地位，或许它始终处在休眠状态。最近我开始变得更愿意去认清，唯有个人方面的问题是真实的。我发觉到，我之所以无法承担责任，症结在于我在性方面的不成熟。"

分析师　"你没办法在一开始就表现出更明确的症状，是因为那时你还没有作为一个人出现，也没有人的性困扰。现下你以一个人的姿态现身了，你就可以出现个人方面的症状。"

病　人　"我和妻子的性关系曾经一度很好，但是现在我看出来了，在行房的时候，我会觉察一些与个人无关的事情，会想着一些无关紧要的事情，沉溺于自慰的幻想里，这样刺激我自己以便能够射精。和那女孩在一起的时候，情况一点儿都不一样了。我接纳了做爱本身的自然属性。我妻子肯定意识到了（也许是潜意识里）那种性无能。现在我面对一个两难的困境，现在我也晓得了做爱的事情。在理智及社会层面，我还是想要我的妻子。不管怎么说，和那女孩在一起做爱很好，但是在社会层面上有些纠葛。"

分析师　"是的，你的确有着很大的问题。"

病　人　"我妻子不可能接受另一段关系——这不可行。那女孩也同样不愿意接受；她对这同一个问题的反应就是乱交，但也发现这样的解决之道并不令人满意。"

分析师　"你自己有了一些变化，比如，你开始想到男人是对手；而且还逐渐意识到幻想里的女孩既有阴茎还有阴道。"

病　人　"看来，除非我妻子有了改善，或是与女友的关系趋于成熟稳定，否则我可能会变得乱交起来。"

分析师　"要不是那样说显得太无情，否则其实你曾经需要的只有你妻子，之后是女友，然后会找到一个可以永久解决问题的新的女孩，但你担心两个倒地受伤的女人前景如何。"

病　人　"我发现女友在哭，我有种要负责任的感觉——但这可能比较虚荣——尽管她说和我聊一聊的帮助很大。"

分析师　"感觉到有女孩爱你，可能因你而受伤，让你觉得自己有价值。"

病　人　"对，所以我妻子挂电话会令我心烦意乱。那不是纯粹的恼火，我能感到她的妒忌。我只是猜测而已，但是我认为她知道那个女孩，她可能觉得受伤害。"

分析师　"所以她是爱你的。"

病　人　"我想象自己很晚回到家却发现门锁着的情景——这只是幻想。我回到家发现她已经睡了——这和冷战没两样，因为她肯定知道我进来了。我觉得发生了很多满足我虚荣心的事，我必须要小心点儿。我总是很乐于助人，公认地具有同情心。那个女孩说我是她认识的第一个能接受乱交，同时还温和体贴的人……我是不是太心软也太替人着想了？我突然想到，我很讨厌被拒绝，就像在舞会上，不被接受会很难过。"

分析师　"从某个极端来说，你是被爱着的，所以当你得选择一个人时，一定会伤到人。这可能是你童年早期的缩影。"

病　人　"更该说，我不能做选择是因为我不想错过任何事；事实上，我昨晚一直想，我发现自己在小事上做决定没什么困难，我相信神经质的人就是这样。正如我对那个女孩说的那样，我只在进行重大决定时才会有困难；那些情景里有着真实的困难，而现在，我在生命中头一回觉得自己可以应对未来。将来无疑会有很多忧虑和痛苦等，但是我能够应对。我觉得这是两年的精神分析的结果。"

分析师 "你是说你觉得自己能做决定，但是这些决定会伤害到人。"

病　人 "对我来说，伤害他人如同伤害我自己。"

（从他的语气可以听出他指的是，他在乎伤害别人时，并非怕别人受伤，而更多的是怕自己受伤）

"我想，我是把自己投射到了别人的身上。"

分析师 "当女友说到兴奋中的情人们不管不顾时，她的意思是他们没有认同她。如果可以弄明白他们是否能够给她带来满足，还是他们主要关心的是自己的快感，会很有意思。"

病　人 "是的，我想他们确实会关心她是否得到性爱上的满足，但也就此而已。"

分析师 "你选择任何一个人都会伤害到自己这件事还关乎一点。就像你说过的，把其他人淘汰掉你会错失一些东西。"

病　人 "现在看来，我会自慰是因为我对乱交有种需要，通过这种方式它被解决了，也不会有社会或其他方面的纠葛。难以戒掉的原因是不想因为选择而错失任何东西。"

分析师 "在我看来，这似乎和我们说的加法以及算数的开端是有关联的。"（我重述她女儿学数数，以及关于到底是一个乳房重复出现，还是一对乳房，或是母子两人的概念等于全部解释，深入细节里，因为他明显好像没听过那样。）

病　人 "真好笑！我完全忘记了，其实不过是3天前说的。我没有任何印象。完全是一片空白。"

分析师　"在此之外是你的父亲很早便进入你的生命里，你或许还记得曾跟我说过，所以父亲与女性相关联而被你利用，最终让你难以把他视为男性。"

（停顿）

病　人　"我在想，我提出太多问题了，我感到内疚。为什么我会觉得自己这样做错了呢？我推测，我会这样觉得是因为常常发现实际发生的事在分析里没那么有建设性，我在想是不是真的是这样，有没有必要。"

分析师　"我看不出这看法有道理的原因。"

病　人　"除非实际发生的事情——（在这时，他把一只脚放在地上），——不如脑子里想的事情那样那么人格发展有关系。或许它们全都是与人无关的。当下的事没有越过梦一样的与人无关的界限。"

分析师　"你在分析里以各种不同的方式利用我。今天我们在这里是帮你整合材料，但是你还有其他更特定的方式利用我。你会想起自己一度把我当作是你的妻子。之后我又被认同成那个女友，然后在一个重要的时刻，我在一个错误的解释之后做了这个解释。"（我提醒他这些细节）"目前似乎迈入了新的阶段，我变成夹在你和那个女孩的关系之间让你介意的男人。"

病　人　"所以我说过的话都是吹嘘。奇怪的是，这几天来一直觉得'我想我要见见这个男人'，也就是那个女友生命里最重要的那另一个男人。我可以扳倒他。先前当我没有察觉到性方面的问题时，没什么和那个幕后男人见面的必要，而且我不想只是因为我应该要去谈而和你有男人般的对话，可是现在由于我能够吹嘘和炫耀，整件事情变得切中要点了。"

分析师 "在这个分析里面的负性移情一直极端稀少，但我们刚好碰上了，分析必须能够包容它的存在。在爱上同一个女孩的两个男人之间有一场战斗。你以一个能够吹嘘成功的强势的胜利者的姿态迎接了它。"

病　人 "长久以来我似乎一直以一种朦胧的方式意识到了这一点，但我觉得你会嫉妒。一直以来都有。"

分析师 "这不仅是你以这种方式关切我，而且你需要做些工作来应对口腔的兴奋以及牙医会直接惩罚你的这个念头。你只有逐渐地才能够应对我这样以人类的姿态存在的敌人。起初，你看起来占了上风，但这仅仅当我们考虑到女孩那一面时是真的。我猜测，关于你妻子的话，情况就会不同。我知道，这其中有真实的困难是分析解决不了，和她做改变的能力以及从过往中恢复的能力有关。然而，在想象的场景里面，当你为了那个女孩而击败我的时候，你也接受了你的妻子在未来的性生活中彻底地消失。换句话说，你已接受了百分之一百的性禁令，仿佛将胜利给了我。"

病　人 "是的，但还有一个想法是，你为了我的缘故成了我妻子的敌人，所以她有敌意。这反过来对目前的我而言似乎很重要。我只能以她反对为代价前来接受分析。在这种情况下，从我妻子的角度来看，你是一个女人，一个母亲的形象。"

分析师 "在这里，你的母亲要你，所以你的妻子没有机会。"

病　人　"这让我想到，我生病住院时，有个医师说我不爱我的妻子，似乎他说的是，'你属于我'，尽管当时我并没有意识到。我只知道自己非常困扰，实际上感到被羞辱，但是在这里似乎是好几件事情同时出现。"

3月24日，星期四

病　人　"我在路上想，没有什么急切的问题，所以可以进到更深入的事情里。但是昨天晚上我想到一些事。现在有些模糊了，我可能让你对我妻子的立场有些误解。我这样做了若干次，因为在这里我的态度和在家里的态度是不一样的。在这里还有上班时，我对她涌出不一样的感觉，我有种掌控的感觉，我可以承担当家做主。是她依赖我，而不是我依赖她。我可以叫她振作一点儿——但是当我在家时一切都不一样了。我没办法开始摊牌。困难在我一进家门就出现了，然后我就瘫掉了。所以这一切与我最初的声明有落差；当我处在依赖的状态时，这无所谓。我就这么回家受罪。现在有了别的选择，我在想我为什么要回家做个殉道者。和我妻子，我只谈她提起的东西，但是和那女孩就完全不同，我从没有那么自由地说过话。在电话里我甚至和那女孩通话一小时。"

分析师　"就像我们之前说过的，你和你的妻子之间没有玩的空间。"

病　人　"也许发现有情敌的存在会刺激我妻子变得更体贴一点儿，但是我没有让她知道，我真的不知道自己要什么。要改变就要比较彻底才有价值。"（停顿）"我还是没准备好为摊牌负责。"

分析师 （我提起上次会面结束时的解释）"上回我谈到我作为男人的位置，禁止你和妻子发生性爱。"（停顿）"你睡着了吗？"（他大概真睡着了）

病　人 "没有。我刚刚感到一阵反常的紧张。这多少和我在家的困难有关，我会刻意不去想几乎迫在眉睫的抉择。这是某种延伸的三角关系，五角关系，两个女人和三个男人。这份工作在两个月后到期，所以我现在必须把见那个女孩放在首位。还有就是假期。我不想老是待在家里过圣诞假。我感到这真是到了紧要关头，就在此时此地，就在这当下。"
（停顿）

分析师 "你是在向我表明事情有多紧急，还有你多么希望我能够在你摊牌之前，在分析中尽己所能帮助你。事情在于，如果我忽略你妻子的困难，以及她是否有能力改变的问题，还有她能不能从你之前对待她的影响中恢复过来，那么我可以说，你是把她当成你能找到的最像母亲的人来利用，而和她的性则是被父亲禁止的。如果我转到你青春期与母亲性交的梦，或你童年的早期经历上面，我会说你需要父亲讲'我知道你爱妈妈，想要和她性交，但是我爱她，我不准你这么做'。这样一来父亲便能让你解脱出来，继而去爱别的女人。如果这件事没有变得清晰，母亲就会持续在你的女人那里浮现出来，而且如果你娶了女友，新的婚姻里也会出现这样的问题。再说，你错失了与男人的竞争，以及因竞争而带来的友谊。"

病　人 "我错失了与男人的友谊，这对我是个新概念，不过我还是会相信这是真的。以前我就发现，我对需要使用技巧的游戏很不在行。玩牌对我来说就偏向技术性的练习，而且我也不爱看足

105

球。最近我想到，其实就是这一周，除了性交以外，很少有事情能让我感到兴奋，虽说看小说或几个月前看电影时，我偶尔会感到一点点兴奋。偶尔在音乐里，实际上就在上周我由于一场关于埃尔加和《迷之变奏曲》的演讲而兴奋起来。播放了两段变奏曲。这是我好久以来头一次为音乐而感到兴奋。再加上这些变奏曲是写给埃尔加的朋友的，所以代表了他的友谊等。"

分析师 "所以埃尔加有能力去爱并且给出温暖的友谊。"

病 人 "我担心女友的兴趣几乎只限于性的兴奋，虽然她也会有个人化的状态，比如感到孤单。我能够走出她那有局限的视野。她对音乐没有任何兴趣——要不就是医学，要不就是性。这会儿，我感到有件事我可能会担心，就是你可能不但禁止我和我的妻子之间的性活动，还会要求我不再和女友有更深入的关系。你会变成我道德水准的监护人，所以我不会把我对未来的计划全都告诉你。说不定你会变得不那么学术、有建设性。我喜欢你的建议，但如果你要反对这段关系，我是不会喜欢的。"

分析师 "所以我不禁止就是允许。你只能将我想成是在这个或那个立场里。"

病 人 "和女友在一起我感到激情；这就像肆无忌惮地跳进危险的水域里，在以前我可做不到。这在本质上是件好事情，一个成就。"

分析师 "你从来没有遇到作为男人来恨的父亲，作为竞争者，一个让你害怕的人。不管是因为他、因为你，或两者都有，你错过了这件事，所以你从未感觉成熟。"

病　人　"如果我从没有接到父亲的禁令，那我就必须要自己找到它。"

分析师　"正是如此，我就是这个意思。"

病　人　"所以这就是我没法从我的婚姻中感到兴奋的原因。"

分析师　"这甚至影响到你选了什么样的女人结婚。"

病　人　"我和她结婚是因为她的严肃，这一点吸引了我。她没有女人味，梳洗整洁，皱着眉头，窄长的脸和眼睛给人严厉的感觉。她很容易就训斥人，盛气凌人。她的男友很可能也是被同样的原因吸引。他相当不负责任，他想找一个能够并且愿意掌控他的人。他让她来决定大事——包括是不是该离开他的妻子，还开始照料他向来忽视的健康问题。我今天在想——我会对什么样的女孩着迷？绝对不是温文尔雅、天真可爱的，而是很严厉、喜欢指使人的类型，那个女友高挑消瘦，动不动就发脾气。这和甜美无瑕的气质非常相反。"

（病人这时把一只脚放到地板上）

分析师　"那么青春期梦中有阴茎的女孩还在。"

病　人　"我以为这种事快发生了。我感到担心。我可能会找一个男人，类似是同性恋，这意味着我是个女人气的男人。"

分析师　"不，我不这么想。事实上，你想找的是父亲，那个禁止你和母亲性交的人。记不记得最初出现了女友的梦，那个梦和某个生病的男人有关。"

病　人　"这说明了父亲去世时我没有哀伤，或根本没有感情的原因。他从不把我当作对手，这么一来，给我留下的是给自己下禁令的可怕负担。"

分析师　"是的，就某一方面来说，他从来没有通过禁止你和母亲性交而认可你的成熟，从而给予你这样的荣誉，而且他还剥夺了你和男人竞争的乐趣以及随之而来的男性情谊。所以你产生了全面的抑制，你没办法为你从未'杀死'的父亲哀悼。"

3月29日，星期二

（星期一的会面没有做。他在电话里告知了我）

病　人　"嗯，我觉得难以开始。首先，没有什么眼前的问题；其次，很奇怪，但我重感冒的事情似乎产生了干扰。它把事情遮盖起来。似乎自由联想和放松需要消耗体力，就像做运动那样。"

分析师　"我很能够理解，如果你感冒了会觉得不想做分析的工作，这的确要消耗体力。"

病　人　"这之前也发生过，得感冒会掩盖主要问题。我觉得更想蜷缩起来进入睡眠，不做什么头脑上的努力。"

分析师　"这令退缩更加适合你了。"

病　人　"我觉得我在这里应该能放松，应该感到自在，但是这感觉似乎像是工作。"

分析师 "是的，所以这工作的时段限定为一小时，并不是只为了分析师的利益。"

病　人 "这让我纳闷，会面每个时段该多长、每次间隔多久才是理想的。每天都会面会不会太过频繁，分析的效果也不见得好？"

分析师 "也许感冒是让你昨天没来的原因。"

病　人 "不，不是那样；只是因为有个特殊的个案要关注。那时感冒还没发作。我感觉我们谈的还是眼前的问题，难以回到深层次的话题上。我没法切换。这让我想到，小孩子被人从梦中叫醒会很生气，因为再次回到梦里很难。"

分析师 "这情形和你的分析有关联，这分析是在近似于做梦的状态下进行的。似乎最近几个月以来，好像有一种从梦中缓缓醒来的态势，直到上一次会面，简直可以说那次的分析是在你清醒的状态下进行的，也就是说，是清醒的现实的一部分。"

病　人 "我注意到，今天因公访问一家医院的时候，我比以前能更自由自在地说话，甚至和那家医院里不认识的住院医都可以，而且我可以引导话题。我以为这绝对不会发生在我身上，这代表一个很大的转变，不必再等到我和人混熟之后才能主导话题。"（停顿）"还有，几个晚上之前我梦到了一些东西，我觉得我没必要去记下来；那只是个通常的梦。"

分析师 "是的，梦是连接内在现实与外在现实的通常的桥梁，就这一方面来说，你状态不错，不需要分析，因为通过梦中呈现的，你有了你自己的桥梁。"

病　人　"这当中包含着不想来这里的念头。似乎不再那么需要来这里了。"

分析师　"也就是说，不需要精神分析，因为主要症状是你在睡着状态与清醒状态之间存在解离，而你用从未真正清醒的方式部分地解决了这个问题。"

病　人　"我希望我们的讨论在这里打住。我和一个朋友谈过我的未来。专科医师的各个科别选择以及全科医师，我还提到了精神科。当下我突然想到有一个大问题，就是目前我还不够成熟，因为我还不确定能否避开认同的作用。我真的讨厌那些没生病却很啰唆的人，我会忽视他们。也许我看诊时是希望找到哪里出毛病了，因为我对病人作为一个人不感兴趣。现在在精神科我就恰恰得应对这些人。我还得依照他们个别的状况来对待他们。"

分析师　"你发现身体上的疾病比较轻松。"

病　人　"对精神科医师来说，花一小时在一个病人身上可能是个无法忍受的负担。"

分析师　"我想你是在想我和你自己。"

病　人　"嗯，我想是这样。我有时候会避免想到这里来，要不就是它出现了，但是我不想跟你提起我会在意你的感受如何。"

分析师　"精神科医师对病人当然会有基本的关心，但在这一切之中也包含了爱与恨。"

病　人　"奇怪，我刚刚在想两三件其他的事情。一个是我这个晚上应该做什么？另一个简直就是个令人困惑的梦，关于医院里的一名病人的。有几个人牵涉进来。那个梦是一个占据了整个周末的令人忧心的案例的缩影重现。我和其他人一直在讨论这个案例。"

分析师 "所以对你重要的是，在精神分析里只有一个人，就你的情况只有我自己，没有别人来商量。"

病　人 "这就是我和女友一直讨论的。到底跟精神分析师谈心事安不安全。她说，跟精神分析师无话不谈并不安全，但你必须这么做。我认为要隐瞒某个不愉快的细节并不困难。她说这会损害到分析。"

分析师 （在这个当口，我觉得暂停记笔记似乎很重要。当然，病人可能知道，而且需要我对他明说。反过来说，他可能之前不知道，那么不把这个念头错误地呈现给他而打断当下的分析过程就很重要。我看得出来，病人深深地受到上次会面的主要解释的影响，所以我必须牺牲记笔记，应付当下的情形。）

（我知道这人给我的是由他女友提供的材料，我只能间接地使用它。同时我也绝对不能浪费它。）

我说分析师之间肯定会讨论临床的材料。

病　人 "我只是指闲言碎语。"

分析师 我指出，这件事肯定是他的女友的关注点，因为如果我讲闲话的话可能就会把她的私生活的细节泄露出去，可能会传到她认识的人那里。

病　人 他说到他生病住院时，医院里的医生和他闲谈案例的事情，因

111

为他是医生所以就对他放心，但这令他非常困扰，因为他当时身为病人，事实上，他不得不去应对这些医生的闲谈，而不是科学地谈论案例。

分析师　我说，精神分析师也像其他人那样，会说闲话，也是不完美的普通人。但是在精神分析执业时，这样的闲谈是需要被辨识出来并且避免的。

病　人　他说他的女友曾经谈起过治疗失当的问题。如果病人报告了反社会的行为，分析师会采取行动么？就她来说，她很怕再去见另一个分析师，因为她一定会对第二个分析师说到她的第一任治疗师的所作所为，而她认为，那些做法是相当不专业的。

分析师　我同意她必须能够自由地说起这些事，否则就别开始新的分析。看起来，她觉得，如果她能够相信下一任分析师不会因为她的指责而采取行动，那么她就能够自由地谈论了。

我指出，病人接受分析时一定要能够自由地说话，这意味着不要总是反观自身，把说的话限制在绝对客观的范围。一定要给妄想留出空间，而且如果分析师见诸行动的话，就没有这样的空间了，这是因为，所有带进分析中的材料仅有一个目的，那就是对病人的分析。

我接着另一个线索说道，对我而言重要的是，我要知道，他讲到的事情来自他的女友。他也可能想要在别的场合里讲类似的事情，然后这些事就会作为材料被带到他的分析里。也许随着时间的进展，我们进行回顾的时候，可以找出他前一天没有来的原因，是出于他对我的怀疑，但是就目前而言，明摆出来的缘由是他的工作令他无法脱身。

病　人　他说可能确实这样，因为在早前的分析里，他肯定会过来的。即他以前会把工作放在一边。

分析师　"那么也许可以说，之前你对我有畏惧，但你完全无法理解它，只能通过表现得好来应对它。"

我说，现在他稍稍体验到了一些对我的畏惧，所以会使用或夸大医院对他的需要，以此作为掩饰来违抗我。

我随后向他指出，这是他头一次在分析里找到理由对我产生怀疑，因为在前一次的会面里所承担的身份是一个禁止乱伦的父亲。我提醒他，在前一次的会面里，他想到的是父亲回避了在他和儿子之间存在恨意的重大问题，所以儿子对父亲也没有畏惧。正是因为他和我的关系里出现了这个新的内容，使得他能够借着朋友的话把这份怀疑表达出来。可以说，他还没准备好由他本人提出这件事。

4月1日至4月6日

4月1日，星期五

这次会面的记录是四天之后才整理出来的。这次会面当中曾一度停止做笔记。

病　人　"嗯，有件事情让我很气馁——那个女孩真的让我很难过。她必须要住院，但她担心会让另一位男友难过而不准我去探望她。我非常生她和我妻子的气。问题是那个男人是否知道我。她显然想要我们两个人，但是她没法跟他提起有关我的情况。这就像和我妻子在一起：她不想让她的男友难过，就希望我能够事事容忍……当然我不是真的想要一段专一无二的恋情；这念头让我心生警觉。"

分析师　我做了个解释说，情况又重复出现了，他很气那个女孩令他受挫折，却不气那个男人。

病　人　"要是我找的是另一个女孩就好了，但那显然不是解决之道。"

分析师　"那还是会一而再地碰上你目前的状况，因为你始终找寻的都是你的母亲，而你的父亲没有扮演好他的角色，没有挡在你和母亲之间。如果他那样做了，他就会变成一个挫败你的人；你便会和他达成协议，而他则会将你解放，可以去追求任何其他女人。"
（病人睡着了）
"你睡着了？"

病　人　"没有，我不这么想。"（但是他刚才确实睡着了）"我现下不知道该向哪里继续。最近在医院里我经常生气，对别人发脾气。在过去我觉得自己待人太宽厚，太怕触怒别人，对所有人都很忍耐；但现在我发现自己容易被惹火。我想对那个女孩发火，但是我心想，在家里对着更好的目标发脾气岂不是更妙。"

分析师　"你会发现你刚刚对我发了一顿脾气，就某种程度来说，在想象的情景里我是那个禁止你去探望那女孩的人。在前一次的会面里，你说起你多少以为我会叫你离开她。"

病　人　"我曾经想过，就是你可能会嫉妒。我不喜欢那个女孩儿用的'凯子'这个词。妓女才这么用——没有感情。她大概和另一个男人比较亲密，先认识他，后认识我。我喜欢'心爱的'，如果语气正确的话。这都得看情况。这既可能是虚情假意的，也可能很真心……还有，做爱的时候我常忘记她的名字。"

分析师 "你告诉过我，那个时候你会时不时地想起你妻子的名字。"

病 人 "哦，对，我忘了。我很容易忘事，尤其是名字。如果和对方够熟悉的话，我会叫他们的受洗名。"

分析师 "父亲怎么称呼母亲？"

病 人 他说出了母亲的受洗名。"或者他好像也用过'妈咪'这个词来称呼她……和那个女孩在一起我感到我应该用她的受洗名，但是我做不到，要不然就是忘了。在电话里我说，'哈喽，亲爱的'来回避这个问题。和我的妻子也是这样。除非是成年人说起他们的子女，不然使用受洗名终究有些做作。对青春期的孩子来说，相当窘迫的一件事便是搞明白要怎么称呼他们的父母。他们的受洗名还是'妈咪'和'爹地'？关系是依赖的还是独立的？还有造作的字眼是'娘'，而那挺蠢的。"

分析师 "不过，你青春期时和父母的关系有些问题，这体现在你对名字的顾虑上面。"

病 人 "是的，一个女孩叫'爹地'还不成问题，但男孩子叫'妈咪'就相当接近乱伦了。比起一个男孩与他的母亲，社会似乎更能容易容忍女孩和她父亲乱伦的概念。我想人类学研究可能会支持这一点。"

分析师 "你谈论的是这个概念，还是真正的性交行为？"

病　人　"我想我指的是所有这些，包括性交。母亲和儿子是非常令人反感的。'心爱的'这个词就属于这种亲密的关系。问题是，乱伦的意思是什么？我会说'爱'或一段情感关系。和那个女孩，可以有性交，但有没有爱还有疑问。今天她说道：'如果你不觉得难过，我当然会生气。'"

分析师　"你在使用社会对于儿子与母亲之间乱伦的禁忌，这是因为你找不到能切入你和你母亲之间的那个男人，这意味着父亲在这里没有扮演他的角色，所以你就没有对男人的恨意或畏惧，你回到了之前的处境里，要么被女人挫败，要么发展出了内在的抑制。"

病　人　"是那个女孩在下禁令。"

分析师　"你始终在寻找一个能在正确的时间说'不可以'的男人；某个你能够憎恨或反抗，而且可以与之达成协议的人，从你对我发了一点点小脾气来看，你稍稍有点儿允许我身在这样的位置上了。"

病　人　"我突然想到，肯定要到时间了，在某方面来讲就是在说'不可以'。"

分析师　在这个时候，因为时间到了，我说，"在这种情况下我便说'不可以'了，这意味着今天没有更多的分析了。我切入了你和分析之间，把你送走。"

4月5日，星期二

病　人　"似乎没什么要讲出来的，除了重复一遍当前的问题好像还是没有太大的进展，不过对此倒是有两件事情：一个是，这提供了一种轻松的开场方式；另一个是，近来眼下的问题似乎变得更有用处了。我在琢磨为什么会变成这样。"

分析师　"我认为原因在于你不那么解离了，如果容我使用这个词汇的话。"

病　人　"可以。"

分析师　"问题已不再那么地关注到底是外在的现象还是内在的现象，因为你自身的变化，我已经能够站在边界上同时论及两者。"

病　人　"哦，我懂了。我好像时不时会想要静止不动，加以观望。我发现自己处理病人、和他们讲话时更加实在了。一年前我感觉自己好似两个人，现在这两个似乎合二为一了。

可能是个巧合，不过自从我和女友开始交往后，我没那么需要退缩了。而且总的来说我也不那么担心做决定了。还有一件事，如果病人有了好转，我也可以真心地感到自豪，不像以前觉得是自己走好运而仅仅感到喜悦。现在当我做得不错时，我似乎能够意识到。"

分析师　"沿着这个可能会产生一种能力，允许我能对你做些不错的事情。"

病　人　"是的，你不再那么是个魔术师了。我以前以为你在专业上完

117

美无缺，现在我可以把你看成一个在尽力发挥技术能力的人。"
（停顿）"我注意到有能力对周遭事物产生更多的感受。我昨晚
听唱片机的时候，我发现自己激动了，而且一度感伤起来。我
对这些唱片很熟悉了，但从来都没有对音乐有过这种感受。另
一件事是，一种嫉妒的真实能力，是情感上的而非学术上的。
我确实嫉妒女友生命中的另一个男人。我曾经表现得好像在嫉
妒，但现在我是真的如此。"

分析师 "嫉妒是令人非常不舒服的，但和之前的缺乏感情比起来，你选
择了这份不舒服。"

病　人 "是的，在过去大体上是缺乏情感反应的。"（病人把一只脚放
在地板上）（停顿）"有时候我会把脚放在地板上，我现在突然
觉得这或许挺重要的。就好似我渐渐地把脚放在了实地上，而
且刚刚还有一种轻微的抗议的感觉。为什么我要待在这沙发
上？这是某种象征。"

分析师 "过去的几个星期，你把脚放到地上不下6次，每一回我都认为，
我能够从中看出，这关乎与外在现实的某种新关系。"

病　人 "我不知道自己之前也这么做过。这应该跟先前有过的从沙发
上跳起来或是翻回去有关①。"

分析师 "就某方面来说，这是结束分析的最初的一步，从另一方面来说，
建立起一种与我的平等性质，这是依赖的对立面。"
（停顿）

---

① 参见本书附录《退缩与退行》一文。

病　人 "最近我变得不那么稳定了，更容易沮丧，我觉得这是分析的进展，是一个新的阶段。"

分析师 （病人昏昏欲睡）我做了一个解释，把我提出结束会面的事情联系到结束分析这个概念上。

病　人 "我刚才很困。很难抓住念头。我可以在类似做梦的情况下捕捉到一些念头，但当我逐渐醒来，它们似乎变得不合适了。不管怎样，这些幻想是无法用言语形容的。它更像是一种行动。我好像又恍惚了起来。"

分析师 "确实，昏昏欲睡里面包含着两方面。一方面是，你正搜索着通过理性努力无法直接获得的念头；另一方面是，你在防护自己不受一种焦虑的影响，而且你还不明白它是关于什么的焦虑。"

病　人 "在我睡觉时发生的事情不全然是事实。很难把它们连贯地说出来。说起医院的事要比说起这些想法少花一些力气。"（在这时，他变得有些前言不搭后语，只能表达这么多。他打了个哈欠）"麻烦的是，我必须醒来才能说发生了些什么。"

分析师 "我认为在目前的昏昏欲睡背后，是对我的惧怕，而那又来自对我的恨意，这源于我在时间结束时叫停的行为。"

病　人 "我觉得我应该更警觉才对。警觉起来会更丰富；更踏实而不是老想着情况有多吓人。近来，我很惊讶自己有自信能够警觉起来，感到自己能够应对。还有，我无法从你那里得到确定的答案。得病住院的那段时间，我对发生了什么没有概念，我也无法警觉起来。"

分析师　我做了个解释，提到我结束一个时段就如同我在说"不行"，挡在他和分析之间，他对我既生气又害怕。

病　人　"我刚刚睡着了。我忘记要说什么了。有些事是关于在这个位子上睡觉的。一方面我可以在这里放松，还有就是我可以边睡觉边处理事情。"

（短暂的停顿）

"我刚想起了一点儿事情。我曾经跟你提过一位病人，有人指责我不该告诉你。"

分析师　"这让我想起最近说起过的那个念头，我可能会谈论你。"

（停顿）

病　人　"做梦时，我会在意清醒过来，但是我感觉在我清醒过来之前，醒来并没那么急迫。对这个病人的治疗更加重要。我突然想到，说来奇怪，我之前对你说，今天没什么迫切的事情要谈，而实际上（他现在清醒过来了）我和我妻子在周末大吵了一架，是吵得最凶的一次。这非常让人沮丧，因为我的女儿也受到了影响。我绝对是警觉起来了。事情在于我妻子还真会借题发挥，而且也那样做了，知道我一定会保护我的女儿。她表明不再跟我单独相处，然后晚上拒绝讲话，所以当下真是一点儿可做的事情都没有，这让我很冒火。这一次我没什么底气来生气，可是我可以看出来，我原本就想要把她惹火。但是我会记住，和我妻子没什么可说的。"

分析师　"在某种形式里，在想象的情境里，我会在……"（我收回这个解释，因为我意识到我还没有清楚地理解这场口角在移情上的意义。）

病　人　"我妻子和我没有共同语言。"

分析师　"你们俩有个共同点，就是在你这里有你的困境，即缺乏一位下禁令的父亲，而你妻子的困境和她自己的父母有关，也和她为了达到独立所做的尝试有关，而似乎并不成功。"

病　人　"当我意识到我妻子真的不想做爱时，我感到抑郁；她对这很不屑，也因为我想要而瞧不起我，但是我却要时刻提醒自己，我或许要为将她置于这种境地负责，因为是我最初与她相处时有失败。和我妻子吵架时最难的就是，我不知道我们在吵什么。我想和她做爱吗？是的，但只有她也想要才可以。如果我强迫她让步就没有任何意义了，而且我知道我不可能勉强得了她。就这方面来说，她和她母亲很像。"

4月6日，星期三

病　人　"我隐约记得昨天的时段要结束时出现了让我很兴奋的事，但我不记得是什么了。"

分析师　（为了获得重要的细节而兜了一些圈子）"你的妻子和她母亲的关系。"

病　人　"哦，是的，就是这个。我对我的妻子非常气愤，因为她看不起性，这一点儿和她的男友一致，也蔑视做爱，而这也正是她的妈妈的态度。这让我陷入两难，因为我还没准备好接受一个性交被压制掉的生活。"

121

分析师 "就你的描述来看，你妻子的态度体现出她对她母亲的认同，也就是说，孩子对大人的认同，但是却以真实的性生活被摒弃为代价。"

病　人 "我剥夺了她的性爱，或者说没办法满足她，所以她才会讨厌它、蔑视它。"

分析师 "如果你的妻子能够独立于她母亲之外，能够忍受得了反抗母亲的念头的话，你必须让她值得这么去做，而你感觉你失败了。所以她回头依赖她的母亲，有了某种认同。这和你自己与父亲之间缺乏竞争与反抗的关系相对照，似乎，这多少是因为他的态度所致。"

病　人 "这带来了新的困难。她不想做爱，也就不会妒忌。她指责我太晚回家。我说，'我要是沦为你的水平，看你还好抱怨什么'，她（不但没有嫉妒还回嘴）说，'哦，你永远到不了我的境界'（大概是指田园牧歌式爱情的高境界）。但这也对，我对女友的感情不深，我可能很快就会厌烦她了。"

分析师 "你对那女孩能否打造一个家庭的能力感到怀疑。"

病　人 "我妻子不明白这种态度上的反差———一面谈恋爱，一面蔑视或反对性爱。这在理论上说得过去，但实际上行不通，并且会带来不快乐。其实我真正想要的是对一个女人忠贞不渝。"（停顿。停顿继续）"我在试着回想今天早上做的一个梦。我确实记得它，我感觉它就是那种本身没什么意义的梦。梦见它才是重点。母亲在那里，开她的车载着我。我的妻子也在那里。就没有了。"

分析师 "你母亲的车是什么样的？"（我刻意不问梦中的那辆车）

病 人 "哦，她有辆希尔曼（Hillman），但是梦中的那辆并不是她的车；梦中的更老旧、破烂。那不是梦的重点。重点是它很危险，我必须非常努力地控制才能让它保持直行。其实母亲车开得不好。但我不想承认她可以成为好驾驶。我妻子不会开车。以前我曾希望她会开车，但我现在不喜欢这个念头了。我不愿想到她可能开得比我好。我要做占上风的。一开始时我以为她是完美的，但现在，当她无法做一些事情的时候，我会挺开心的。"

分析师 "这让我想到有阴茎的女孩这个念头。"

病 人 "一开始时我妻子是有阴茎的，目前她处于被去势的过程中。最初我希望与她平等，但我现在想要主导。我想让她嫉妒。"（顺着这些思路描述了一些互动）

分析师 "在这一切事情里，你们之间好像有些性游戏的味道？"

病 人 "是的，但是她看不起性。她可能是在嫉妒，但是隐藏了起来。"（停顿）

分析师 "我不太懂你的意思，因为当你和你的女友在一起时，她可能嫉妒你是男性——反过来的情况也是如此。"

病 人 "哦，我懂了。我从没那样想过。这和一年半以前我生病住院的情况相比有反差，我告诉我妻子有外遇，那时还持续着。她说，'嗯，这对你是好事，可能有助于解决你的问题。'如今她就是很恼怒。我想起来，由于她的男友一直在生病，她不再寻

123

求任何的品质——"（骤然中断—停顿—睡着）"我昨晚去看的
电影里有段情节特别贴切。一个男人痛恨被人愚弄。我就不想
被愚弄。"

分析师 "有个问题一直存在，就是你必须被你母亲（妻子）挫败，不然也
会发展出内部的抑制力，因为没有另一个男人出现在你们之间。"

病 人 "最近分析末尾都会讲起这个。"

分析师 "今天还要更多些，因为这是复活节假期前的最后一次会面。我
很快就要说时间到了而挡在你和分析之间。"

病 人 "是的。我因为要离开你放个假的念头而真心地高兴，但同时
我也感到恼怒。"

分析师 "有足够的空间供这两种情绪同时存在。"

病 人 "精神分析的麻烦在于太多事情得依它而定。"

分析师 "所以当你在接受分析时，我事实上维系了家长的形象。"
（停顿）

病 人 "我和我的女友正在谈论。她曾经接受过一些精神分析（我不
知道和谁），她犹犹豫豫地不知道是否要重新开始。我应该说
是的，但是我不能建议她去。这会扰乱生活，也很难和工作配
合得上。况且分析会干扰她对我的利用价值。我感染了一些我
妻子的态度，觉得分析很无聊。"

分析师 "在想象的情境里，我是那个女孩会去见的分析师，这样的话你和我便是情敌，所以你阻止她来见我。"

病　人 "是的，尽管我知道她没来找过你也不会来找你。但我感到嫉妒，因为随着她在分析中变得独立，分析会让她不再那么需要我。"

5月3日至5月31日

5月3日，星期二

复活节假期（3周）之后

病　人 "我首先想说的是这似乎比3周要长很多。精神上得到了彻底的休息。我头一回感觉自己了解到中止分析会是什么样子。有一周的时间，我因为没有来这里而郁闷，后来我就把这念头全部抛开了。现在产生的问题是，我是应该结束分析，还是来得不那么频繁。我不能说结果很完美，但是我已经达到了可以工作的状态。关于工作，我现在感觉自己肯定可以应对。现在的问题是，我想要做分析么？而且我发现我自己在规划一个月之后的度假行程，这假期我是一定会用上的，因为这是我的带薪假。以前我从未幻想过在分析进行的期间规划去度假的。关于家庭生活，我开始可以理解我的妻子了。不过还是相对僵持着。我已接受这段婚姻没有未来的事实，我也据此做着计划，那没什么好期待的。"

分析师 "这些话让我知道了你在考虑你妻子的难处，以及你已经告诉过我的你和你妻子之间既往的困境。"

病　人　"是的，如今我能看到我们结婚是个错误。我觉得它从一开始就注定会失败，我们根本不合适。我发现我现在在为来这里而感到怨恨。这没有逻辑。我有个想法是，你令我违背自己的意愿。我发现自己期盼你会说，'你不可以走'，然后我就会为了离开的权利而抗争。"

分析师　"如果我有这样的明确态度的话，那么至少就有些可以违抗的东西了。"

病　人　"是的，那么这个决定就不全是我一个人的了。"（就是说，这个决定不是基于抽象的想法，而是有感觉和反应作为基础）"我觉得我一贯过分地担忧自己会生病，以获得所需要的。我必须用生病做借口。"

分析师　"这里似乎有一个从需要什么到想要什么的转变，而且伴随着想要的，也出现了不想要的。"

病　人　"我也因此有能力衡量事情的轻重了。"

分析师　"与之相对应的是，我从治疗师变成一个人，随着我成为一个活生生的人类，你父亲去世的事实也显现了出来。你曾经提过你父亲的生病与去世，还有他通常的态度，致使你在需要一个父亲去认同、去反抗的时候，却要承受个人决定的负荷。"

病　人　"是的，回想自从那个女孩出场之后我整体态度的变化也很重要。正是这个给予我生活的目标，尽管这有点儿夸大其词。如果和那个女孩的关系破裂，我当然会对将会发生什么有着相当大的焦虑。我会爬着回来接受分析么？从某方面来说，那女孩取代了你的位置，因为在不再来做更多分析和继续与那女孩在一起这两者里面，都有虚张声势的成分。我在纳闷，生活有几分是真实的？"

分析师 "和那女孩的关系也和分析关联在一起，并且随着你开始离开以及由此具备感觉真实的能力而变得有可能起来。"

病 人 "是的。比如说，今天来的路上我去学院看电影。我简直可以说，这是我头一次享受这样的体验。在过去的两年里我肯定是做不到的。我总是假装着，但那是自欺欺人，而且浪费时间。我很享受那影片，不会拼命地去找真实的感觉。以前我总是一定要想出点儿什么来说。我已经能够到电影院或剧院去认同那里面的人物，而不是去看展映出来的图像。看电影需要有相当高的人格稳定性和独立性。"

分析师 "电影不会那么切合你。你需要将一些东西投注到电影里。"

病 人 "这一切让我在想，既然我看见这个分析带来了很大的进展，要是就此打住是不是很傻，因为可能未来还会进步。问题是，离开的决定可能会非常随性。我在战时第一次来见你就是个随性的决定，之后我仅仅因为不方便就停止了。这样不妥当。我这一次来见你是有明确的理由。我病了，需要接受分析。而今我不再需要分析，它已变得像场游戏，从这一方面来说，我又回到了第一个状态，而且我一直在想，这有必要么？"

分析师 "如果你能这样玩起来，这也是分析带来的变化。"

病 人 "是的，我以往很难玩起来，就算玩起来我也琢磨，'可以这样吗？不会太轻浮吗？我敢去玩么？'当我不认真严肃，就必然负起审慎的责任。总是看似仅仅在玩，意思是得有一些更严肃的东西同时进行。我纳闷我的教育是不是太严肃了，留给游戏的空间太少。我曾和其他人讨论玩乐是否应该具有建设性。我发现自己在说，受到，我觉得，受到我们在分析里发现的东西的影响，玩乐的建设性成分不应太过明显。蒙台梭利教学法摧毁了玩乐的价值。这就像是有人在灌输游戏是顽皮和不道德的。我发现游戏本身即有它的价值，我也觉察到在童年期间缺失了些东西。我撇开我的父母玩耍，玩的时候总是孤单寂寞。和我妻子在一起时，若有任何玩乐也是一本正经的，相反，和那个女孩，玩乐是随性自发的，很有乐趣。"

分析师 "我想你是在说，电影本身也有它们的价值，而且也不属于和外在现实或如同工作那样直接的事务打交道。"

病　人 "我想要回家告诉我妻子关于这部电影的事，但是告诉她的这个事本身又会再次变得带有目的。好像我的谈论是为了向她显摆我去了哪儿似的。只有非常随性自发地谈到电影才是有价值的。"

分析师 "我不太确定你对你妻子的感觉；她原本能否玩耍么，还是她在与你的婚姻中变得严肃起来？"

病　人 "她本来就有类似的态度，但相当多的是与我相适配带来的。她大概可以随性自发。我妻子发现我在玩耍上面的无能后必定会认为我非常乏味无疑。我确实从几天之内必须要解决的紧迫问题那里逃开了。新工作的问题需要解决。我应该依照精神分析来安排我的工作呢，还是现在我可以去设想未来和事业，并且把精神分析安排适应进那些计划里？这可能会令来这里不再那么频繁，甚至离开一段时间。这里有一个指标，当我和我妻子说事时她提到一份工作，'你认为你会发现它太让人担忧么？'我绝对不再会将工作视为会让我担忧的东西了。我知道我可以应对。当我崩溃时，医院安排的问题部分在于我不知道随后要干什么。"

分析师 "你有没有感到被哪一块的发展所吸引？"

病　人 "答案大部分是否定的。我考虑过全科医学，但是感到一这样决定了，我的一生都会确定下来。我有机会成为急诊医生，这在以前会让我感到焦虑。如今我会觉得刺激。考虑到实际，前途布满疑云。我曾考虑病理科和麻醉科，但是选这些专科，我肯定会受困在狭小的境遇里。我觉得自己不再需要由有限的境遇来获得安全感了。"

5月4日，星期三

病　人 "我觉得昨天有些挑战。我真的想从你这里要点儿想法，但是没有得到。"

（这之后是一段漫长的讨论，关于一般情况、工作、私生活和分析的现实层面。）

分析师 我在讨论里面加了一个解释，关于离开分析是一种对焦虑的防御的概念，谈到了他在男女性与结合一体的形象相比较这个议题上，想弄得更明白的需要。（这期间病人把他的脚放在地板上）随后我提到了选择精神分析的念头，并表明道，尽管这在以前曾讨论过，但是我没有从他那里得来的切实证据说明他有这个想法。尽管如此，这个主题仍在那里，只是被忽略了。

病　人　他说他只会用负面的角度考虑精神科和精神分析。他的母亲和其他人建议他选择从事精神科，这样可以发挥他自己的分析的价值。他有3点反对理由。首先，这是很难的一科。其次，困难也在于它需要长时间坐着，说很多话，很少活动。最后，需要做的工作量大且耗时，成果却相对挺少。况且他对精神科特别抵触，自知这一医学领域他总是弄不明白、理解不了，连基本的术语都不知道。他说，他只在今天遇到一名需要看精神科而且早该被诊治的病人。"我完全没有切入的头绪。如果我使用'躁狂'这个词，那仅仅是为了让上司印象深刻。这无疑是个临床案例，坦白说，我应该写上'他发疯了'。但是这样不会让主管有印象。我想补充一点儿，排斥任何对精神医学的了解是非常普遍的。我发现我的同事几乎都这样。再说，现在我在选定事业时，必须考虑到涉及社交方面的重要程度。有着这样一个不美满的家庭，看来有些医学科目还是不选为好。"（停顿）"我多少觉得我应该有更明确的目标，但是没什么浮现出来。我似乎在等待某个工作出现，然后感觉这其实是软弱的标志。"

分析师　"也许再次回顾你如何从工程领域转向医学的，会有帮助。"

病　人　"嗯，事情起源于，首先，我不喜欢那些工科学生；其次，我并不那么擅长工程学；最后，我讨厌坐办公室的工作。我感觉我一定要和人打交道。这更加有满足感，也能提供更大的视角。我对工厂的工作绝望，所有时间都在处理非生命的物体。选择医学令我脱离这种惨淡的前景。这还包含其他的因素，如我父亲生病的事，还有我从我父亲那里传承下来的政治性。我估计在这里头有一种使命感，我必然发现它是值得去做的职业。因此当我离开工程领域时，我可是如释重负。起码在当时我感到自己可以头一次带着喜悦向前看。我现在突然想到，而且我认为我以前从未这样想过，那就是我父亲其实不想当工程师。他想找个大学里的职位，但他的父亲去世后他必须运营他父亲的生意。身为工程师他总是不开心。他本可能是律师或教师；他主修数学。可惜他书法很差，拼写也不好，我似乎也继承了这些特点。他渴望从事比工程要求的更博学一些的职业。他应该去当教授的。所以我一开始选择了医学，因为我需要些东西来证明自己，但是现在这个动机已经消退，我感觉我更想关照我自己的幸福，这关乎不陷入窠臼当中。我现在觉得医学中的任何分支都做得来。如果有人说能把哪科讲得令人信服，我大概会听从，但不是从商或工程。"

分析师 "也许对所有人来说，某种程度上都会取决于将会发生什么。"

病 人 "是的，但是我不想要那样。"（停顿）"现在我觉得自己想回到我妻子的问题上，还有她将我置于两难处境的责任，我需要在我的职业中考虑社交的因素，因为在家庭生活里它并不令人满意。我能向她怪罪多少？归咎于她可能也不对。这肯定在某种程度上有我的错。我知道我不应该怪她，但在我的婚姻里我一事无成。"（脚放到地板上）"这还有希望么，还是永远这样残缺下去？我以前在我的婚姻里寻找着不劳而获的友谊，但没有结果。我应该延续这巨大的挣扎么？还是安分地去过没有烦恼没有朋友也没有性爱的生活？我感到我的妻子令所有的事情都像是我的错，所以我反击回她的头上。"（停顿）（到了会面结束的时候了，不过我开始得迟了）"我不觉得自己想再说些什么了；我可能说得太多了，超过了时间限制。我最后说的话没有引发任何回应。我觉得它们没有被很好地接受。"

分析师　"首先，我本人作为活生生的人这么一个角色，可以就现实的层面与你讨论事情，这样一来我就处于你父亲的位置上。其次，这里有些是从昨天遗留下来的内容，你曾感觉我抓住了你，不想让你离开。我认为你想要我在分析里提到的就是这一点，你一直在等待它，它没出现时则感到失望。你将这个念头转化成我想要抓住你不放的愿望，而表达了出来。从这个位置里你就可以逃离开了，但你没办法从没有抓着你的人那里逃开，一如你不想被抓着，不想接受依赖。"

5月5日，星期四

（这份记录是过了一段时间之后才写成的）

病　人　"我准备从说这个开始，上次之后就很难产生新的材料了。如果只有一个月多一点儿就是新的假期，而且可能也是终止的话，那产生新的东西还有价值么？我在把它和我在复活节假期之前的体验做对比。这似乎是个很大的关卡。我觉得没必要让想法冒出来。也许终止的想法是基于对目前状况不切实际的评估。在我指望未来有能力克服困难之前。"（停顿）"我提醒自己，在前两次会面中，我们花了大量时间讨论事务上的细节。比较属于个人特质的内容很少。"

分析师　"你要记得，有时候你会抱怨说真实的事情在分析中似乎不重要，而现在你把它们与另一类的内容进行比较。"

病　人　"有时更深入的内容好像没什么产出。而且可能让人感到太过琐碎、太过思虑或什么的。我似乎在努力产出对的事情。我常

常因为自己可能浪费了时间或进行精心但没有意义的编造而感
到内疚。"

分析师　"在这过程中我始终都扶持着你，而且还有着不同的方法；一方
面是我通常的处置，另一方面是对材料的解释。"

病　人　"我在想我的父亲。当母亲退缩的时候，可能父亲似乎是拒绝的。
我对于母亲阻碍我的概念感到抵触，这说的是与父亲相比。"
（停顿）"说不定当我还是婴儿或小孩时，父亲曾让我失望。这
并不确定。这是几年前曾产生过的一个念头。有这个念头是由
于有个小孩想找父亲的下落却寻不到，但我认为自己的情况不
是这样。"

分析师　"我想这可能关乎一件事，这从某种程度上说，是我从你母亲那
里得知的，而且我之前也和你提过。在我见你做头一次治疗之
前，当你母亲第一次提到你父亲时，她告诉我你父亲很完美。
她显然把他理想化了。我想她在自己接受分析之后才修正了这
一点。我认为你正在尝试着宣告的，就是你对此的感受。"

病　人　"是的，这儿有些事情。每当回顾我的父亲时，他似乎变得越来
越不完美了。他教养儿童的态度过于理论化；而且在其他方面
上，他的瑕疵与不足也总是使人震惊。对于他的完美，现在有
了新的想法，那其实是母亲对于他的想法，而我过去把它当成
不证自明的真理接纳了下来。小时候发现不完美之处时，我很
吃惊。我可以想起一个例子，有一回他来学校参加板球比赛——
亲子对抗赛。与其他父亲相比，他的动作很笨拙。一方面，我
假设了完美，觉察到不完美时便感到非常难受。另一方面，完
美的念头也滋生出一些问题。总的来说，我把我注意到的不完

美压制下去了。"

分析师　"重要的是，来自母亲的这个他很完美的想法，意味着她不爱他；并不关心那个真实的人，她看重的是完美这个品质。我认为你感觉到整件事情意味着母亲与父亲之间没有爱。"

病　人　"我和我妻子之间真的恰好就是这样。我以前认为她很完美，并且照这个样子来打造她，尽管我意识到这并不合理。当我发现她不想要我时，全部结构就都瓦解了，失去作用。"

分析师　"我也有些类似的地方。"

病　人　"嗯，是的，起初我预设了完美。我照旧把所有不完美的微细证据扫到别处。我想人一定都有这样的境况。我会认为，如果你不完美，你就不是专家。在分析的情境里，如果你不完美，那么我就必须自己表现得如此。我想到在有些情景里，我们能以平等的姿态讨论事物，比如开些玩笑。我发觉自己既兴奋又开心。我感到你却又失望又恼怒。完美的意念并不让人满意。"

分析师　"当你在一段关系中，由于感受以及各种各样想象出来的可能的后果，而令你产生焦虑时，我很完美的念头便被用作一种防御。"

病　人　"关于平等，令人担忧的事情是，我们就这样都成了小孩，之后的问题是，父亲在哪里？如果我们当中有一个是父亲的话，我们就知道如何定位自己。"

分析师　"目前，你的意念在你与母亲单独的关系以及你与父母亲的三角关系之间摇摆不定。如果父亲是完美的，那么你除了变得同样完美之外无事可做，之后你与父亲便彼此认同了。没有冲突。反过来讲，如果你们是同时爱着母亲的两个个体存在，那么就会有冲突。我认为要是你生的不是两个女儿的话，你应该早就在你自己的家庭里发现这一点了。儿子会将他与父亲之间由于和母亲的关系而产生的敌对凸显出来。"

病　人　"我觉得你指出了一个大问题。我从未成为一个人类存在。我错失了它。"

分析师　"这提醒了我，你不考虑精神病学或精神分析作为职业，根源在于你没办法一下子就完美无缺。"

病　人　"我从没有真正承认过做不好某事。"

分析师　"你的生活建立在完美或不完美之上，这愈演愈烈并且发展成病症。"

病　人　"不完美于我意味着被拒绝。"

分析师　"当我思索关于你的妻子，你曾跟我讲起过什么时，我意识到我除了知道她的完美和不完美之外，对她一无所知。我想象不出她作为一个女人的样子。我想这错不在我。"

病　人　"我确实不知道自己该如何描述她。我总以为你对她作为女人这部分不感兴趣。况且，我在形容人这方面总是有困难。我一向不会描述人的个性、人头发的颜色或诸如此类的事。这让我想到其他人或许确实会在他们的分析中描述别人，所以我一下子觉得你是在批评我。我向来不愿意使用受洗名，但我注意到，前几天我说了个男性化的名字，听起来像我妻子的受洗名，在这个失误的背后，描绘出我妻子对于我而言有着男性化的特质。"

5月9日，星期一

病　人　"上回我带着一种无能的感觉离开这里；我的意思是性无能。我想不出到底发生了什么。和来之前相比，我的状态绝对改变了。这变化肯定和那次会面有关系。我约了和女友见面，结果和她也同样那样。我非常不安。复杂的是，她的行为举止也变了。她冷淡下来了，而从她的前男友那里得到的越来越多。他比我更能够让她感到兴奋，所以我变得有些惹人烦。这产生了一个悖论，去争取还是走开？但是走开意味着我被撇下一无所有，但这也不是一直悬着的好理由。我向她解释自己不想当老二，但我不知道这一切有多少真实性。来这里时我突然想到，也许我对分析的需求增加了，我之前对于结束的想法太乐观了；可反过来说，一有困难的情景就利用来这里寻求帮助也肯定不对头。我妻子在这件事上对于我这样做很不满，这也是精神分析通常遭受的批评。这是逃避困难的偷懒做法。"

分析师　"你可以这样来看，就是对于这个话题，我身为分析师具有两种角色。一个是我好比你复生过来的父亲或叔叔，是你可以商量事情的对象。然而，尽管它很重要，但这不是我主要的功能。我作为精神分析师，与我的关系令你自己发生了改变，给你带来更普遍全面的影响，不过不涉及实际解决手头的问题。"

病　人　"我觉得用前一种方式使用你是不对的；太过分了。"

分析师 "一个并不会排斥另一个，对你来说，重要的是去发现我不会僵化地固定在这个或另一个角色里。"

病　人 "老问题又回来了，就像大清早就醒来了一样。分析的好处丢失了吗？上回的会面里到底发生了什么？我知道是些关于父亲和母亲的事。"（停顿）"母亲把父亲理想化，于是我便无法竞争的事，为什么这会造成阳痿？"

分析师 "我们首先要考虑的事情是：我所说的对吗？"

病　人 "嗯，就算不对也有道理。而且我感觉到它带来一些反应，这情况意味着它很可能是对的。当你说得不对时，那测试通常不会产生效果。不管对或不对，我对于发现了母亲把父亲看成完美象征这件事都感到忧虑。"（停顿）"我一贯希望别人以同样的眼光看我，但我对被当成完美的人已不抱希望。一有任何批评或证据显示我次人一等，我就变得抑郁或是过度担忧。不论做什么事，方法只有一种，那就是完美无缺。"

分析师 "你一直在说的是，你对于任何被爱的事都不抱希望。"

病　人 "是的，和别人在一起，特别是和女孩子在一起，一开始当前景非常完美时，一切都很好，但不完美会渐渐显现出来，事情就脱离控制，我也没有了信心。和这个女孩在一起是我头一回与它对抗，并且建立起了比较正常的关系；无论如何，在性上面我似乎是完美的，但自从上次之后，我感到自己再也无法应对了。她不再当我是理想情人，只是尚且满意而已。错觉破灭，我也回到平凡的与其他人竞争的处境里，一个我永远不会喜欢的位置。如果我次人一等，我会逃开。"

分析师 "问题似乎在于把男人想象成为占据第三个人的爱而相互争斗的人类。在这样的处境下，男人得思量，'这第三个人值得不值得？'"

病 人 "我认为我只在有把握自己会赢的时候才战斗。"

分析师 "你不是为了那个女孩，而是为了确立谁完美而战。"

病 人 "上回提到了一个很重要的词，那就是拒绝。不完美意味着拒绝。"

分析师 "你说结束分析的一个原因就是它已达到完美，或是你已达到某个完美的阶段了。"

病 人 "这又回到拒绝上面。我是该继续寻求完美，并且因为显然达成这个目标而停止，还是我们以完美并不重要为基本继续工作下去？这样一来，我要不然就是在某种程度上被拒绝了，要不然就得决定不要再来了。危险在于为了避免被拒绝而接纳了不来的念头。"（停顿）"我刚才一直在避免想到这里。我在想些小事情——我今晚要不要泡个澡？洗个头如何？重点就是我的心思不在此处。"

分析师 "在我看来，你确实做到了从我身边离开。就我们刚刚说的来讲，你走开了，而且你也能够告诉我这一点。"

病 人 "我突然有了一个念头，而且这对我来说很新鲜，如果我走开了，你会不会跟着离开？要是我走开了，我还是得掉头回来，就是说得告诉你这件事。重点是，如果有人离开，有谁会难过吗？会有人想去把那人找回来吗？离开之后却没被请回来，这是个非常让人难受的念头。这让我想到教育孩子的差异。遇上

138

孩子淘气的时候你会怎么做？比如说我的父亲——只是我的想法，我不是真的在切实地描述我父亲——对付孩子发脾气的办法是不加理睬。不，不是父亲特别会这样。人们都说这很有用；如果孩子发现他被忽视了，他就会停下来。从孩子的角度看，我觉得这是一种羞辱。"

分析师 "这会使他想到，如果他使性子，他就会被抛弃。"

病　人 "事实上，我记得父亲刚好相反。如果他的孩子很淘气，他会说'他们不开心了，需要同理'而且他也这样做了。"（注意：分析师想起，病人在第一段分析里提过这事）"他不会加以责骂，也不会置之不理。"

分析师 "这确实会造成父子之间常见对立的瘫痪。我能看到说闹脾气的孩子不开心这话的价值，但我认为你的父亲回避了父子关系之间常见的冲突。"

病　人 "我认为他很像我。他只在知道自己会赢的时候才允许冲突发生。就打架这事来说，如果一个人知道自己会输还要打，那就有些愚蠢了。我不能理解那些旧日的决斗，虽死犹荣。这似乎没有意义。"

分析师 "你的这个观点只能就真实的打斗来谈。目前你还无法使用幻想，也使不出决斗者在一剑毙命的场景里会用上的戏弄对手或缓和情势的招数。所以如果你和你父亲打斗的话，目前你只能想象到你们两人之中必有一死，因此你必须非常确定这报偿是值得的。"

病　人　"这和我一直在估量时间是不是要到了有关联。都是同一件事情。如果我继续，我可能会被打断，意味着输了，或者说被扔了出去。如果我躺在长椅上而时间到了，我会觉得你在命令我出去。"（这时，距离结束还有7分钟）"我们培养出一种默契，就是我逐渐收尾，不再多说什么，然后由你来说时间到了。我即便提前做好了准备，尽管如此，还是会让人不快地吃了一惊。"

分析师　"离结束还有好几分钟你就提起此事，这并不寻常。"

病　人　"对此，我通常会保持沉默，但我感觉不舒服。中途就被打断实在是困难。"

分析师　"我知道'在中途被打断'的说法是个比喻，不过这是你最接近阉割概念的一次。我会说，这就好比你涉水到一半却被困住那样，这让人想到三种程度的对抗；其一是完美，你唯一能做的也是变得完美；其二是你和你的对手杀死对方；还有其三，就是当下提出来的，两人当中有一人受伤。"

病　人　"我同意困在流水中间这个说法；这也和做爱到一半被打断非常相近。"

分析师　"所以我们又回到你用无能这个词来形容昨天的会面结束后的感受。我想指出，你做爱被打断的意念，和你自己还是孩子的那股想要打断你父母在一起的冲动有关联。"

5月10日，星期二

病　人　"我昨晚很激动。我估计原因有好几个。一个是和女朋友的关系恶化了，这致使家里变得更难忍受了。也和在这里发生的事有关。我没办法弄清楚原因。是真的有什么呢，还是只是一厢情愿？这其中肯定有希望被分析搞得烦乱的成分在。我觉得这是我能证实有事情发生的唯一证据。要是没有心烦意乱的话我会非常失望的，因为这意味着我没有进步。从这个角度来说，这两次会面带来的苦恼反而令人满意。"

分析师　"我该讲一讲曾经发生了什么吗？"

病　人　"嗯，好的。"（迟疑）"我认为这是个好主意。"

分析师　"一向很难在你头脑里出现的和某个男人敌对的念头，似乎在和我的关系中出现了。在上上次会面之后，你感到无能，在上次的会面里你冒出了在中途被截断的念头，所以幻想里的概念是，有两个男人出现，其中一个伤害了另一个。在此之前只会被杀死，这意味着挑起竞争情景很不值得。"

病　人　"我实在无法解释为什么和女孩在一起时，取悦的事情我特别不在行，这毕竟是做爱技巧的一部分。这感觉不真实。对着女孩，我似乎无法造出赞美的话来。会不会扯得太远了？似乎对我而言，这和回避竞争有关联。"

分析师　"一个关联可能为，那女孩必须选择你，而不是被赢过来。"

141

病　人 "是的，一直以来都是如此——必须是那女孩过来得到我。"

分析师 "你指的是在做爱的过程中的竞争。"

病　人 "对我来说难以忍受的似乎是，为了某个女人在做爱的事上竞争。"

分析师 "如果那女孩没有选择你，那你会感到被抛弃。"

病　人 "这在我妻子以及那个女孩那里都发生了。现在我变成讨厌鬼，她只会可怜我而已。"

分析师 "这类的事可以从你还是小孩的时候与你父母在一起以及为了得到母亲的爱而和父亲的竞争来说。"
（停顿）

病　人 "我不觉得这里有任何那一类的关联。"

分析师 "也许你头脑里有别的事情。"

病　人 "是的，我正在思量将来要做什么。女友建议我说，我应该在急诊室里工作，她医院里刚好有个空缺。我之前从没想过这个。现在 X 医院的急诊室有工作空缺，不提供住宿。我在考虑是否去应征。这有些好处。比如说，我能够来这里，如果傍晚的时间有空的话，分析就得以继续下去；还有些实际的事务，我不用付住宿费，我每周可以省下一镑。也有些辛苦之处。意思是早上要起得很早；我应该也会更常待在家里，必须去面对家庭的困难，但我感到这个念头很吸引人。
……必须得去面对家里的困难，但这个想法还是很吸引我。急

142

诊室的工作不必立即决定未来生涯的发展，但是个延迟做出决定的好方法。"

分析师 "你说的这些表明你想继续接受分析。"

病　人 "是的，分析会占用空闲时间，也很难有时间和朋友在一起，但我还想继续。"

分析师 "分析会对你和女朋友的关系造成多严重的干扰呢？"

病　人 "现在已经不重要了，不需要考虑这个了。我不会很认真地把这个问题和其他因素放在一起去衡量。"

分析师 "如果你去求职的话，估计会怎样？"

病　人 "我已经和急诊室的主任通过电话了，和他讨论了工作的情况，除了我之前没有做过手术之外，情况看起来很不错。无论如何，我先申请再等着看。这意味着分析还会再继续一年。"

分析师 "这样你就有时间按自己的方式知道最终的目标是什么。"

病　人 "是的。"（主题浮现）"而且这份工作还有额外津贴。还有一点也很奇怪，我被它的地理位置吸引了，它在伦敦的另一边，我知道那个地方，当然是因为有这家医院。也许这并不重要，但让这份工作更有吸引力了。也许离这里会更近。"
（停顿）

分析师 "有件事发生了，你离开了，而且你发现我并没有抛弃你。在你明确地考虑结束分析时，你离开了，并且，几个月前，你也离开过，当时你对这个房间里进行的事很不以为然①。"

（停顿）

病　人　"我感觉到有些兴奋，部分是和想到新工作有关，这种兴奋让我避开了是不是要停止分析这个难题，但它也让我现在很难静下心来去仔细思考其他事情。一个人想某件事想得入迷了，一时很难转移心思去想别的事，这是不是很不正常？我现在很想马上起身采取行动，但我觉得自己好像被拴在链条上，无法动弹。我想要去处理。"

分析师　"与精神分析这种你只能等着事情发生相比，你可以主动去处理一些事要容易得多。"

病　人　"我对自己过去这两年是怎么找到工作的感到惭愧。除了曾经去过一次英国医学会，我没做过其他任何积极的努力，工作便自动送上门来，之后事情便一件顺着一件下去。我不想再这样随波逐流了，这很不光彩，很丢脸。我觉得自己很软弱，随波逐流，什么时候我都不能决定自己的工作方向。即使交了女朋友，我还是不能改掉旧习惯重新出发，而照旧随波逐流。高中毕业上大学时，我简直不是申请进去的，而是莫名其妙就进去了。就连念医科这个决定，某种程度上也是我母亲的意思，她把我推进了医科这个专业。我很能够体会我太太的感受，当我逛街买东西没办法拿定主意时她会抱怨。我连礼物也不会挑，我太太很看不起我。所以，我对自己知道了该往哪个方向去以及想要什么感到很激动。我俩一同出去还要由她决定上哪，这一点

---

① 参阅本书附录《退缩与退行》。

我太太也很不满。"

（这次会谈很重要的一点是，和上一次比起来，病人的整个心情已从绝望中有所好转。）

5月13日，星期五

（他迟到了10分钟，这不同寻常；这意味着会谈结束时，他免不了会有"在兴头上被打断"的感觉。）

病　人　"实在没有什么好说的，除了我持续觉得有些好转之外。紧张和焦虑的情绪似乎都过去了，这多少和女朋友分手有关。分手让我感觉有一些轻松，我意识到这整个事情有很多虚伪的成分。"

分析师　"从理智上讲你始终有分手的准备，但从情感上讲这件事还没过去。你心里也许感到难过？"

病　人　"没那么难过，更多是感觉凄凉和绝望，还有下不为例的感觉。回头看，我发现，我很清楚这是一场游戏，而这场游戏是为了保持一种错觉，因为以前我根本不会玩，所以这件事本身对我来说是件好事。"

分析师　"玩得很尽兴。"

病　人　"是的。"（停顿）"过去几个月里发生了一些事情，我确实更能变得轻浮，或者说无忧无虑，尽管我仍然对这一点还是感到很难为情。但这场游戏就是要让自己变得轻浮一些，这就好像我表现得轻浮却始终否认自己轻浮，而且还用无忧无虑的样子来

145

伪装。当然还是有觉得累、心情不好的时候，紧张的情绪也会不时回来，这就好像要费很大的力气去打造另一个无忧无虑的自己一样，所以我不是真的很自然。"

（停顿）

分析师 "那跟我在一起，在这里，你怎么样呢？"

病 人 "嗯，那就完全不同了。在这里还装模作样，或表现得轻浮就没意思了。在这里，我可以把那些全抛开，真正做我自己。有时候我的心思会从这里飘走，想别的事想得入神，所以就变得心不在焉，好像灵魂出窍，神游去了。（停顿）这种恍惚的状态很难用言语形容。（与以前的退缩状态相比）我脑子里有个意象——一部分的我想把恍惚的经过说出来，但另一部分的我却说：不行，你不能说。结果就是沉默。眼下我就处在这种心情之中，由于没有什么事迫切地要说，我担心自己会睡着。所以我开始神游，忘了自己在这里。（停顿）我忽然想到一个很奇怪的比喻，对面画家摇篮里那些清洗墙壁的人，我想象自己在做着同样的事情，懒懒散散地从这里晃进来，又从这里晃出去，就像在画家的摇篮里。我不禁觉得，自己其实有话想说，却又不敢说。上次的分析我很满意，因为紧张挑起了焦虑——但现在觉得好多了，我不想冒险去体验新的事情。另外，我现在觉得我在这里是帮助其他人出主意，虽然这个想法很奇怪。"

分析师 "就某方面来说是这样的，因为你的情况往往可以说是你把自己带到这里，而且有一段时间我们经常谈论你，而你本人几乎没现身。

你希望我帮助你看清楚，你目前的困境与最近出现的竞争的想法有什么样的关联。你第一次认识到，有一场竞争存在，会有一两个男人丧命，所以这场斗争并不那么值得。于是两个男人发生冲突的想法在你脑中日益清晰，其中一人可能受伤但活了下来，然后是其他被抛弃的主题。"

病 人 "我倒是感觉，假设我是带着自己来的，那么被带来的那个部分其实并不愿意来，我得一而再地把它带来。"

分析师 "这个自我不能忍受可能被抛弃的想法。"

病 人 "是啊。"（说得很勉强）"马上睡着。"

分析师 "你刚才真的睡着了。"

病 人 "我搞不懂自己为什么能睡着，我明明不累啊。"

分析师 "我身上确实存在某些让你感到危险的东西，你用性无能这字眼，而且前几天你用这个字眼来描述我让你陷入的状态。你和女朋友也在同一时间分手，我在想，分手的事与其说是那天在这里的情况造成的，不如说是那女孩的改变所致。"

病 人 "是的。"（睡着片刻）"我很难不让自己睡着。如果我努力保持清醒，我就必须控制我的想法；但只要我一放松控制，就会睡着。"

分析师 "所以总的来说，睡着是这两种状况当中比较有作用的一种。"

病 人 "近几周以来我第一次觉得没有迫切的问题要谈，也没有事情需要分心，所以不想来这里的念头就开始浮现。我很想知道自己害怕的到底是什么。"

分析师 "你怕如果你本人现身，在这里和我有所接触，你会受伤。"

病 人 "谁会受伤？是我还是别人？"

分析师 "是你本人。"（睡着片刻）

病 人 "不想来这里与跟女朋友分手很像，我逼自己继续来这里，但一想到会受伤就想要逃开。"

分析师 "这个小时很快就要结束，到时候我便毫不夸张地成了那个伤害你的人。我想趁你还在这里，结束的那一刻还没到之前，先跟你说这一点。我想，你觉得上次假期对你来说等于是我严重地伤害了你。"

病 人 "今天睡着的情况很特殊，一定和我父亲很完美，还有我比不上他等这一切有关系。"
（好像病人没有真的把我的诠释听进去，尽管每次睡着前他总能设法回答"对"。）

分析师 "是的，和父亲敌对会招来危险，尤其是如果你把积极做爱这件事也包括进来的话。我不确定你是否觉得父亲有能力做爱？"
（停顿）

病 人 "我没什么好补充的，只会用不一样的话说同样的事。要费很大的功夫才能把转移女人的注意力这件事做得很顺手。'我还没准备好'这句话挺适合我的。一切都很朦胧。"

分析师　"看来，从全面放弃做爱并且积极转移女人的注意力当中，你多少保住了你的阴茎和体能。"

病　人　"我会加上一些诸如不能自由自在或者无忧无虑这些消极的部分，很奇怪的是，要付出很大的努力才能让自己感到多么的无忧无虑。"

分析师　"看来你目前有的就是这两个选择，假如你现在开始积极找人做爱，而不是被动地等人来找你的话，你会发现有新的恐惧冒出来——害怕会阳痿。"

病　人　"我刚刚冒出一个奇怪的想法，既然父亲已经死了，这一切似乎都是徒劳。我之前从来没有去面对这件事。如果这关乎竞争的话，那么这是迂腐的，因为父亲已经去世了。我觉得他的去世带来两方面的影响：一方面我认清他已过世，另一方面我们已经把他去世这件事谈开了。"

分析师　"这说起来好笑，但我认为此时你忘了我人还活着。今天的时间到了。"

5月17日，星期二

病　人　"今天真的有很多话要说，但我想从你上次说的话开始。你说你人还活着，这句话让我猛然察觉，上次的分析你并没发挥什么作用，对我来说，那表示你并没活着。你活着就等于会有作为，让事情有所不同。我也想到自己其实对你毫无感觉，既不欣赏、不爱也不恨，这就好像在我的感觉里你并没有活着。"

分析师 "所以当我说我人还活着时，这句话其实没起多少作用。"

病 人 "不，我不是这个意思，因为这句话让主题浮出水面，也凸显我和我太太谈话时想到的一件事。我强迫她开口说话并承认一件事，硬要她说出她早先不想和你见面的想法是怎么回事。她就是不肯说当初为何不想见面，她甚至还说：'我永远都不会讲。'同时我也在猜，她是考虑到她一离开我，我很可能会自杀。现在她承认说，她那时想问你，假如她离开我，会有什么样的影响。然而，她没有那样做，因为她那时已经暗下决心不离开我，尽管当时她已经交了男朋友。另外，前些时候你说过，我从没把她描述得像个完整的人，所以你不知道我太太会是什么样。我觉得你是在暗示说，你想见她但却又刻意不见她。同时我也有过这样一个想法：说不定你背着我和她有沟通。"

分析师 "如果你发现我和她有沟通，你会有什么感受？"

病 人 "我应该会很震惊，虽然说之前我并不介意在我不知情的情况下我母亲跟你说了些什么，那很合理，因为当时我处理不了我自己的事情，但现在我会非常生气。我太太尽力劝我不要去医院，不要放弃工作，也不要接受精神分析。她会给出新的理由不想让我到医院就诊。她也害怕由于她男友的原因，她会抗拒不了想离开我的念头。她对我说这些的时候，我感到很无力。她对我接受精神分析很反感，部分是由于我以前总跟她说我不信精神分析，而她被我的软弱吓坏了。她把精神分析看成是昂贵的江湖医术。这倒点出了一个问题：我的进展有多大程度确实可以归功于来这里接受分析？如果我从没来这里，我就不会有同样的进展吗？当然她的某些看法我也认同。我现在是每个礼拜连续三次持续不断地提醒自己有病，我太太就是这样说的，言下之意就是，我最好别再来这里，也最好继续正常发展下去。我猜想你给不出答案的，当然你不会说：'是的，我就是个庸医。'如果你很坦诚，当你认为分析没有效果时你就会停止治疗。如果我太太承诺说，要是我停止接受分析她会在我身边支持我，我也许就会试着不再来了，但她不会这样说。再说，就算她承诺了，她会遵守诺言吗？我在想，我们在这里到底做了些什么？我的问题在于我老是逼别人替我做决定，我倒很想逼你说些什么，但另一方面，要是你真替我做了个决定，我会觉得自己很幼稚。"

分析师 "我想，当你说这么多事情的时候，你没有考虑到潜意识去配合这整件事。如果你想来这里而我让你很失望，我想你早就不会再来了。"

病　人 "我老是期盼着分析进展到某个阶段时你会说，尽管我们需要做的事情还很多，但你已经尽了全力，我们该结束了。"

分析师 "是的，这也有可能。"

病　人 "上次分析的时候，我心里确实有个疑问：'温尼科特应付得过来吗？'"

分析师 "我们可以从两个角度来看这件事。一方面是理性，这你之前谈过；另外，你说话时其实透露出某种极度的焦虑。这些焦虑和一些新发展有关，这些新发展就是你认识到男人之间可能彼此竞争，或者更进一步地讲，男人之间的冲突可能造成其中一方受伤而不是死亡。顺便说一句，上次你迟到了，这很不寻常，也就是说，在那一小时里以及在要结束的时候，你有觉得在兴头上被打断的感觉。"

病　人　"最近我发现我比较不那么在意要准时到了。今天是礼拜二，通常你会让我等上一会儿。以前我会提早出门，以免路上有突发状况而会耽搁，并且准时抵达。今天我迟到了几分钟，这是我的错，但迟到只是因为我看重的事情不一样了。"

分析师　"确实不那么担心准不准时这件事了。"

病　人　"我觉得我已经敢于迟到了。今天我迟到了好几分钟，真的是难以置信。这是无声的抗议。之前我好像没提过这件事，就是待在这里的一个小时里我从不注意时间，从来不看表，我觉得我不应该看。这里没有钟表可以看到，也必是想让人放松。不过，最近我偶尔会偷偷看一下手表，我觉得这样很没礼貌，但我实在不明白自己为什么要这样做。"

分析师　"不经意间，通过这样意味着你避免来测试我，不想知道我是否值得你花那些钱。"

病　人　"嗯，就目前时间安排来说，我有时会超时，我觉得这是你送给我的礼物。如果我看表，我会觉得我是在提醒你时间到了。"

分析师　"通过这些不同的方式，你象征性地挑起了你和我之间的竞争状态。"

病　人　"我想反回来谈谈关于我太太的事。我确实不知道自己想要什

152

么，也不明白自己应该要些什么。看起来，要她自己回心转意是不现实的，想和她谈判也不切实际，不值得这样做。"

（停顿）

分析师 "你太太仍然还是反对精神分析吗？"

病　人 "是的，也许吧，但她没有公开地说。要是她这样说了，那么她就要提出交换条件来。她所说的就是她希望我能够自主，靠自己。问题是她从不相信我病了，或者我需要帮助，结果就是，现在不管发生了什么，在她看来都是精神分析的错。另外，我刚刚得到专科住院医师的职务，兴奋不已，这意味着我的身份地位还有收入都会有很大提升，但后来我发觉这很危险。问题就是，我能做好吗？再说，我是不是必须要破釜沉舟地选择学术生涯呢？"

分析师 "也就是说，这意味着你不需要做动手术的工作。"

病　人 "是的，这并不重要。重要的是这份工作让我有太多的机会松懈。从我目前的工作来说，为了病人以及他们的需要，我得赶紧。但当上专科住院医师我会变得懈怠。在很多方面都显出我缺乏自律。比如，我决定不再吸烟，但还是没改掉，这多少是我软弱，但也是故意通过这种调皮放纵，来否定自己定下的纪律。"

分析师 "来自于内部的某种东西控制着你，这种控制强烈到让你觉得自己快要瘫痪了，所以你必须起来反抗它，重新获得自由。"

病　人 "当我有空闲时，有时候我还真不能让自己去工作，否则这个内部的驱力会让我很没人性。我常常有种感觉，我不想错过什么，但觉得自己如果屈服于内部的这股强劲的驱力，我就会错过一切。"

分析师 "当你能够等到你真正想做什么时才去做，你觉得更能够从心所欲。"

病 人 "但是我想要太多的东西。比如，现在我有个愿望，但我也同时感觉到需要安分。那原初的欲望不是主要的，重要的是我感觉到由于恐惧，我必须安分。我并不想因为恐惧而安分，这让我更加孤独。当专科住院医师的这份工作，如果做得好，我会变得冷漠，所以前景是蛮可怕的。我会每天下班就回家，人生也就此打住了。我发觉自己并不想与我太太独处，因为我感觉自己像被阻隔了一样，并且她也没有朋友。就某方面来说，与她独处是和成长、为人父母的状态背道而驰的。假如我们都是孩子，我们就尽情地当个孩子，但是作为父母是很孤独的。而且，我没办法与人交谈也是这个原因，我怕孤独，我害怕自己高高在上地支配着一切，所以，我什么也不说，等别人开始交谈，我才加入进去，以此逃避孤独。"

5月18日，星期三

（这天我自己本人非常累，费了很大的劲才能支撑下去。我的状态很明显，但是这一次病人却毫无困意。）

病 人 "昨天我们谈到一半时间就到了，我想不起来说了什么。我知道我说到看表以及避免说话被打断的一些方法。"

分析师 "我一下也想不起来昨天最后说了什么，不过，我一想起来就会马上告诉你。"

病　人　"我想不起来说了什么，我感觉我忘记一定是对某件事情提出抗议。好像说到我太太的态度，而你也提到潜意识的配合。（停顿）看来今天没什么可说的。"

分析师　"我想起来了，我们昨天最后谈到，你觉得你如果是父母亲的身份，就会很孤独，但如果是孩子的话，就有其他孩子和你在一起。"

病　人　"嗯，是的，这和我太太对我的批评很吻合，她说我很幼稚、爱抱怨。我觉得我是在所谓的潜意识里故意要变成那样。"

分析师　"这是一种玩耍。在你内心里，站在父母的立场和站在孩子的立场似乎是截然不同的，好像两者相互抵触一样。"

病　人　"另外，我很怕把话说出来。问题是，我说得得体吗？我觉得自己说话很做作，不自然。"

分析师　"两个极端，你不是指使别人，就是听命于别人。"

病　人　"不，感觉起来更多是别人会依赖我，这不太一样，是用不一样的方式来说同一件事。我应该说，对新工作的焦虑不仅来自于深层的潜意识，它也是意识层面的疑惑——我有这个能力吗？我现在脑子里有个意象：我看到有人从外面走进屋子里来，外面有一些未知的因素，但在屋子里头，焦虑得以缓解，所以我把门关上，以免受到外面因素的干扰。"（停顿）"我好像离开了，比如说我想到昨晚看的那场电影。看起来，我在选择逃跑。我发现到一件事，就是如果我有了一些想法，那我就是在工作，但在这里我应该是要放松的，而放松是工作的反面，所以不应该有想法出来，或者说，我可以漫游去了。"

分析师 "事实上你到哪里去了？哪部电影？"

病　人 "嗯，我看了《卡门·琼斯》。"

分析师 "我说我已经看过那部电影。"

病　人 "一出卡门的讽刺画。剧情和医院里白人护士慢慢被黑人护士取代这个问题有关。这部电影全部由黑人主演，这本身就很反常，就算在美国也不可能只有黑人，它根本是脱离现实，和现实太不同了，所以片子里的黑人和黑人护士无法彰显友谊的真谛。"

分析师 "你跑开了，希望找到小孩子一同玩耍，但却没有合适的兄弟姐妹陪你玩。"
（停顿）

病　人 "我想到一件事，我是和女朋友一起去看这部电影的，她告诉我说她找了一个埃及男人当试验品，我不禁有个想法，难道我也只是她的另一个试验品？一切都变得没有人情味了。另外，我是不是也要找个女黑人来试试看？而我太太跟她相反，尽管她也交了男友，但她对不忠行为依然恐惧，即使只是抽象性地讨论，她也做不到。她对自己有男朋友一事感到很不自在，因为她的内心并不允许自己脚踏两只船。绝对忠贞的观念对我来说太空泛了，所以一点儿也不重要。我的不忠不算什么，只要精神上是忠诚的就好。我想，这就是我太太想离开我的原因之一，她无法忍受不忠。"（此处的记录写得并不清楚）（停顿）"我不知道自己为什么一直说着与我太太之间这种毫无希望的情况，一时之间把找其他小孩当玩伴的事全忘了。原因之一或许是我把我太太当成母亲看待，就像依恋某个母亲形象一样。"（停顿）"我好像卡住了。"

分析师 "你似乎可以成为依赖母亲的孩子，但假如你成为孩子，你会找不到玩伴。"

病　人 "关于这件事，要说四点。第一，在我对我太太的依恋里，我是独子。第二，对自己的太太有这种依恋是很反常的，即使我太太愿意，社会也不能接受，何况她肯定不愿意。第三，我知道我太太对我的这种态度很不耻。第四，我也看不起我自己。所以我把是否来这里的决策权交给她。当我生病时，一切都还好说，我可以忽略她的看法；但现在我觉得，要应付她的眼光还真是麻烦。来这里我会贬低我自己，我会透过我太太的眼光来看事情，她认为我那接受过大量精神分析的母亲与姐姐都很不正常，而事实上她们后来又都陆续回去接受更频繁的分析。我母亲的情况依旧很不稳定，这又更强化了她把精神分析看作是个江湖骗术的想法。"

分析师 "这里，我尝试着从两个方面来看待停止分析这件事。一个方面是从理性的角度来看，而他清楚地谈过这一方面的问题；另一个方面是，他害怕继续分析下去会触及三角关系、竞争以及阉割。我没有把诠释说得很清楚，因为我很疲倦，另外也因为，在说出这个必要的诠释之前，我不是很有把握。"

病　人 "我又一次走神了，想到医院里的事去了。"（此时，我发现自己难以集中精神。）

分析师 （我之所以做这个诠释，更多是为了让我自己的注意力集中，其他考虑反倒是其次。）"当我们提到你和我处于一种竞争状态时，你发现自己处境艰难。比如说，你从没把你和我之间的关系想成是你利用我。"

病　人 "我太太瞧不起我，我也有同感。如果我靠你和她来替我做出决定，就像现在一样，我就没法自己决定分析是要继续还是要终止。两天前的晚上，她谈到她男友，对她来说，关于他很重要的一件事情就是，他决定离开他老婆。这是她第一次把话说得那么明白，她正在考虑如何回应他。他肯定不会像我这样，不会对她说如果她愿意和他一起生活的话他就会离开他老婆。他会自己做主。我太太希望我明快地做个决定，要不要继续接受精神分析，别跟她说那种如果她不离开我，我就结束精神分析这种讨价还价的话。"

5月19日，星期四

病　人 "我又忘记了昨天的内容。我总是很健忘，最近两次尤其是这样，而且我又觉得昏昏欲睡，就算我有累的权利，也不知道累的原因。"

分析师 "我想我今天最好别提醒你什么，顺其自然就好。不过，我想告诉你，我昨天很累，这很可能影响到了你。我想提一件事，就是昨天最后我说对面的房子正在进行粉刷时，你抱怨说这个房间白色太多了。"

病　人 "我想从最后一点说起。我真的很喜欢对面房子的那种黄色，我原以为那是石头的自然色泽，但我现在知道那是粉刷上去的。重点是我觉得，提供一个全都没有颜色的中性空间，是你精心安排的。"

分析师 "对，你说的有点儿道理。比如说，那些画就不是很醒目。"

病 人 "问题是，这是一种策略，还是说，温尼科特就喜欢白色？你的出发点真是这样吗？比如说，你有时候会在小花瓶里插一朵花。在我看来，这要么意味着吝啬，要么意味着阳痿，好像你很没生产力、不能生育似的。我很担心我接受分析到最后也会落得毫无结果。比如说，我的房间里就没摆照片，一张家人的照片也没有，我不想永远这样。我看过一篇小说，里头有个很重要的部分提到船上的护士没有情绪，为了表达这一点，小说描述她的船舱内没有任何摆饰也没有照片。我不想她成为我的写照。"

分析师 "所以危险在于，如果我也是这样，那么分析就会让你停滞不前。"

病 人 "是的，这有点儿失去人的感觉。我去瑞士时，发现那里好干净，但也毫无个性。在我看来，瑞士人是很无趣的那种，他们也没有伟大文明的迹象。相同主题的另一个侧面就是，我注意到最近意大利有部纪录片谈到电力火车，它不会排放煤烟和灰尘，效能也高，但它就是没有蒸汽发动的强力引擎，而这引擎可是个浪漫的象征。如果蒸汽引擎被废弃不用的话，火车发动行驶就没那么壮观了。"

分析师 "这让我想起上次谈到的，和我说'我人还活着时'这句话有关的事。"

病 人 "那是上上次的事。而且，我从你身上渐渐发现一些事情，让我觉得你有失为一名完美的分析师。我之前以为精神分析师总是能掌控全局。我在想，如果你很劳累的话，你能不能继续下去，我也一定很让人沉闷等之类的事。"

分析师 "你刚才认为自己很令人沉闷的时候，你也把我的劳累归咎于是你造成的，而没考虑到我也有我个人的生活。"

病　人 "我第一次在这里感觉到嫉妒，因为你也有其他病人。"

分析师 "这让我想到你曾说过，如果你太太扮演母亲的角色，你希望自己是独子。上次我们也提到你太太，谈到她说起她男友的态度，还有他并不试图跟她讨价还价。"

病　人 "哦，是的，我全想起来了。我当然觉得我得小心，在我放弃什么之前一定要先确定自己抓住了些什么。"（停顿）"我好像卡住了。"（停顿）"我记得上个星期我说我没办法独立自主，然后你说我是太早就得要独立自主，这似乎和我必须确定抓住什么之后才放手这个想法很吻合。"

分析师 "独立自主这个表达让我想起你曾让我在脑海里描绘出一个逼真的画面：有个坐在母亲腿上的宝宝，拼命想靠自己的力量站起来，这使得他腿部酸痛。"

病　人 "那确实是小孩子边学走路边扶着什么的部分写照。"

分析师 "如果大人在孩子小的时候没扶持他，那么孩子就得靠自己的力量扶持自己。"

病　人　"上次之后我一直在想，自慰是没有性生活的缓冲剂，是我可以
　　　　紧抓着的一件事。一想到没有性生活，我就觉得忍受不了，克
　　　　服这个困难的方法之一就是，假装没有性需求，而这样做确实
　　　　也是紧抓着某样东西。"

分析师　"你这些话或许也暗示了吸吮大拇指这回事。"（就在这个时候，
　　　　我觉察到病人和我的谈话变得漫无方向。几乎是头一次，我感
　　　　觉到自己身为分析师却稀里糊涂地，只能就当下呈现出来的重
　　　　点回应。我在思索着要怎么让分析回归到病人的自身历程上，
　　　　而这部分被我在无意中干扰到了。）"我想你是在告诉我，你又
　　　　开始自慰了。"

病　人　"对，其实从来没完全断过。我多少把戒掉自慰当成是进展的目
　　　　标，没戒掉自慰就感觉是没有进展的象征。我以为交女朋友就
　　　　不需要自慰，但却不是这样，事实上也不应该这样，因为这么
　　　　一来谈恋爱就变成是为了摆脱自慰而已，而不是为了关系中的
　　　　一些积极的部分。不过无论如何，自慰上瘾也是无害的。"

分析师　（此时，我脑里闪过一个念头，就是自慰可能和阉割恐惧有关，
　　　　而且此时他告诉我他又开始自慰这一点很重要。我认为在这当
　　　　下做这个诠释并不恰当）
　　　　（停顿）

病　人　"我发觉这里有矛盾。我努力想做到独立，但我来这里接受分析只
　　　　会变得更依赖。我太太对这一点很不理解，事实上我也不清楚。"

分析师　（我感觉此时是把所有事情整合起来的好时机，于是我做了个
　　　　很长的诠释，因为他十分清醒，所以做这个诠释是可行的。）

161

我说，我们目前又回到了一对一的两人关系里，也就是他作为婴儿和他母亲之间的关系，而这关系是从介质这个词出现开始一直持续发展，直到第三者出现为止。

病　人　"我太太批评精神分析会让人变得依赖。"

分析师　"你自身的依赖让你很痛苦，特别是在你目前正在逐渐好转的情况下更是如此。日常生活中的独立对你来说是一个沉重的负担，无论如何，你冒着被抛弃的危险，只会对分析产生依赖。"

病　人　"我说了一些，而你却毫无回应时，我确实感到被抛弃。"

分析师　"这也要考虑到你女朋友的态度，你从她的态度里感受到拒绝，这个拒绝不只来自于她，也来自于我，因为她代表了我的某一个侧面。我提起自己上次很疲倦，之所以提起这件事，是因为我觉得你会把我的疲惫感受为一种拒绝，而你对被拒绝这一点很敏感。"

病　人　"其实我并没注意到这一点，我当时有点儿心不在焉。"

分析师　"是的，我想你可能没发觉，但我分辨不出来。我们还提到电影里和医院里的黑人，以及实验的事。接着，分析是否也是一种实验这个问题就呈现出来，而且，精神分析情境下的中立氛围似乎让你发觉到你很难和黑人发展关系。"

病　人　"我意识到精神分析不能保证有效。起初我假定分析师也会有失误——理智上知道会有这种情况发生——但总认为不会发生在我的分析师身上。我把分析当成赢面很大的赌局来赌，认定自己一定会有很大的进展。"

分析师 "我想，当你来找我时，重要的是我必须要照看你，所以我要负起所有的责任。当时你病了，所以很容易接受这个想法，但现在相对来说你好转很多，你发现自己得决定是不是要来找我并且要承担所有的风险，这是非常痛苦的一件事。"

病　人 "这是个很难决定的问题。什么时候离开才安全？不试不知道。就像学溜冰一样，一直抓着扶杆是学不会的。所以我知道，将来有天要面对的，不是一种过渡状态，而是突然的分离。我必须要做个重大的决定，除非你突然告诉我不必再来了。这和学游泳或骑自行车一样，父亲的态度就是给予支持，然后趁我不注意时突然放手，我以为背后有人扶着，但其实没有。那样做很有效，但我害怕在这里也会发生同样的事情。你也许会突然说，很好啊，你现在自己做到了。虽然对学自行车管用，但用在这里对我来说是一种打击。"

分析师 我说自从第三者出现之后带来了某些困难，分析的进行也受到竞争焦虑导致的退却的影响。由于他从三角情境中退却下来，所以他得不到伴随着三角情境而来的解脱和轻松。目前的问题就在于，独立与依赖，或者说，和害怕被抛弃有关。

"如果你现在就想结束分析，你就要做到独立，或者避免被人抛弃，但这会使得一两人关系破裂，而且就你的情况而言，也会避开属于三角情境特有的新特性。在三角情境中，你在梦里与父亲决斗，你可能赢也可能输，于是你从害怕被拒绝，转为害怕被谋杀或害怕被伤害。关键性的一次分析，就是你带着性无能的感觉离开的那一次，就像是我损害了你的性能力，结束了你和你女友的关系。"

5月23日，星期一

病　人　"我还是没有清晰的想法，除了说从上次开始，我从内心里觉得
　　　　不来这里也不会有问题，尽管我知道来这里会有更多收获。我
　　　　的意思是我能应付得来。这应付的能力多少依赖于外在的因素，
　　　　但我得考虑到如果外在困难重现该怎样办。然而话说回来，我
　　　　很有本事去应付不顺心的事。最让我感到不顺心的就是孤单，
　　　　但我发现我不像以前那么担心了。说到孤单，当身边帮得上忙
　　　　的朋友少之又少时，我大半会感到孤单，不过我目前觉得可以
　　　　帮忙的人越来越多了。"

分析师　"如果你能够忍受孤单，那么你与人接触会更轻松，因为如果你
　　　　害怕孤单，那么在你和人一接触时，你接触的方式会就把事情
　　　　搞砸了。"

病　人　"人们只会在你不刻意要和他们见面的情况下才会和你相处得很
　　　　好。但我现在对别人不会要求那么多，而且我也不会那么紧张
　　　　了。和人交谈整体说来还不是件容易的事，还需要花力气，我
　　　　始终觉得自己一定会让人觉得沉闷。"（停顿）"今天会谈一开
　　　　始时我想到一件和没话说相关的事情，这事只会在这里发生。
　　　　我简直是执迷不悟地认为自己非得说些有趣的事才行。我记得
　　　　在安妮皇后街那段时间（第一段治疗），我总是说：没什么值
　　　　得说的。如果我把一些平常的事拿出来说，我会显得很蠢很轻
　　　　浮，但我在这里有时候不想把某些事拿出来说，是因为我真的
　　　　觉得不值得说。在外面，我常常发现别人说一些琐碎的事，我
　　　　以为那样才是正常的，所以我使劲地去学。在这里我不再这样

觉得，也许我可以把我碰见的或像大家常讲的那类琐碎的事拿出来说。如果你很认真地听，就像大人在哄无理取闹的小孩说：乖，乖，都听你的，宝贝。那你只不过是摆出一副屈尊俯就的架势，表面上敷衍而已。精神分析的情境原本就存在一个困难：你要营造一个正式的气氛，假装很严肃等，也许还要憋住不能笑。我觉得自己喋喋不休说的全都珍贵无比，但你听了之后可能会笑出来。如果你说我讲的哪件事是废话，我会觉得自己被狠狠地践踏。"

分析师 "你的话语中包含两个元素，一个是喋喋不休，另一个是具体的内容。喋喋不休和一般的说话很不一样，它来自于婴儿的呀呀自语，只要是活蹦乱跳的小孩都会。"

病　人 "但我总觉得我需要说服自己说，轻率是可以被接受的，尽管按理说我十分清楚对于分析师来说是会接受这一点的。我别无选择地强迫自己轻浮，之后又马上否认掉，尤其是没达到效果时。"（停顿）"我似乎一直在找要从哪个地方说起。我要怎么表达自己喋喋不休或自由自在的说话的这个困难？我会突然住口，半句话也说不出口，让情况变得很可笑。住口表示我显得我很丢脸。"（停顿）"我又想到等着别人先开口，这是躲避责任的一种做法。如果对方带头提起某个话题，他就不可能反对别人聊这个话题，不管怎样，用这一招可以避免被人取笑。"

分析师 "看来在某个时期里，你很可能曾经有好几次讲话喋喋不休而遭人取笑，这使你心灵受创，所以你谨记着这个教训：下不为例。"

病　人 "当然也许有这样的具体例子。找不到这样的例子来说在这里等于是一事无成——否则太缺乏戏剧性了。"

分析师 "在这样的例子中，有一点可以特别挑出来说，就是这件事和你是否被爱或者有条件地被爱有关，而后者只有在前者成立的情况下才对你有好处。我也想起了在兴头上被打断这句话，它隐含的意思是已经对你造成伤害。"

病　人 "它隐含的意思是，想到自己一直对着别人说话，但他们却不在那里，仿佛是对着空气说话一般，就觉得难以忍受。"

分析师 "对我来说，一直有个问题就是，我是回应就你所说的内容，还是关注你说话这件事本身。"

病　人 "问题是你听我说话是不是觉得烦。"

分析师 "这包含两种可能：一个是对方真的转身离开，另一个是对方心不在焉。"

病　人 "我指的是第二种。"

分析师 "经常的情形是，如果你喋喋不休，对方会掉头走开，但如果你讲话生动有趣，对方就会留下来听。"

病　人 "我小时候一定常常碰到这种情况。"

分析师 "也许我们关心的是第一次发生这种情况时是怎样的；本来全神贯注于你的某个人，突然间却若有所思心不在焉，拿你本身当例子来说，你的心思会不时飘走，你现在有时候会形容为从我这里离开。"

病　人　"也许我想要攻击（attack），哦，我的意思是吸引（attract）母亲注意，但却遭到冷落，而被喝止。所以我决心不再让自己有被喝止的可能。"

分析师　"也许你感觉到用离开来喝止我。"

病　人　"不，我倒不这么想。当我回过神来，我就不介意了。我会回来继续接受分析，在这里有时候可以不必很认真地聊一些琐事，这还不错。"

分析师　"你不敢相信我察觉到你很孩子气却仍然容许你这样；事实上，你从来不能在这里表现得很孩子气。"

病　人　"医院里有位病人描述他跟分析师会谈时的情形，他说有次会谈中他无话可说，于是谈起歌剧来。他觉得自己这样做很不对，但又从心底瞧不起分析师：你很差，看看我怎么以其人之道还治其人之身。但是很惊讶的是，分析师依然全神贯注地听他说话，结果分析很有收获。"

分析师　"既然你是带着自己来接受分析的，就不能期待你会喋喋不休，因为当你像现在一样要在这里说话时，你会表达出藏在说话的背后的内容。"

病　人　"感觉有点儿荒唐，因为我来这里是为了能够做到一件我做不到的事，而这件事从某个意义上说正是你期望我能够做到的。"

分析师　"我们现在谈的是，你不能把照顾婴儿这事托付给我，好让自己可以安安心心当个婴儿。"

167

（停顿）

病　人　"实在很难再往下说。我得善用每个荒唐的情况而别无选择。我感觉自己像是努力要做到随兴自然，却又老是做不来。"

分析师　"我想提醒你前面不小心把吸引（attract）说成攻击（attack）。"

病　人　"哦，是的，我记得。"

分析师　"说不定攻击是今天最关键的一个词。"

病　人　"嗯。再说，如果我表现得很随兴，我会觉得自己不被人接受，所以为了挽回局面我会攻击。这其中隐含着一个想法：因为妈妈不听我喋喋不休，所以以大发脾气式的攻击显示出我内心指向她的毁灭性冲动。"

分析师　"也许你说的是非常大的愤怒。"

病　人　"今天结束时还会有这个危险，母亲或其他人会无意再听我说话，这种情况会再次出现。"

分析师　"通过事先预料会有什么情况发生，你可以在真的遇到无法忍受的情况时给自己多一点儿保护。情况之所以会令你觉得无法忍受，多少是因为它会引起愤怒。"

病　人　"这就和跳河一样，如果没人听到我呼救，往水里跳根本是徒劳，自寻死路。除非有人拉着，否则自我控制很有必要。"

分析师 "听起来像是在说，你进入某人的意识之内，却发现他无暇顾及你，因为他的心思在别人身上。如果父亲放开扶着自行车的手，不是因为他有心帮你学会骑车，而是他心不在焉顾其他事去了，这对你没好处。"

病 人 "这让我想起玩捉迷藏。小时候我觉得玩捉迷藏很危险，要是小孩子躲起来，而大人却有别的事忙而忘了找他的话，那种被遗弃的感觉会让人受不了。"

5月24日，星期二

病 人 "我还是没话可说，可能一小时什么也说不出来。如果我只有一些芝麻大的事说，那说了也等于没说。我想到你昨天说，整个会谈当中只有一个词很重要，那么其他的话还不如不说的好。"

分析师 "我因为专注在你说的内容上，而忽略了喋喋不休这个因素，有点儿掉入了自己的陷阱。"

病 人 "真难得有这么珍贵的事发生，这比好几个小时的讨论还更重要。梦和失误都很稀奇。"

分析师 "这失误证明了在说话的你之外存在另一个你，也证明了你的内在有冲突，还证明有某种联系。"

病 人 "我觉得我应该要避开这种审查，但很难。"

分析师 "我们确知一件事，就是你对于被人取笑以及在兴头上被打断这两件事有莫大的恐惧，你会保护自己不被这些危险所侵害。我注意到，我们又谈到了你和母亲之间的直接关系，或者说，你和会让你受挫败的另一个人之间的直接关系。你越来越感觉到你和母亲的关系是被父亲阻止的。"

病　人 "这样联系的话，我想起父亲以前很爱捉弄人，常把我惹得很生气，我想，就是因为这个，我内心才会有一股毁灭性的欲望，很想把他杀了。他捉弄个不停让我很恼火。"

分析师 "我们得来看看你父亲避开和你直接发生冲突，却又以捉弄这种间接的方式来表现出敌意的一面。捉弄具有一种魔力，它有一种非言语能形容的效果。"

病　人 "我想到有件事对我很有吸引力，它跟讽刺或挖苦很类似，我用它来对付捉弄。这个无坚不摧，是个威力强大的武器。对我来说，拐弯抹角的讽刺比单刀直入的攻击有吸引力多了。要是我恼火了，我会狠狠地挖苦对方，但表达得非常隐蔽，听的人根本听不出来是讽刺。"

分析师 "所以借由讽刺、挖苦，你有力量摧毁你的对手，而且对你来说很重要的是，你理所当然地认为我不会嘲讽人。"

病　人 "这让我感觉到，我会想知道你有没有作用还是要死不活的，之所以这样是因为，你从不发火、从不捉弄人、不嘲讽人也不武断，甚至你还会认错道歉，随时都可以收回你自己说过的话，最后还大方地道歉。如果你是有活力有生气的，你会更强势一些。总的来说，你会耐心等待时机，才会做出诠释。你要是有

活力有生气的，你就不会等待了。再说你也从来不引导我，这
一切都是消极的。"

分析师　"这就是说我是死的。"

病　人　"你和我父亲完全相反。他在世时的模样就是我刚刚说的那种专断强
势、铁腕作风，所以你老是扮演不会挖苦人等的母亲角色之类的。"

分析师　"所以在这里你和母亲建立关系比较容易。"

病　人　"我突然想到，你来当我妈妈是起不了作用的，因为我已经有一
个妈妈了，我缺的是爸爸。"

分析师　"你会发现，我不是当你爸爸，就是当你妈妈，所以在这里只有
我和你两个，不会有多于两个人的情况发生。因此你在意的，
不是母亲心不在焉让你觉得被抛弃，就是父亲心不在焉让你觉
得被抛弃，而他已经过世。除非我们认为你父亲依旧活在你心
里的某个角落阻止你喋喋不休，否则你不会觉得父亲阻挠你和
母亲在一起。"

病　人　"是的，父亲扮演审查者的角色。我只有假装我说的话不是从我
的嘴巴里冒出来的才能逃过审查。"（停顿）"嘲讽挖苦的特点
是话中有话，那弦外之音对方是听不出来的，我会想象对方被
我这些带刺的话伤得鲜血淋漓。这种杀人不见血的方式比单刀
直入的攻击有效多了，所以我都用这种手法伤害人。"

分析师　"重要的是，这一切都是通过隐蔽的方式进行的。"
　　　　（停顿）

171

病　人　"有件事我很难说清楚，那就是如果我出于爱而想赞美人，用拐弯抹角的方式表达反而更难做到。我找不到等同于嘲讽的间接方式。我没办法送人家礼物，就是因为我即便进到店里要买礼物了，还是会打消念头转身离开。如果我可以用匿名的方式表达心意就好了。比如说，假如我想送花给我太太，这多少表示我想用隐蔽的方式表达爱意，但这样做有被取笑的危险，热脸很可能会贴上冷屁股。我总会想到小男孩那种洋洋自得地秀什么给妈妈看，但却被忽略而大受打击的画面。我之所以会想到这种状况是因为精神分析不是常说，小孩子洋洋自得地要秀什么给妈妈看时，不是被妈妈冷落、看轻，就是被她讨厌。这是我从精神分析的角度所做的诠释。"

分析师　"我不想遗漏以呀呀自语、喋喋不休，还有讲话等不同术语呈现的同一件事的重要性。涉水很可能也是。"

病　人　"就目前所谈的，我并没想到涉水，我所说的一切，归为一个词，就是懒惰。我知道精神分析不接受懒惰有它存在的价值，我也知道懒惰表达出很多隐藏的不满，但我的很多困难表面上都可以用懒惰来解释。比如说，我前几天打网球打得不好，一个原因就是懒惰。我明知球应该会落到哪里，但就是不跑上前去接，心想着自己已经站在对的位置上了。不过后来我发现，我必须得做而不是仅仅知道就行。"

分析师　"这样做多少回避了失败的风险。"

病　人　"我想，如果我上前击球，打中了还好，没打中的话就很可笑了。如果我心里想我应该更往左一点儿，但实际上并没有动，那么我就有理由解释为什么没打中。最后，我球拍挥了个空，很可笑，但是却反而回避了一个更微妙的风险，也免于陷入某种自责。发球也一样，如果我球抛得不好，即便自己明知如此，还是会挥拍。毕竟，那一球还是有可能会打得不错，如果我不把球打出去的话，反而显得我连抛球也不会。"

分析师 "你所说的这些套用到说话这件事上也是说得通的，对不对？这样你就不会犯下说出攻击之类的口误了。"

病　人 "这又回到同一件事情上了，我不想放手。我不想往球的落点移动，移动代表放手。站在原地不动但在脑子里移动是安全的。移动代表离开原来所处的位置，无拘无束地谈话代表着要冒险，一切都会失控。"

（这时，他开始玩起橡皮筋，并用手指弹它，发出声响，他的这个举动在分析里相当罕见。）

分析师 "似乎有个活生生的父亲存在着，他作风强势，不准你像小孩子一样想怎么动就怎么动。"

病　人 "若说有位父亲如影随形，这说法再贴切不过了。我的言行举止一有不轨或不检点，他会立刻跳出来阻止。"

分析师 "也就是说，你没办法做你真正的自己。"

病　人 "这很怪，好像我的内心有位父亲存在而不是有个超我存在，或者说也许超我就是这个意思。"

分析师 "这么说吧，可能有个病态的超我存在。"

病　人　"有时候我真的觉得有位父亲如影随形。当我说我对自己很生气的时候，我的意思是这位父亲对我生气。当我说我要自己斟酌一下时，我其实是和内心的这位父亲在商量。有时候我简直觉得自己就是这位父亲的化身。"

分析师　"问题是，回忆起自己的父亲时，你没法想象出他进入你的生活里，你甚至不想有这个念头。"

病　人　"我的记忆充满了对我父亲有凭有据的不满。他根本没办法进入任何人的世界，而是别人必须进到他的世界里。"

5月27日，星期五

病　人　"问题是从哪里开始。在我有意识的努力之下，可以有多大的成果？起初接受分析时还怀有希望，如今分析几乎处于停滞的状态。"

分析师　"我想，你心里在想是不是要站起来走动走动。"

病　人　"这样做会让这里正在进行的事显得不重要。最理想的情况是谈到性方面的话题——有时候我真不想为性这个事困扰，真想把关于它的一切都抛开，但不理它不能解决问题。（停顿）顺便说一下，我会谈到一些抽象的概念和目标，但没什么用，尤其是当我在家说到这些抽象的事而我太太不理时，我就非常生气。"

分析师　"东扯西聊和讨论问题有很大的差别。"

病　人　"我总觉得有个障碍存在，我得想办法把障碍拆除。放假之后障碍似乎变得越来越大了。"

分析师　"我知道上次结束时你很失望，因为你期待会突然发生什么事。现在我们来找找障碍的原因是什么。"
（停顿）

病　人　"我刚刚有个想法。我做了个梦，梦见要交一份书面的摘要或报告。我很难把报告写得巨细无遗，因为我最讨厌做这种事。我把报告留在你的桌上，报告字迹模糊，很难看得懂。现在我陷入了困境，如果我不说话，我会感到沮丧，这会让人生气。我想到一个抽象的想法，就是完美的性关系有赖于另一个人进入我的世界里来，我不需说话，也无须醒来。在这里也是如此，你应该知道我心里在想什么、感觉到什么。"（也许是睡着了）（停顿）"就在睡觉这件事上我有点儿像开玩笑一样，想看看如果我一直不说话，你还有多大的本事做分析。事实上这样很傻。"（部分内容没有记录）

分析师　"我现在让你想起你父亲没办法进入你想象的世界里。"

病　人　"哦，是的，我忘了这一点。他很爱讲话，他就是这样的人。"

分析师　"就是说，你只能听着。"

病　人　"我努力要摆脱父亲的那种理性取向。最理想的情况就是能玩起来，我现在依然还做不到。我身上的紧张多少是因为我努力要摆脱用理性的方式谈玩耍。我越努力去玩，越玩不起来。我知道我很无趣，因为我只说，而不真正去玩，我也不会以假乱真。

接着我想到，我嘴上说打你就像真打了你一样。但我也不清楚
自己打你的目的是什么。"

分析师 "这就是你害怕的那种突如其来的举动的一个例子。"

病　人 "就像是，你就是那个障碍，你本身没办法把这障碍抬走，打你
便是逼你做点儿什么。"

分析师 "照这样说来，你很害怕发现自己曾经突然动手打过你父亲。"

病　人 "我不记得是不是这样做过，我确实很想那样做。但你很难对他
下手，因为他不会抵抗。"

分析师 "他反对对抗。"

病　人 "如果你打父亲，他会闪开，他不会等在那里挨打，这和有攻击
意味的游戏有很大的不同。"

分析师 "你是说和我玩游戏是毫无目标的一场混战。"

病　人 "我倒是想起医院里有场讨论，谈到发泄攻击性以便减压的一些
方法。没用，医院里没有攻击性。"

分析师 "我想，攻击是针对父亲的。"

病　人 "是的，他真的是个和平分子。"

分析师 "并且，你也没有兄弟可以彼此相爱、互相憎恨以及互相欺负。"

病　人　"我觉得我就是这样对你的，得寸进尺，尽管我知道你总是平心气和，让人恨得牙痒痒的。你就像棉花一样松软，没一处坚硬，如果我出手打你，我的手臂会陷在里面，回不来。但我却对父亲的力气很敬畏，而动手打你只是打空拳而已。"

分析师　"似乎你从来没找到一个势均力敌的人可以与之较量。"

5月31日，星期二

病　人　"我想到两件事。第一件事是，我更加了解到你说我的真我没有出现是什么意思，难怪我讲话之前都会把要说的话先审查一遍。这使得我的讲话很没有情感，不兴奋，也没有愤怒或者兴高采烈，我也不想起身动手打你。一切只在口头上谈论而已，我感觉不到任何情绪，也无法表达。其他人有自己的情绪，会生气，要克制自己别激动，这是个缺点，但不是被人操纵着的。第二件事和昨晚有关——嗯，那简直不值一提，不会对目前的情况有所帮助，只是在重复着当前的状态而已，关系到我太太和她男友。我做了个梦，在梦中我把一切都怪到我丈母娘头上，拒绝见她，有时候我确实很不想见到她。在梦中她真是很冷漠很无情啊。我并不是那么讨厌我的丈母娘——只是很烦她而已。"

分析师　"在梦里你和丈母娘起冲突，一个真实存在的人扮演了你无法轻易加诸到你父亲身上的角色。"

病　人　"我想到我在这里的感受，情绪上唯一的表达似乎就是睡觉，也就是走开——很负面的表达。"

分析师 "你记得你曾经想过从我面前转身离去。"

病　人 "我当时的态度和我太太一样，不想投入分析中。但我目前很依赖分析，我得来。"

分析师 "你的某个部分挡在了你的真我和我之间。"

病　人 "我常常希望可以在分析里说点儿什么来，以便激起剧烈的反应。我想打破缺乏感觉这个障碍。我丈母娘努力对我友善，这可把我吓坏了，赶紧和她保持距离。她把我惹怒了。我不断想象着打破障碍的画面，就像爆破水坝一样，坝堤后面汹涌的洪水会一泻千里。当初我回来接受分析时就说过很想大哭一场，那也是出于同样的心情。我需要一些外力来打破，让情绪发泄出来。我没有勇气靠自己的力量这样做，需要借力使力，趁情绪上暗涛汹涌时，让自己顺势哭出来。但这种情况也只是偶尔出现，而且总是在这里以外的地方发生。我们应该来想想看怎么把障碍打破。在我看来，你要么是不愿意把我内在的这些能量释放出来，就是功力不足，没法去做。"（停顿）"我还在想着同一件事，像沿着那坝堤边缘走，探勘周遭的情况。"

分析师 "你总是说你讨厌移情这个概念。"

病　人 "我不确定那样说有多少的真实性，说不定那只是一时的说法而已？当时说那句话，多少是受到女朋友的影响。她很鄙视同性恋，所以我对移情表示反感多少是想向她表明，我是个十足的男人，不需要对另一个男人有正向的移情。你看，我得考虑她的观点。"

（停顿）

178

分析师 "你提到压抑的大量情感,那水坝后面储存的是哀伤的泪水。"

病　人 "还有爱。我太太帮不上忙,她只能把墙上的裂缝补起来。她很反对打破障碍的想法,宁可我挖个洞把这些艰难的部分埋起来。她才不关心宣泄情绪这回事。问题是,这样行得通吗?有必要这样吗?"

分析师 "那道障碍处在你我之间,而它阻隔的事情之一,就是我爱你这个意念。"

病　人 "(昏昏欲睡)只有零星的片段很难说出来。近来我的状态有个特点,就是内在的控制少了,所以意念冒出来的速度加快了。"

分析师 "我们必须假定说,减少控制会导致洪水泛滥,尿液、泪水横流。"

病　人 "而且我讲话慢也属于这种控制,这也是我让大家觉得无趣的原因。"

分析师 "这会让你讲话不急不慢,因为里面没有冲动贯于其中。"
（停顿）（也许睡着了）

病　人 "刚才完全断掉了。有件事被夸大了,跟讲话絮絮叨叨有关。在控制思维这方面,我丈母娘和我完全相反。她说话很快,连珠炮似的,从不担心自己说了什么,大部分都毫无意义。她想到什么就说什么,我讨厌她因为我嫉妒她。很蠢,但大家会停下来听她说,相比之下,我一开口说话,大家就觉得无趣极了。"

分析师 "我想,那是她由内而外的率直表现,就像你说喋喋不休是你小时候的一大特色一样。"

病　人　"我感到不安，好像要突破什么一样，还是说，我想要变得不安？或者说只是闪过想要变得不安的念头？"

分析师　"直到这一刻，你说的所有事情都不带个人情绪，这是你这辈子一直都有的一个特色。"
（此时，我引用华兹华斯《永生颂——咏童年往事中永生的悟颂》这首诗里的一句——囚屋之影①等，但我没料到他没听过这首诗。）

病　人　"我今天和女儿一起玩。小孩子很容易想表达什么就表达什么。一开始玩的时候，我很嫉妒她能够信赖自己的感觉。这么说来，我丈母娘保有儿时的某种特质。"

分析师　"大人保有儿时的某些特质也可能会相当恼人。"

病　人　"当父亲滔滔不绝讲个不停时，其他人就没有说话的份。我觉得像是被团团包围的感觉。当我开口时，没人有空听我说话，所以还是不要说为好。"

分析师　"我想指出你的转变，你从喋喋不休转变为先思后言，这么一来，你说的话变得有分量，大家才不会嘲笑你，你也不会觉得丢脸。你这种审慎的说话方式和口吃很像，会吸引人注意。"

病　人　"现在甚至隐隐地有种兴奋，一触即发。这个障碍会被破除吗？我何时才能安全地振翅高飞？"（病人这时把一只脚放到地板上）

———————————

①原诗句是"那囚屋的阴影会慢慢把少年人围拢……"

分析师 "你把脚放到地板上，我想你觉得现在可以有所行动了，比如说一走了之。这是你的真我的一种表达。"

病　人 "是的，这是不安的一部分。眼下是关键性的时刻，一生一次的机会，但我错过了。"

分析师 "躺在长椅上反映出你的某种态度。"

病　人 "是的，躺着是被控制住的一种标志。这样很平静，但并非我所愿。我想象着你会叫我起身玩个游戏。"

6月1日至6月29日

6月1日，星期三

病　人 "我第一次感到我自己在这里。意思是说，上次分析结束时，我丝毫没注意到时间，当时太激动了。"

分析师 "和你的假我总是注意着钟表相比，你的真我有它自己的时间。"

病　人 "我发现，我女儿刚睡醒时是不会意识到时间的，即便是在半夜她也以为是白天。我最近醒来的时间不太规律。一般来说我醒来时都知道当时几点，但今天醒来时却完全不知道当时几点了，而且还是被噪声吵醒的。昨天离开这里时我感到很兴奋，觉得差一点点就要突破那道障碍了。用说话来消磨时间的问题还在，但压力没那么大了。在火车上也没东西可看，除了睡觉，不知

181

道做些什么，但我发现大部分人并没有这方面的问题，他们很愿意无所事事地呆坐一个小时或更长，并没有消磨时间的问题。接受分析让我有些进步，就是不那么烦了。生病住院时，我成天无所事事，不知道怎么度过。我在想，独居的人怎么办呢？要怎么打发时间呢？大部分人只要找人闲聊就行了。"

分析师 "你是在告诉我，你第一次有能力独处，这是与人建立关系唯一的良好基础[①]。"

（停顿）

病　人 "昨天话说到兴头上却得要硬生生地打住真的很可惜。问题是，要怎么接上昨天的话？"（这时病人开始玩起他手中的烟斗）"我在想，要花多长时间才能把这层保护性的屏障打破。要花上那么久的时间，这要怪你还是怪我？还有，治疗是刚刚才开始，还是已经快要结束了？怎么知道呢？我毫无头绪。"

分析师 "那道屏障不是一时半会儿形成的，也无法瞬间就将它消除。在分析过程中的逐渐发展把你带到目前的状态里。"

（停顿）

病　人 "刚刚停顿的时候，我的思绪很混乱。很抽象，不可能形容出来。"

分析师 "你描述的这种非整合的状态，无论如何就是你的真我。"

病　人 "这些混乱的思绪包括极度恼怒、挑衅，还有个身影横卧在地，或者是躺在床上，我不知道他是谁。我之所以会有这个意象，

[①] 参阅《独处的能力》（Winnicott，1958）。

是因为今天医院没告诉我一声便让一名病人住院。我在幻想里会把情景夸大，看见自己气冲冲跑进病房里，掀掉病床上的被褥，然后把病人赶走。我看得出来，这种幻想可能也和这里的长椅有关。或许我来错时间了，你会很烦然后把我赶走。就像上次你做的那样，我是被你轰出去的。和这儿相似的就是，我晚上回家晚了，发现我太太已经就寝就感到很烦。我当然从未抱怨，但总觉得她应该等我回家的。"

分析师　"这一切都是对上次分析结束时你的自我刚刚出现你就必须被送走这件事的反应。当时你很脆弱。"

病　人　"和另一件事也有关系。今早我得叫我女儿起床。我太太非得我三番两次地叫她才会起床，这让我很烦，尽管我早就醒了。我总希望她有时也能起床准备早餐，但发这种牢骚并没有用，只是白费力气而已。另外今早在医院时，我很想叫病人统统出院，他们霸占着床位让我很烦。我当时觉得自己的情绪还很合理，但现在看起来，那种情绪显然和我从这里被赶走有关。"

分析师　"也跟结束治疗时的问题以及结束带给你的感受有关。"

病　人　"也和让病人出院这整个问题有关。要根据什么原则让他们出院？要从我的立场来考虑，还是从他们的立场来考虑？我们是希望他们康复，还是要他们尽快独立，或者是把他们摆脱掉就好？"（停顿）"另一个感觉是，我在想我该不该做出巨大的改变，这么一来别人就会注意到这一点。这样做有效果吗？别人一定会被我的改变影响。在别人眼里，我的变化有多大？我生病住院时，大家会问：你怎么啦？你为什么需要分析？我总是无法解释。如果我比较容易和人交谈，大家会注意到我不那么紧张了吗？最关键的指标是，我太太会注意到吗？也许不会注意到。她从心底就认为我没用。我不指望她改变，这太迟了。"

分析师 "你的女儿会注意到。"

病　人 "说到她，我发觉我得等她先开始玩才玩得起来，而且还跟不上她。我以前会在心里想，我不想玩了，也不想给她读故事书，而且还动不动就发脾气。但现在我觉得压力比较小了，甚至还很享受和她一起玩耍。我不知道她有没有注意到。"

分析师 "我想，只要你能稍稍尽兴一点儿，她就一定能察觉到。"

病　人 "我发现，现在我总算能和小女儿在一起很尽兴。我以前从没提到过她。我只知道有她在，但从不觉得她是我生的。就某方面来说，假使我发现她不是我的孩子，我会很高兴。不过，我就是感觉将要有所变化，我不确定这是否要归功于分析，也可能只是一种理性的运作而已，我不大想做出当她是我亲生的决定，我和她的关系要是有所改变的话，一定会造成情绪上的波动。"

分析师 "决定把她当作是亲生的，那是一种理性的运作，对你来说那是假我的部分。"

病　人 "这个道理可以套用到所有的关系上，它关乎做决定，所以没啥作用。这让我想到另一个人，那就是我母亲。我对自己最近忽略她感到很内疚，事实上，我一点儿也想不起她。我为什么要想到她？当然，我的分析是她支持的，就这方面来说，我不能和她断绝来往。长期以来，我早已不把她当母亲看待。我把这个念头连根拔起，甚至不想叫她一声妈。我不知道该怎么称呼她，就和我不把她当母亲看待一样。"

分析师 "从分析的某个时刻开始，你心中的母亲形象就被分析师取代了。"

病　人 "我很想知道我母亲什么时候停止了扮演母亲的角色，你能帮我吗？"

分析师 "我举了各种例子，如当他奔向母亲却发现她抱着还是婴儿的妹妹，于是他必须费力地自行站起来时，又或者，他的喋喋不休不再被她接受的那一刻起等，诸如此类。"

病　人 "这让我想到我父亲玩不起来，他把一切都看得太严肃了，所以我必须努力长大变得成熟。我偶尔会想到孤儿，他们没有父母，也会遇到和我同样的困难吗？这只是从理论上这样想而已。"

分析师 "当你拥有可以内化到内心里的父母，大多数取决于父母是否有严格的一面，或者他们是否能针对婴儿的需要做出调整。假使你只有严格的父母可以内化到心里，你的处境就和早年缺乏温暖照顾的孤儿很像。在分析过程中，你不时地把我当成你父亲或母亲来看待。"

6月2日，星期四

（病人迟到了15分钟）

病　人 "我发现自己陷入困境。既然两天前我似乎找到了有效的新方法，我应该能用不同的方式开始才对。我不想再回到过去那种找不到话说、开头总是很正式，诸如此类的。我应该一开始就

185

直接讲，我知道这并不切实际，等等。我认为重要的是去打破障碍，并找到一条捷径。你说比较正规的做法已达到了它本身的效果，但势必会比较缓慢。今天早上我注意到一件事，我更能觉察到自己做梦了。我醒过来不久就忘了梦的内容了，但并不是立刻就忘，多数内容都还记得。我觉得这比较像是正常的状态。"

分析师 "你觉得睡觉时你的生活依旧在继续，所以我们几天前提到的隔离变得不那么严密，这样做梦的部分功能发挥了作用，在内心世界和清醒的生活之间架起了一座桥梁。"

病　人 "我想我应该试一试，把梦记录下来，但是精神分析似乎是除了谈话之外一概不采用其他形式的辅助工具——而其他方式的效果似乎比较容易让人采信，尤其是我根本不相信谈话这种我父亲很擅长的事。也许你会说其他方式都不管用。我想起不久前我打消了成为一名分析师的念头，更多是因为对谈话这个概念很不满。"

分析师 "看起来，如果你有意识地要帮助分析师，也许是新的防御，但我不会说你的这种有意识的努力毫无必要。"

病　人 "我很想找出别的方法来，比如说找到一种让你能明了状况、不必我先把梦记录下来然后又要重述一遍那么累人的好方法。"

分析师 "搭起来的那座桥梁必须得是双向交流。我目前不确定的是，最近几次会谈，我是在跟你的真我交谈，还是在跟你的假我沟通？"

病　人 "是假我。人们会用两种方式听别人说话——有人可能会说那是人格的两面，就像理性的一面和情绪的一面。人在分心的状态下还仍然可以同时和人交谈，一部分接收情绪层面的信息，另一部分接收理性层面的信息。顺利的话，两部分可以相辅相成、合作无间。我有点儿担心缺乏情绪就只会剩下理性的一面。"

分析师 "最初你说话时，你说话这件事本身有其重要性，就像我之前说过的，它和你说的内容是两回事。你说话代表你活着、清醒着，而且还渴望着什么。"
（停顿）

病　人 "我刚刚感到很焦虑。有个困难是，突破那层障碍会释放出大量情感，这么一来，我会随着情绪每一个侧面的出现而心情起伏，所以我会忙着讲话，无暇听进去你说的内容。我可以预见，我会克制自己别一直说个不停，这样你才不会听得很烦。"

分析师 "要是我听得很烦会怎么样？会是一面倒，就像是我等着，把说话的责任全丢给了你。"

病　人 "如果我说话不那么拘谨，我就没必要来这里，对着自己讲就行了。我昨晚和太太讲话很吃力，对此我有个想法，就是如果我能够毫不受拘束地说话，把说过的话一说再说，一遍遍绕着同样的事打转，我就没有理由停止分析，停止分析毫无意义，我会没有乐趣可言，也不会有任何情绪。"

分析师 "我想在此提醒你，你今天迟到了，我不确定你今天的迟到有什么意义。也许迟到的意义和你本身的关系，比你说话和你本身的关系更密切一些。"

病　人 "不，我觉得这没什么意义，或许只是我无礼的表现而已。我发现，我也许可以省下几分钟，但重要的是我更担心会迟到。结果真的很担心。来这里的路上我在想，不知道温尼科特会不会动怒？这是一个新的起点，之前我只会担心自己会不会受罚，而这次，我比较不担心我自己，而更多会担心对你有什么影响。你会不会不高兴？因此，今天的道歉是真心的，我以前为迟到而道歉仅仅是为了掩饰。"

分析师 "你似乎比较不受强迫性意念驱使了。"

病　人 "我不像两年前纯粹只有理性的一面那样地冷淡了。我以前觉得应该要担心后果如何，现在我不这么想了，反倒是如果我迟到了，我担心我会把你惹得不高兴。"（停顿）"我刚刚在想，不知道别人有没有注意到这几天我有了改变。"

分析师 "这是你希望的，感觉上会更真实。"

病　人 "尤其是如果我太太注意到这个改变的话，那真的是我有没有进步的试金石，因为她是那么不愿意接受分析是有用的。"（停顿）（把右手指放到嘴里）"我刚刚发觉到，在乎别人的感受会有个危险。之前我比较专注于理性的那一面，我可以忽略别人怎么想，我甚至大声说管你去死呗。但如果我要和别人共事，我就要比较在乎别人怎么想，而且还会记着我的不完美一定会被人发现。我以前常用生病当借口来逃避这一切，但现在我没病了，我得去面对自己的不完美，如果这就是我本来面貌的话。"

分析师 "你本身有很完美的地方，因为你从没把它发挥出来或者对它很生疏，所以你想以自身的完美无缺来保存它。如果你没有生病，那你害怕的是，你会发现自己竟无能把这份完美保存下来。"

（在这个时候这个诠释几乎一定是错的）

病　人　"我现在似乎并不担心打破完美，我的意思是，我现在没办法考虑这件事，我刚才在想着别的事，你说到一半我才回过神来。我想到今天下午我开始读的一本以18世纪的美国为背景的书。书里人物的穿着打扮都是那个时代的风格。我离开医院时忘了把书带在身边，今晚是没法看了，所以，要说的就是，我得想想今晚要看什么书。那个故事有点儿悲惨，主角是个高高瘦瘦的男子，哈佛大学毕业的，被征召入伍，从此改变了他的一生。我自己的工作也快结束了，我的生活也将会发生改变，而左右改变的力量，却不在我的控制范围。在这里有时候遇到突如其来的变动时，我也有同样的问题。"（他把右食指伸进嘴里）"我忘了刚刚要讲的重点是逃避。阅读让我可以逃离一些事，尤其是从我目前最想逃离的周遭环境中逃开。"

分析师　"如果今晚你本身状况很好，而且你太太也会有所回应的话，你觉得情况会如何？"

病　人　"首先，我说话会更轻松；其次，她对我医院里的事会更感兴趣；最后，我对她做的事也会更感兴趣。我们的交谈会很顺畅，我们都会很开心，可以坐下来聊个一两个小时。但情况却是，我们不是绷紧了神经说话，就是冷战。我认为沉默就像是对交谈的激烈否定，是一种存心之举。如果我斥责她，她会一声不吭，想表达的意思就是，我不想交谈，我早就走了。"
（停顿）

分析师　"你觉得时间快到了，并不想开始新的话题。"

病　人　"是的，我在想，如果我太太发现我有所改变的话，这会是多么重要的一件事。"

分析师　"不过，就像你现在透露出来的，这就是你无法装模作样的地方。我会说，你办不到的一件事，就是假装没在装模作样。"

6月6日，星期一

分析师　"会谈开始我就先跟他说，今天的会谈结束之前，我必须离开10分钟左右。"

病　人　"10分钟之前，我并不想来，想到要来这里就觉得讨厌，是你要我来的，不是我要来的。既然来这里变得不是那么紧要，那我来只是因为这事还没完成。我没什么动力想来，然后我想到时间上的问题，我的工作在10天之内就会结束，所以时间上得要做些变动，我忽然发觉来得好快。如果就此结束而不是更改时段反而会更方便。不过，我现在感觉还没做好准备和你讨论这个问题。上次会谈时，那股兴奋劲儿似乎已经干涸了，所以我现在也不确定自己是否正面临某种改变，这倒给了我一个想继续来分析的理由。我想，我潜意识里担忧着要发生点儿什么，所以潜意识中那股兴奋劲儿就干涸了。两天前的晚上发生的事情就是个好例子，它表明我还有很长的路要走。那天晚上医院举办了游园会，我老觉得自己格格不入，但大家显然都很愉快。当我回到一个里面有两三个人的小房间里，我才感到安全。似乎我又渐渐干涸了。我头脑里有个画面，我看见自己躺着，嘴巴不停在动，但事实上什么也没发生。今天我老觉得很想从这里解脱，但问题是，我能够享受解脱之后的自由吗？"

分析师 "自由的问题目前尚未出现。"

病　人 "我意识到分析终有结束的一天。"

分析师 "有件重要的事情显现出来，就是时间的运作对你来说是有伤害性的。当你的真我出来，时间代表的意义当中你唯一能够忍受的，是你可以决定什么时候开始什么时候结束。时间是你目前面临的障碍之一，你发觉到你的真我因为受制于我依照时钟设定的时限而感到威胁，而这个威胁又非常真实。"

病　人 "这让我稍稍松口气。我现在发觉，甚至是在我发病住院时，每次会谈结束被打发走，我心情上也很受影响，尽管当时我没意识到这一点。现在我才明白，我是因为说话被打断而气愤、极度生气，甚至当分析由一周3次减为一周2次时，我也意识到这种愤怒。"

分析师 "你是在告诉我，这股怒火一直在你内心燃烧，但从没显现出来。"

病　人 "这让我想起来我父亲会规定玩耍的时间，这根本没用，当他说可以玩的时候，我玩不起来，当他叫停的时候，我也停不下来。他有时候会说，你现在不准玩。"
（停顿）

分析师 "有件事是从上次的分析遗留下来的，我正在想这件事情重要不重要。在某个时间点上，你会把你的右食指放到嘴里，我不确定你什么时候会这样做，但这个举动本身可能很有意义。我以为你小时候吮吸的是左手指。"

191

病　人　"不，我想我吮吸的是右手指。对此我记得很清楚，因为那根手指上有个疤，我记得那是我自己割伤的，而且还趁着手指被包扎起来不方便吮吸的情况下，特意把吮吸手指的习惯戒掉了。"

分析师　"当然我不知道你是怎么弄伤手指的，但听你这么说，戒掉吮吸指头倒有点儿像是表明一种立场，而不能说是受到威胁，威胁是如果再不戒掉吮吸手指的习惯的话，手指头会被吸坏掉。"

病　人　"我不记得自己是怎么不小心割伤手的，但这件事和我最近一周以来抽烟抽得比较少的情况很像。我一直想少抽点儿烟，但总是做不到。每当我下定决心要戒烟时，就会有另一个声音冒出来说：为什么要戒呢？但最近几天的情况很不一样，不抽烟变得容易很多。我特意让自己身上没烟，发现没烟可抽并不会让我觉得沮丧，后来就可以控制抽烟了。抽烟和吮吸指头在逻辑上似乎是相通的，两者都是为了应对压力。而且，当你说这次分析你要请假10分钟时，我的第一个反应就是，太好了，这还真新鲜，到时我就可以抽根烟了。但我现在觉得，那第一时间的反应是想要否认我听你这样说之后心中的忧虑。你离开诊室等于是把问题留给我，我该怎么办呢？"

分析师　"有人会说香烟一半象征了我，是可以取代我的一个东西，而另一半则象征压力，是可以被强迫性使用的东西。所以你手指的活动可能很有意义。再说，今天我会中途离开这件事在你看来可能不是件好事，尽管你很轻易地就接受了它。所以你开始想办法处理它引发的紧张。"（此时，他玩起游戏来，同时把两只小指头往下扳）
　　　　（停顿）

192

病　人　"我记不起你的假期从什么时候开始。我的问题是，当我的新工作开始时，对会谈做一些新的安排值不值得，因为这工作可能不会太久，没必要这么麻烦。到了9月份你休假回来时，我就会知道那份工作会不会长久地做下去。我觉得接下来的这4周，分析能够暂停一下也好，这样，暂停的时间会拉得更长一些，我可以借此想一想到底要不要继续接受分析。但问题是，这样做对自己诚实吗？暂停那么长的时间真的可以帮助到我做这个决定吗？我记得你曾经说过，介于两段治疗中间的那几年，我的发展完全停滞，所以从治疗的角度来看，时间都浪费掉了。不过，来接受分析还意味着你会不时来刺探我的私生活。"

分析师　"你说的这些显示出，对于是否继续接受分析这件事，你的确能够自己做主。"

病　人　"是的，但我还不清楚的是，我只是单纯不想来，还是想要逃避些什么。"

分析师　"我们谈过的事情当中，你可能很想逃避的一件事与你内心那股永在燃烧的怒火有关，即使时机合适了你仍旧感受不到那股怒火。"（停顿）

病　人　"我刚刚闪过一个念头，就是我可以有属于我自己的想法。这要花点儿时间来解释。就是说，有些事可以只有我自己知道，不是非得让温尼科特知道不可。这些全都显示出我并不想来这里的迹象。"

分析师　"不想来这里的意念似乎透露出，你不确定自己是否有保有秘密的权利。"

病　人　"之前我总是不断说话，尽情吐露一切，从没想过别把什么事说出来，所以，保有自己的秘密这念头很新鲜。在分析中，我把我和女友交往的细节全都说出来，我总觉得，这些全归温尼科特所有。而现在我想多为自己着想。在这里谈外面发生的事会让我在外面做起事来缩手缩脚的。"

分析师　"所以这就是你说不想来这句话时的真正意思，你想发觉真实的自己。"

病　人　"之前我是无话不说，不觉得需要隐私。"

分析师　"我想重点在于你的隐私无处可在。"

病　人　"理性仅仅是用来讨论事情的，不是用来隐瞒事情的。"

分析师　"所以，似乎你本人现身了，你有内在的一面，也有外在的一面。"

病　人　"我总觉得如果换别的分析师的话，这一切就全白费了，不过这是我的理性自我的看法。我能把自己藏起来的唯一方式，就是躲到一个能让我信赖的人身边。这让我想起，你走出诊室时，尽管我早有心理准备，但我还是吃了一惊，觉得若有所失。我对自己合理化说，那是我逼你让我有机会抽根烟。我的这些反应透露出我失落了什么、被剥夺了什么，这让我感到很有意思。"

分析师　"我让你抽的那根烟堵住了你心中的怒气。"

病　人　"是的，我差点儿因为愤怒而拒绝抽烟。"（停顿）"很难决定接下来要说什么。既然了解了讲话被打断对我的影响，我现在必

194

须去面对这个打断本身，这更难。我得从头再来一遍，我会很生气非说话不可这个念头。"

分析师　"非说话不可似乎排除了你是想说才说的可能性。"

病　人　"也排除了我想不想结束这个问题。问题是，我能在必须得来的情况下找到自己吗？要花多少时间？我从来没有真的尽兴做我自己，这得靠我来这里才能做到。"

分析师　"越来越清楚的是，不想来这里和你能不能找到自己以及你保有秘密的能力有关，而且，只有不来这里你才能发现想来这里的那股自发的愿望。"

病　人　"听起来有道理，但和目前的情况不符。我感觉不到自己很想来这里，这种感觉还很陌生。"

6月7日，星期二

病　人　"好像没什么好说的。发现不一样的说话方式之后，也应该有一个不同的开场才是，我觉得很失望。"（病人这时把右手指放到嘴里）

分析师　"我觉得你没有给自己时间。如果你是用理性的自我来沟通，那么当然等待就没有意义了，你会自然地人一到就能马上开始。然而，如果是你情绪的自我出现在这里，那么就不可能一见到我，你就有想说话的冲动。"

病　人　"是的，这是对一周只来这里3次分析的一种抗议。如果我用情绪化的一面行事的话，那么我就有权想来就来，所以我期待自己一到这里就开始讲话，这是心态上对不让人满意的时间安排所做的调整。我害怕的是，我会用整个会谈一声不吭来表达抗议。"

分析师　"听起来像是你在告诉我，你想离开，而你来这里是为了让我知道。"

病　人　"如果我不开始，我就有一种担心，自己势必就无法开始了，时间一分一秒地过去，问题会越来越难，而且，我会因为忍受不了浪费时间而开口说话，尽管说一些琐屑的事当然也是在浪费时间。我和其他人相处也有这样的问题，总觉得应该找些话来说，但又觉得讲了几个小时也是言之无物。我很想拥有一种这样的关系，彼此没有必要一定需要说话，或者一起说一些废话也无所谓。我和我太太在一起就是这样，我试着想到什么就说什么，尽量自然地说，但到头来也只说出一堆乱糟糟的想法而已，听起来装腔作势、油嘴滑舌的。我会一直讲，使劲让自己轻松愉快，但结果是一团糟。这就是别人对我失去兴趣的原因。在这里有时也会发生这种情况，你也没办法知道我在说什么，因为我讲话太混乱了。这就是我为何在讲话前先要打草稿的缘故。"

分析师　"但是打草稿让你觉得很烦。"

病　人　"我真的很想像孩子那样讲话，比如像我女儿那样说话。我有时候还真听不懂她在讲什么，不过她那个年纪的孩子说话就是那样。"

分析师　"当你还是个孩子时，我不确定是不是有人能够知道，你讲话会让人听不懂是很正常的事。"

病　人　"也许我讲了一些听不懂的话而挨了骂，也许是被我爸爸骂，他会说我啰唆，尤其是我9岁或10岁的时候，也许是更小的时候也说不定。"

分析师　"你看，如果你应当像小孩子那样讲话的话，你是多么在乎我的态度。小孩子讲话确实比较像是在表演或是在表现，相比之下，大人交谈时内容就更重要了。"
（停顿）

病　人　"我现在就像以前一样，努力想要避开理性倾向这种障碍，但我这么做时，一不小心就会睡着。我不确定如果我保持清醒状态的话，能否把这种强迫性的理性倾向抛开。"

分析师　"不管怎么说，睡着是真实的你的一种表现。"

病　人　"但睡着把其他的一切都掩盖掉了。如果我睡着了，这整个会谈不就——"

分析师　"即便如此，那也透露出某种意义。你不会在其他地方睡着，你是因为在这里才会睡着。"

病　人　"说不定我在其他地方也会睡着，我注意到，我和我母亲在一起或者和我丈母娘在一起时，也都有睡着的倾向。但不管怎样，在这里基于社交上的需要，我也得保持清醒。我感到自己不想去烦社交性这个问题，我就是心烦才会睡着，这让我太太很生气，她说这样很没教养。"（停顿）"睡觉让我很为难的一点是，我会觉得是在浪费时间，并因为让你失望而感到内疚，所以我可以看在你的份上保持某种程度的清醒。"

分析师　"但你没办法把我在这里视为理所当然，除非你的理性处于活跃状态——"（此时，病人睡着了，还打呼噜，然后突然惊醒）

病　人　"看来我睡着不只会内疚，而且是挑战你，藐视你。"

分析师　"那就是你，而且很真实。"（再次睡着）

病　人　"这好像是你在考验我想睡时会不会就睡着，就好像是你允许我睡觉似的，但这样只会使我们原地踏步。要谈才会有进展。"

分析师　"这让我想到了你父亲。"

病　人　"是啊——嗯——嗯——"（停顿）（也许是睡着了）"让我觉得特别不安的是，我一直在想着医院的事，而且把在这里的短暂时间浪费在睡觉上。"（停顿）"有时候我会去想医院里的问题来逃避其他的事情，因为我可以提起那些问题而无须去讨论，不过，如果和工作无关的话，我觉得就得告诉你。"

分析师　"你像个编辑，你自己确知什么样的内容适合在这里说出来。"

病　人　"就昨天的事而言，当我说我不想来时我感到很内疚。这说来很微妙，不过，这和表明不值得来这里不是一回事。"

分析师　"说到你理性自我身兼编辑一事，我感兴趣的是他是个怎样的编辑，他认为什么是重要的？"
（停顿）（睡着片刻）

病　人　"我不是无话可说，就是做梦。我梦见自己说得太多，大家都听我的听得烦了，我还期待着他们能够一直听我说。"

分析师 "所以你谈到了抑制像偷窃这类的强迫性行为。"（也许是睡着了）"你有权要求我听你说话，有权占用我的时间。"（停顿）"再补一句，有权浪费我的时间。把你这个反应视为某种征兆很合理，而且它意味着你觉得你的这些权利都被剥夺了①。"

病　人 "尽管如此，还是有个死结。我不是想着医院里的问题，就是睡着。我关心的是目前的状况，我想问的是，睡着怎么会和目前的情况有关联？"（直至此时他才完全清醒过来）

分析师 "就这一点而言，我想提醒你，你心中的那股愤怒，你觉察到它的存在，却无法表达，而它很可能就是睡着这个征兆背后的原因。"

病　人 "真有趣，我刚在想着我要保护你，免得被我的火爆脾气伤害了。我刚刚在想，我在这里很少发脾气。我一直感觉到有股情绪半隐半现的，现在知道了那是极度的愤怒，我怕它会猛烈地爆发出来。说不定我会发泄出这股应该在更早的时候就对父亲发泄出来的巨大怒火。我错过好机会了。"

分析师 "我现在可以再次跟你谈谈你父亲挡在你和母亲之间这回事。我想提醒你，你不小心弄伤手指，并顺势戒掉吮吸手指的习惯，就是因为你没办法对抗挡在中间并威胁你的父亲，尽管事实上你感受到了那股威胁。你父亲错失了机会，没能当一名强者，挡在你和你母亲之间以及你和象征母亲的所有事物之间。"

---

① 参阅《人格障碍的心理治疗》（Winnicott, 1963b）。

病　人　"就算他挡在中间，我当时也察觉不到。我现在觉得很不安。我真的不想躺下来，我是指睡着。我真想掀开自己的另一个面貌。"

分析师　"显然你认定我不准你掀开你的另一个面貌。"（他能够掀开自己的另一个面貌是我们多年来想要达到的目标）

病　人　"我记得12岁到14岁那些年，我总觉得躺下来就意味着死亡。那时我还在学校读书，我觉得躺下来等于是无助地躺在棺材里。清醒地躺在户外的树下还好，但躺在床上可就危险了。"

分析师　"也许你联想到女人做爱时的姿势？"

病　人　"不，我认为和那个一点儿关系也没有。"

分析师　"那么我们来看看其他的事情。我想提醒你，就像以前说过的，在我们第一段的分析里，你有个非常重要的症状，就是没办法躺下来，而那一段就是在你能够躺下并且能够忍受与之而来的焦虑的那一刻结束分析的，当时那个焦虑来自于你还是婴儿时受到母亲完美无缺的照顾的心满意足，因为那份满足会把客体毁灭。也就是说，在你接受分析之前，你一直不知道，如果你耐心等候，你会发现欲望会再度出现，因此你渴望的客体也会再度出现。"（前几次我提醒病人这些时，他都只隐隐约约记得而已，我的提醒没有引出新的内容。）

病　人　"那么那个焦虑是有特殊意义的，因为它和我躺下时感受到的真实恐惧十分相近，而我打从12岁起便一直对躺下感到恐惧。"

分析师　"我在想，你能不能谈谈你12～14岁发生的事情。"

病　人　"那段时间我的父亲开始生病，但他自己没有发觉。第一次是在一场游园会上，当时有人为他素描时，他看起来非常苍老、憔悴，我当时非常震惊。我记得他看起来气色很糟糕，我意识到我再也不能想当然地认为他会一直活着了。过没多久他就病倒了（肺癌，开始长期卧床）。所以我现在看见了当时看不见的事，就是在那场游园会上，我第一次在潜意识里有理由怀疑，他可能不久于人世。当时我无法解释，我的感觉可能全是错的，不过这就是我今天依然记得的事。"

分析师　"所以从那时起，当反抗父亲原本是成长历程里很自然的一部分时，你必须去保护父亲，不至于因为你的脾气而受到伤害。至于青春期，我会说，尽管父亲在你早年对母亲的关系中打败了你，当你在青春期试探你和替代母亲的人之间的关系时，他反倒成了你可以反抗的人。我会说，当时的情况让你把身上同性恋的那一面夸大凸显了出来，尽管这一面后来不了了之。"

病　人　"我想我记不起这些了。"

分析师　"这么说吧，我们第一次见面时，你的穿着打扮和我们结束分析时的衣着风格有很大的区别。比如说，我们第一次见面时你系了一条粉红色的领带。"

病　人　"是的，我记得我系的那些招摇抢眼的领带，但那也是一种反抗的举动。其实系上那些领带我很不自在，但我错估了自己。我会说，我一直都很担心，不知道父亲会说些什么。"

分析师　"你也许听说过压抑归来这个词。你没办法对父亲表达愤怒也没办法反抗他，所以你只好借这种方式发泄。"

病　人　"你记得的吧，是吗？当我第一次来见你的时候，我父亲已经过世了。"

分析师　"是的，我明白，但你当时还没接受他的死亡，事实上是在这一段的分析里头，大约一年前，你才接受了这个事实。"

病　人　"事实上我是现在才开始接受这个事实。"

分析师　"除非你能够把你对他的愤怒以及他的死亡融入谋杀他的梦里，否则你不可能接受父亲死亡这个事实。一病不起的他需要被保护，而你对他的保护让他始终活在你的心里。"

6月10日，星期五

病　人　"我去女儿的学校参加公开日活动，但感觉云里雾里。我努力让自己感兴趣，但一小时后整个人变得烦躁不安。在那里我根本不可能表现得很正常，和我在医院是截然不同。参观课堂教学时我根本不知道要观察些什么，只是顺从地跟在别人后面。我觉得自己应该要感到有趣才对，但却不为所动，心情因此变得很糟。我倒觉得学校的建筑物更有趣。我想起自己曾经差点儿去当老师，一想到这个就觉得恐怖——反过来说，去了解五六岁的孩子具有怎样的思维能力、如何操作抽象的概念，比如说读书写字以及学习各种技能等，倒是让我很激动，甚至是着迷。我第一次发现大人把许多事想当然，我能够想象出自己就是坐在课堂中的小孩子，但却没办法以大人的身份参加活动。"

分析师 "我想提醒你,你昨天提到的从青春期时父亲去世之后你开始面临的一些困难。"

病　人 "你提醒了我,你说我直到最近才接受父亲的死亡,我说,我已经接受了这个事实吗?还是目前正慢慢接受这个事实?现在似乎是我已经接受这个事实,这把我带回到比父亲去世稍早之前,我第一次感觉到事情很不真实的那段日子。也许是回到了开始读书写字的时期,正好是我女儿现在的这个年龄。"

分析师 "所以当你还是孩子时,你觉得在学校学习读书写字等并不真实。"

病　人 "和小孩子在一起很难,就像现在要和别人打成一片同样很难,我错过了融入的时机。我很想合群,但就是有个阻碍挡在前面,我跨不过去。这是因为从五六岁起我便开始独来独往,从此没再能回到人群里。如今,我应该很想远离人群的,但却并非如此。"

分析师 "你对自己五六岁时有什么记忆?比如说,上学第一天的情况如何?"

病　人 "只有很模糊的印象,但我是7岁才上学。你还记得我母亲办过一所幼儿园吧,我直到七八岁才上小学。我5岁时和我的姐妹以及邻居家的孩子一起上的我妈开的幼儿园。"

分析师 "所以来你妈妈办的这所幼儿园上学的其他孩子,成了你家的入侵者。"

病　人 "事实上,有好长一段时间,我都不愿意和其他孩子一起玩。一个心结就是怨恨,我以前从没这样想过。我怨恨其他的孩子搬到我家里来。想法很简单,他们来,我就走。"

203

分析师 "你记得自己在某个时期变得退缩，就像是你发现妈妈腿上坐着还是婴儿的妹妹的那时一样。"
（停顿）

病　人 "我现在觉得很想去面对现实，展望未来，而不是逆来顺受。会有这种常睡着，而睡着和不想上学，以及在四五岁时变得退缩的情形是一样的。"（停顿）（大概睡着了）"我在这里很难保持清醒，这就像小时候逃学一样，我从没陷入困境中，而是先逃走了。"

分析师 "你想保护所有人，不让大家因为你发脾气而受到伤害，借此拯救全世界。如果你不赶快走，大家都会死。"

病　人 "为什么？"

分析师 "因为我们一直在谈的那股愤怒。"

病　人 "偶尔我会想，在我干掉来我妈的幼儿园上课的其他孩子时，我有没有什么感觉？"

分析师 "退缩让你完成两件事，保有了你的全能感，同时也救了其他孩子一命。"
（停顿）

病　人 "就在这一刻，我感觉这个障碍大得不得了，我没法跨过去。"

分析师 "我们发现到，青春期时的你必须保护父亲，好让他不被你的愤怒伤害，但在你四五岁时，由于他回避了做一名强大父亲的角

色，从某种意义上来说，你没有父亲来帮你挽回局面。"（在做这个诠释时，病人迅速睡着）

病　人　"我今天好像睡了好几次，这肯定有意义。"

分析师　"我想你刚才没听到我说的。我提到，父亲生病，所以你得保护他。"（我重复了刚才的诠释）

病　人　"我觉得你这个看法并没有什么意义，太抽象了。我认为在这里的困境，不像是在社交场合里的退缩，在那里，如果我不想说话就不必开口，那很平常。在这里，我必须更进一步探究，才能从某个情况中逃开。不讲话这件事已经被看穿了。"

分析师　"不讲话等于谋杀。"

病　人　"沉默多少是想保有某些感觉，以便远离这里。我有权不说话，但我意识不到内心深处的感觉，我只能想当然地认为是愤怒。"

分析师　"是的，我们还不能确定。"
（停顿）

病　人　"而且，似乎从我很小的时候起，比如说四五岁或六岁开始，我的理性自我便取代了真实的情绪自我，因为后者对任何事都不为所动。"

分析师　"这么一来，后者就会经验不足。"

病　人　"今天要集中精力保持清醒特别困难。这意味着有特别的危险吗？这多少和我不确定换工作之后若照以往的时间会谈，我还能来多久有关，当然啦，如果我觉得有需要我还是会来。"（停顿）"关于沉默还有另一个想法，就是它毫无用处。你曾说过它有用。我今天像是来质疑你的一样。好吧，你说它有用，让我们来看看如果我不说话会怎么样。证明你是对的啊！也许会有些焦虑，这是对你能使用沉默这一点的反应。我一旦接受挑战，就不能用不来这一招来逃避。使出不来这一招就说不过去了。"

分析师　"我想，我现在是你母亲，而你只有四五岁大。"

病　人　"重要的是，我母亲并不了解我的感受，因为有些事我不敢告诉她，生怕毁了她。"（停顿）"那段时间我唯一的希望就是可以瞬间长大，这么一来就可以躲开那么多的不愉快。从5岁起我就努力想成为大人。我想要变得善于交际，但却不想经过从童年到长大成人这中间的阶段，这是唯一可能的安全方式。"

分析师　"通常所说的潜伏期这整个阶段似乎全被你清除了。在你年纪稍大父亲真正去世之前的这段潜伏期，你父亲似乎以不同的形式去世了。"（我从病人的毫无反应当中发觉我的诠释也许是错的，病人几乎睡着了）

病　人　"我现在想到，两周前我突然可以自由自在地说话而且完全意识不到时间的存在，就某种程度上来说，这很假，很像是个花招。重点是，它隐藏了不想说话的想法。我开始发现，过去不说话的背后藏有某些东西。我一直以为这只是个讨厌的症状，虽然你说过它具有潜在的价值。我相信它一定藏了某些东西，我现在确确实实这么认为，就是沉默本身是很有意义的。"

6月14日，星期二

病　人　"上次我睡得很厉害。如果我放任自己，可能会从头睡到尾。我想我睡这么多一定有很重要的意义，可能是潜意识里想逃避某些事，也许是某个渐渐逼近的危险。有两件事，一是我今天特别累，二是我觉得今天睡着不会有什么危险，因为真的很累，不太可能去碰到什么危险的事。这很怪，我觉得从表面上看，最近没什么进步，也就是说我觉得并没有什么好转，不过我还是在想，该不该期待着收获分析的果实，以及什么时候可以收获呢？如果我就此结束分析，那近来的工作会不会全白费了？还是会被统整起来？我知道，正在进行中的分析总会带来某种混乱，所以只要我继续来，我就别想期待着有一天会感觉到自己康复了。"

分析师　"你是否记得上次，关于沉默及其积极意义话题的那段分析？"

病　人　"只有模糊的印象。我不和我太太讲话了，因为她不想吵架所以也就没有争执。我们只谈一些细枝末节的事。我不再试了，反正目前也不紧急，而且，就以往的经验来看，怎么试也不会有结果，不值得再试了。她故意不讲话，我被迫以其人之道还治其人之身。两人打冷战其实是很激烈的事。"

分析师　"此时，我把最近关于沉默的讨论整理起来。"

病　人　"很奇怪，我们谈论的内容都忘记了，这些听起来仍然很遥远。"

分析师　"所以你指的是，你需要我来记住这些，即使是我们都赞同的部分。"

病　人　"说到赞同，我觉得我太容易同意别人了，除非我明确拒绝，否则我很容易接受别人的想法。我愿意接受，而很少直截了当地反对，我几乎不和别人争论。"

分析师　"我想提醒你，你说过我像棉花，如果你出手打我，你的手臂会陷在里面，回不来。"

病　人　"我想到一个画面——和你在打架，但和你保持一段距离。如果你不是时刻都在攻击而是处在攻击的状态，就会是个理想的状况——一种拳击比赛，每一拳都会反弹回去。此时对你有点儿不满，你完全顺从，营造出消极的氛围——这太像我父亲了。我有一个抽象的母亲画面，她轻易地顺从孩子，费尽心思要做到极致完美。"

（这正是他母亲对病人还是婴儿时关于自己的描述，她对我说这段时，我和病人的第一段分析还没开始）

"结果很差，令人反感。"（停顿）"我记得上次说的渴望沉默和渴望摆脱喋喋不休有很大的区别，喋喋不休有限制，尽管没有意义，也有尽头。我喜欢喋喋不休这个概念，但纯粹的喋喋不休没有尽头，也没有目的。喋喋不休是没有对象的谈话，只是暂时性的消遣。"（停顿）"我刚刚没说话是因为，我发觉有时无声胜有声，不需要为了讲话而讲话。过去我花太多的力气在说话上，什么话都说。"（停顿）"我觉得，如果我不讲话，就有再也开不了口的危险，然后我会睡着。我信不过沉默。"

分析师　"刚才停顿时你睡着了吗？"

病　人　"没有。"

分析师　"你沉默时有个东西很真实，就是你呈现出自己本身，相比之下，为了讲话而讲话意味着你不确定自己是否还存在，或者说，你不确定我是否还存在。"

病　人　"困难就在于，我不讲话或不想讲话，都需要有个诠释。总体上说，我不喜欢讲话。"（停顿）"不讲话和累有关系，它是个好借口，所以现在我就可以不讲话，也不需要解释原因。"（病人打哈欠）

分析师　"你需要我做出诠释，我会说你要求我这么做。"（病人睡着了）"我认为你想听我做诠释，但你又害怕听到诠释，所以才会睡着。也许你怕的是诠释是对的。"

病　人　"我假定，如果你做了诠释的话，你的诠释是对的。我害怕的是发现自己也有同感。我从没想到过你做的诠释会是错的（否则那只会是个人意见，我会把它当成是你的个人意见，而不是把它当成诠释来看）所以，其实我害怕的不是诠释，而是害怕发现什么，就像一闷棍敲到脑袋上一样。"

分析师　"最近你说过，沉默可能是一种打击。"

病　人　"我有个奇怪的想法，想象有人正在吃东西，像是在吃想法，所以，假如你制造出某个东西（一个诠释），你就是在把肚子里的东西呕吐出来。因此，从你那里接受个想法是很倒胃口的。这里有个危险，就是我吞到一半才知道这些想法，之后我开始呕吐。有那么一刻，这些画面在我脑里栩栩如生，你坐在一份

209

饭菜前，盘子里是你要吃的食物，你吃着吃着，食物越吃越多，也就是说，你慢慢把食物全部堆上来。"（停顿）"不说话似乎很难，很危险，表面上看似无事。你能利用它吗？不开口讲话实在是太简单了。我现在想起来了，昨天离开时，我心里在想，如果一辈子都不开口说话，还值不值得活下去？"

分析师　"这呼应了受到认可而被爱的想法，或者说，被爱意味着你的存在是有价值的。"

病　人　"我觉得，我可以试着去相信并假定自己是被爱的，但万一这不是真的呢？简直就像是看到自己不会游泳却在水里，也没人拉我一把。"

分析师　"确实如此，你以前提过——你碰过这种情况。"

病　人　"但有个很大的区别。我应该试着自己不亲自去做，而是在想象中让别人去做（尽管这是不可能的），不必他们真正动手。这很矛盾，只有靠魔术才能办得到。"

分析师　"你想念的是母亲对你，她的宝宝的认同。"
（停顿）

病　人　"睡着不纯粹是负面的，也不纯粹是一种逃避。睡着让你有机会挺身而出。"

分析师　"是的，我仅有的机会。"

病　人　"昨天离开之后，我一直在想我们得到的结论。面对这个问题有好长一段时间了，却发现这种可能性微乎其微，这种可能性是我会因为本身而被爱或被需要，而不是因为有什么作为或有什么成就而被爱或被需要。我之前提到过这一点，当时我们谈到完美这个话题。我之前意识不到我有可能因为自己本身而被需要、被尊重，所以追求完美是我唯一能做的，稍有一点儿不完美那都是彻底的失败。所以当我第一次说自己有病时，我面临的困境让我惊恐不已，因为我觉得自己离完美如此遥远，这就意味着是赤裸裸地失败。在我承认自己生病之前，我逃回自己的内心世界，回避迎面而来的打击，如此一来，也就回避了被需要、被爱或是否完美的问题。我不相信自己会被爱，于是说话的困难出现了，这是因为我没有理由要求我想要的东西。

于是，我在想，了解了这个情况之后，下一步该做些什么呢？怎么样可以解决这个问题呢？任何实用的做法都帮不上忙，因为就事情的本质来说，我无法采取任何行动。在这个困境里，对于这么多年来我错过的事，也许是错过了被爱，也许是没察觉到被爱，倘若有的话，我是否还有可能去释怀？此外，我还想到，我母亲可能因为同样的缺憾而痛苦，她对于被爱不抱任何希望，所以她才会追求完美。

再说，父亲扮演了什么样的角色？我无法去想象他和我们是同类人。好像他并没有这方面的问题。"（停顿）"开始时我很犹豫是否要谈昨天的内容，不用极为理性的口吻来谈实在是太难了。"

分析师　"沉默就是在这种情形下出现的，如果理解到这种情形的话。"

211

病　人　"但是我要怎么用沉默来表明昨天的情形有多么重要？而且，昨天结束时，我对当时的发现印象很深刻，也许它的戏剧性比它的真实性更让我震撼，也就是说是它的确定性，而非内容本身。它看似很重要，但又太过简单，无法解释一切。"（停顿）"它似乎起因于（我很早就意识到）我一直执着于取悦每个人，这都是追求完美、渴望爱与尊重的驱力使然。我一直警惕着不要把别人惹得不高兴，而对于关系里的一些积极部分反倒不那么在意。当我坚定地表达某个想法时，若是不被接受的话，我就会心烦意乱。今天就有个例子，我通过电话和一位全科医生讨论某个病例，他希望我对某位孩子的病况给点儿建议，但他不等我把话说完，就和我争辩起来，我觉得很难受。其实那就是一个简单的3个月大的男婴可能感染风疹的病例，但他却质疑我的诊断。他盛气凌人，讲话比我理直气壮，我觉得是自己错了，态度犹豫起来，接着就感到很恼火。我应该更坚定一些才是。"

分析师　"昨天我做简单的诠释时，你不只听到了那些内容，也感受到态度和陈述本身的坚定性。你受到了我的做法展现出的特质的影响。"

病　人　"我喜欢你陈述本身的那种明快，因为我做不到。你往往很谨慎，不会自以为是，很理性，有错也勇于承认，但这并不让我很满意。我觉得你错得堂而皇之比对得含含糊糊要好。"

分析师　"嗯，我很确定本身，这很令人满意。我们现在要考虑的是，我是不是错得堂而皇之？"

病　人　"很难记住事情，但你所说的和我内心深处的想法是吻合的。意义很模糊，但是记忆很明确。我本身的犹豫不决不仅是害怕犯错，问诊以及记不起别人的名字时，我也是如此。之所以会这样，一个确切的原因是——我以含含糊糊作为借口。一个显然的看法是，表现出果断就会变成我的父亲。而我不相信自己可以变得果断的部分原因是，我不想变得和我父亲一样，如果我和父亲太过相像，那么如果我被爱的话，那是因为我和父亲很像，而不是由于我本身的缘故。"

分析师 "你了解你母亲小时候的情况吗？她的童年是不是过得也很艰难？"

病　人 "自我有记忆以来，对外婆的印象就是她已经很老了，但并不好相处，而在我母亲小的时候，外婆并不是这个样子。我母亲也曾这样说过，虽然这只是她主观的看法——我现在想到，也许我的困境可以追溯到外婆身上——她天生就容易焦虑。在我看来，我目前的困境，就是因为我母亲的性格比我父亲还强的缘故。我觉得父亲太完美了，这并非事实。倘若父亲很果断，我会很高兴，尽管我不喜欢他这样，但我会予以尊重。如果我母亲现在开始变得很坚定，我会很生气，由她来表现出坚定并不对。对于我母亲，我能说出我现在的感觉，而对于我父亲，我只能谈我意识到我们在这里发觉的问题之前对他的感觉。"（停顿）"关于我父亲，我有个想法，他的果断对我来说有一点儿不利的地方在于，没留给我玩耍的空间。"

分析师 "那么——"

病　人 "我努力在父亲身上挑毛病，找漏洞。"

分析师 "你后来发现的父亲的好，就你还是婴儿的眼光来看也许是坏的，尤其是你父亲从你早期起便对你母亲般地照顾这一点，像你之前告诉过我的那样。不过，我会说，父亲基于人性的决定

终究比母亲基于完美的规则更可取。你可以反抗父亲，但你对
规则却无可奈何。"

病　人　"我觉得有件事需要避免，就是不要太轻易地接受任何事，因为
　　　　能做得实在太少。"

分析师　"也要避免你我之间积极的双向关系。"（停顿）"我想你刚刚睡
　　　　着了吧？"

病　人　"是啊，今天的第一次。我意识到自己越来越困。很难去面对目
　　　　前的情形，我指的是你诠释的内容。（也就是说，与诠释呈现
　　　　出的果断风格相对抗）
　　　　我还是觉得很困，而且我也努力不要睡着。我实在不明白不想
　　　　说话怎么会是好事呢？"

分析师　"当你睡着时，你抛下了我。母亲对于你来说一直不存在，所以
　　　　无所谓抛下她。"（病人睡了吗？）

病　人　"我现在感觉，我们正在谈论的，和我心里想的相隔很远……一
　　　　场云里雾里的白日梦……难以捉摸……和小孩子的玩耍有关。"

分析师　"父亲没留给你玩耍的空间。"

病　人　"而且母亲也不知道该怎么玩，所以她不会玩。"

分析师　"所以我没用果断的作风逼你切中要点很重要。"

病　人　"而且我在想，过了下周后由于换工作的原因，我恐怕不能再来

这里了。因为你揭露了我本不想被揭露的部分，你变得很讨人厌，所以我不想再来这里。因为这样我才会觉得困，以此表达我的不满。这样说很幼稚，但重要的是你变成小孩子游戏里的怪物了。"

分析师 "所以你能够和我玩在一块儿，一起玩的时候我成了怪物。"

6月17日，星期五

病　人 "之前我以为谈谈我的感觉会很重要，但现在来看好像已不那么重要。感觉和心情总是多变的，也很短暂，会受到很多因素影响。更重要的是去了解心情起伏变化背后的原因。"

分析师 "是的，你指出了我之前没想到的事儿。你的心情是你想接触自我时最近的切入点。"

病　人 "我发现别人并不关心你有什么感受，这强化了我觉得我的心情并不重要的想法。"

分析师 "当别人问，你好吗？他们肯定不希望你说这里不舒服那里痛的。把这种问候当真并不合适。"

病　人 "我和我太太就是这样，我抱怨她没对我嘘寒问暖。她说，有什么意义呢？你总是一幅惨兮兮的样子。另一件事是，我来这里之前，对于说话有困难的原因，或者说，对于不愿开口说话的原因感到有些困惑。这涉及两个因素，一个是对愤怒的恐惧，另一个是对于被爱感到很绝望。我认为，如果其中一个是对的，另一个就是错的。在前两次的会谈里，愤怒的情绪消失了。"

分析师 "这两者可能彼此相关。你心中有希望才会有愤怒。心中记着希望的同时还得回应希望的落空，你就会愤怒。"

病　人 "从这个意义上说，我感到彻底绝望是夸大了。夸大是为了简化，以便找出导致所有烦恼的原因。"

分析师 "我们往往会发现，某个点被澄清之后，下一个点也会接着明朗起来。"

病　人 "我真的觉得不可能单靠一件事能解决所有问题。"

分析师 "愤怒和剥夺不一样。在过去的几周，理论上你会觉得愤怒，但实际上你感受到的是剥夺。"

病　人 "是的，按理说我应当愤怒，但我只是模模糊糊地感到心烦，总觉得哪里有股怒火。和愤怒有关的另一件事是，愤怒总是一时的，不会持久。愤怒本来就是这个样子？还是说，我把我不能忍受的愤怒埋了起来？"

分析师 "看到你来来回回地一下子生气一下子气消，这造成愤怒本身的危险，并带来绝望，而绝望反倒没那么危险，因为它只会让你感到人生徒劳无益。"（停顿）"在分析中你碰到了某些危险，和愤怒有关，所以你逃回到绝望里。"

病　人 "愤怒比绝望有用，绝望是消极的。"

分析师 "当你气愤的时候你感到更真实，即使是愤怒引发的一些想法会让你感到危险。"

病 人 "愤怒有它的目标，但绝望——嗯，一无所求。所以今天讨论的愤怒很可能更有用处。一想到濒临绝望，我就激动，但我似乎走进了一条死胡同，这两天以来，气愤消失了，我觉得我变得有点儿唠叨。我想到，我总是反复说着同样的话也许让人觉得很无趣。就社交上来说，我知道我言语单调让人很烦闷，但我不得不如此。不这样的话，我就只能变得绝望、沉默、与世隔绝。"

分析师 "当你几乎同时感觉到希望和绝望时，会因为意识到被剥夺了什么而愤怒。"

病 人 "绝望只能是相对性的，因为如果是完全绝望的话，那就感觉不到绝望。"

分析师 "是的。"
（停顿）

病 人 "我发现，我应该要开始考虑下个阶段，利用这些领悟才对。我注意到，和过去几周相比，我不再昏昏欲睡了。如果昏昏欲睡表示有什么东西出来的话，这还挺令人失望的。如果我是清醒的，就会开始条理清晰地思考未来，而这样昏昏欲睡并没有什么用处。"

分析师 "这新的情势是从与剥夺相反的概念而来的，也就是从某种程度上来说，此时此地我拥有你需要的爱——这是对流体介质 ① 的概念出现以来在分析中发生的一连串事件的全新描述。我此处所谓的爱是没有前提和条件的，不多不少正好就是我能够和你融为一体。"

病　人　"我想到，我好像回到我第一次来见你时的情况，也就是第一段分析时。我想不出来究竟要跟你说些什么才好。"

分析师　"也就是说，如果我当时了解你的话（那我就成了魔术师），我就会把刚才的那番话说出来。我也许会这样说，你能够开口说话的唯一方法，就是我带着爱走向你，而你没办法这样表达是因为你不知道那是你所要的。这个情况在第二段的分析一开始加剧了，当时你并不知道你需要我，而且要不是我去把你找来，你是不会自己来见我的。当然，我无法改变你早期受剥夺的这个事实，我只能给你象征性的关爱。"

病　人　"我觉得我没办法开口说话是因为没什么好说，我从未想过应该要由你来开启话题。"

分析师　"所以我们找到了沉默的积极意义——它表达了应该由我开启话题这个想法。"

病　人　"这说法并不陌生，我记得以前对说不出话这事感到绝望，但我以为那是因为我希望你先开口说话。如今我明白那不仅仅只是为了图方便。"

---

① 参阅本书附录《退缩与退行》。

分析的片段

分析师 "如果你希望我先开口，那么由我先说便不妥，因为这样一来我只是跟着你的愿望走。要做到适应你的需要，我得在你尚未意识到那个需要之前便带着爱走向你。"

病　人 "这让我想到我和女性的关系，都是由女方先迈出第一步。我对征服女人不抱任何希望。如果我要尝试一下，还没开始我就认定自己不会成功。我不明白为什么我的动力必须来自外部，只知道在更早时我并不是这个样子。"

分析师 "在你看来，无论是否属实，你母亲不能让她自己和你——她的宝宝——融为一体。如果你用幽禁这个词来想，你会明白我的意思，指的是母亲和婴儿一样都沉浸在某种发展历程中，而这种发展历程显示出她和她的宝宝暂时性地而且几乎是彻底地融为一体。同样地，我和你也一同沉浸在分析历程里，以及沉浸在你回归到如同婴儿般依赖、情绪的发展才得以重新展开的历程里。唯有我跟你一样沉浸在这些历程里，你才可以开始存在。"（停顿）"这倒让人接着考虑起分析师的动机。"

病　人 "是啊，事实上我一直在想，从更广的视角来看，你究竟想做什么，你对自己的治疗能力有多大的信心？我有位朋友，他也是一名医生，最近跟我谈到他的未来，他说他想选精神科，他认为这一行收入很可观。他不相信精神科有用，他说，那真的是浪费时间。浪费时间这种想法让我很生气，但我也怀疑这种想法有没有一丝的真实性。我在想，你会认为精神分析仅仅是一种实验，会有什么效果谁也不知道？"

分析师 "我从事分析也许是为了生计，也许我对自己能做到什么程度也没有把握，但你关心的是，如果分析失败的话，那我是不是和

219

你一样遭殃？"

病　人　"是的，因为对你来说，认为精神分析这一行不错而选择它是很轻松的事。你可能不相信它有用，但你把它当一种技术练习来操练，一旦找到其他更有前景的行业你随时会转行。"
（停顿）

分析师　"把分析师的工作和医生的工作进行对比的话，你会注意到一个区别。医生处理的是病痛，他把病人的病医好了，他的工作就完成了。相反呢，分析师必须要有一些温暖的情感，这种情感融在他和病人的关系里，不会随着病患痊愈而结束。分析师想医治好病患的愿望，是基于他对病人的存在的关心。"

病　人　"之前我们曾经谈过此事，我记得是在几个月前，当时是我们再度开始分析不久，谈到造成紧张的当下原因之后说到的。它与这个问题息息相关，问题就是到底为何要有精神分析？因为如果我们只要求解除症状的话，那么我根本没必要来这里。这回答了我以前回答不出的一个问题，即怎么判定一个人需要不需要接受精神分析呢？关键在于，症状是否是最主要的问题，还是说，那些症状和其他的事相比只是次要的。今天早上来这里之前我还在想，我应该要有多大的抱负？要花多大的力气努力？还是说，我已经达到了某个阶段，而在这个阶段里，活在自身的局限当中才是上策？我也在想，人一旦放弃了抱负仍会满足吗？还是说起码稳稳当当地过日子就好？"

分析师　"你渐渐达到了可以考虑这些事情的状态了。"

病　人　"人会不会因为太努力了所以根本不存在？打个比方，如果我盯

220

着某幅画看，却一点儿也不喜欢，我是该继续努力看呢，还是略过它去欣赏能产生共鸣又是自己喜欢的画，并抛开应该要从这幅画里瞧出来点儿什么的想法？"

分析师 "与迎合他人期望的想法相比，你刚才说的话展示出你自身的存在。"

病　人 "期望也能来自内心。"

分析师 "是的，毫无疑问，确实如此，能来自内心的某个人，而那个人某种程度上来说是由外在的某个你想取悦的人，比如（你）父亲，内化而来的。但你必须保有这些内化的人，因为你依然缺乏自身的存在感。"

病　人 "你做了个总结，在我努力获得自我的过程中，我需要有些辅助性的支持，如今这些支持不再有必要了。就在这当下，我感受到更积极的希望。我可以想象到某种情境的到来，一个可预见到的未来，不再那么遥不可及，甚至说它已经来了也不为过。我以前总对我真正开始存在这件事不抱任何希望，说起来这像在挑战你，尽管使招吧，但我不相信真的会有什么事发生。"

6月21日，星期二

病　人 "你也许会一开始就问我新工作怎么样。我讨厌你有这个想法，不知道为什么。我想到你会向我表示祝贺，就跟我母亲和姐姐一样，感觉上这是一种侵犯，你没有权利发表意见。若是同事或是一些平常略有交情的人来祝贺，这倒也没什么，不算是侵犯。"

分析师 "这与无条件地被爱这个主题是相关的。你的这个想法表达的意思是，你是因为有所成就才会被爱，对你来说，这样被爱是有负性作用的。"

病　人 "是的，大体上说，你在这里对外面发生的事表达的任何看法都是不得体的、令人不快的。我母亲可以有她的看法，因为她多少要为我来接受分析负责，但我不明白的是，怎么与我姐姐有关了，指的是接受分析的那个姐姐。"

分析师 "她目前的状况怎么样？"

病　人 "她挺好的，有工作做。我发现跟她讲话很有压力。她的治疗并未完成，她的行为举止不切实际。"
（停顿）

分析师 "你免不了会和你姐姐比较。如果你做出了深刻的改变，你也会关心你姐姐是否也有同样的改变。"

病　人 "我不确定，也许是这样，我现在才想到这一点。我今天来这里之前还在想，医院为研究生举办了一场案例研讨会，碰巧举了个精神科的案例。会上讨论到一件事，让我想起第二段的分析之前也就是我第一次住院时感受到的焦虑，害怕自己是不是得了精神分裂症？感到不真实是不是就是精神分裂症的症状之一？研讨会上讨论到这种不真实的感觉。我以为这种感觉已经不在了，但现在又担心它是不是又回来了？讲课的那位医生说，心理治疗对医治精神分裂症没什么用。你曾经说过我得的是精神病，而不是神经症，我发现这个想法让我惴惴不安。"

分析师 "是的，我的确说过那句话。"

病　人 "我担心的是精神分裂症的自然发展病程。病情可能会变得更糟糕，也可能会自然缓解，但我也得要有复发的心理准备。复发的概率很高，即便是接受药物治疗而病情好转的病人也会复发。所以我们也许只是在延迟最终的崩溃而已，因为，尽管我有时觉得自己状态很好，但有时还是会感觉到不真实。我一直不愿意把自己的病标以一个名称，因为我觉得精神分裂症根本是无药可救了。但另一方面，我发现自己对于精神分裂症应该使用药物治疗的论点很不能认同，以实证的方法来治疗思维障碍似乎是错误的。讨论中有几位医生甚至主张精神分裂症是器质性的疾病，有其生理上的病理依据。这种论点的基础在于，某些特定的药物会诱发精神分裂症发作，所以我很担心自己将证实这种病是不治之症。"

分析师 "你面临两种可能性，无论哪一种都涉及了相当重大的议题。一方面，你是可以被治好的，也就是说那些医生都是错的，这么一来，关于精神分裂症的公认观点就是错的；但另一方面，精神病理学家是对的，这样你就是治不好的。"

病　人 "而且，我和我太太谈论过这件事，她说，如果我没接受精神分析，她就会来帮我。她原本以为，我的病情可能会变得更糟糕，但如果我没有接受精神分析而变得更糟，她就不接受指责。我又想起我住院时很害怕自己会变得完全脱离现实，任何治疗都没有效果。"

分析师 "当你病得那么严重时，你依靠的是我、你母亲以及你姐姐对你疾病的心理本质的看法，而我们三人就是在这点上凝聚在一起的。"

223

病　人　"另一个让人担忧的是，我觉得自己如果再遇到新的压力也许就
　　　　会崩溃，所以我在想，选择工作时要谨慎，要避免情绪压力的
　　　　危险。工作没压力的缺点是会变得很无聊。"

分析师　"无聊本身也是一种压力。"

病　人　"是的，但焦虑是因为有问题一直搁在那儿没解决。我一想到最
　　　　主要的问题一直搁着就很担心。我给自己的借口是，我已经证
　　　　明了自己是不负责任的，这样一来，我不仅当下得以宽心，也
　　　　让我在承认自己有精神分裂症的症状之余松了口气。所以坦率
　　　　地说，精神分裂症是正常行为的一种变异，因此精神分裂症事
　　　　实上是没什么好担心的。"

分析师　"如果精神分裂症是以这种方式被纳为正常的一部分，那么就排
　　　　除它是一种器质性疾病的说法了。"

病　人　"这让人安心多了。"

分析师　"所以，在分析过程中，你一直在寻找着精神分裂症这个庞杂问
　　　　题的答案。"

病　人　"而且，我还在想，我有没有造成别人太大的负担。在谈到我的
　　　　崩溃时，我太太暗示说，要是我是精神分裂症，真的病得那么
　　　　重的话，那么她是无法忍受和我生活在一起的。所以我意识到
　　　　我带给她的负担实在是太大了。并且，我也会替别人感到焦虑，
　　　　特别是如果我将来有可能从事心理治疗的话。如果我认定大多
　　　　数人对精神分裂症理解有误的话，那么我袖手旁观便是违背良
　　　　心。这是个巨大的使命，需要有传教士般的热忱，而这正是我

欠缺的。如果我发现许多人在做一件错误的事情，袖手旁观会让我深感不安。"

分析师 "当你面对的真正问题是你的自我何在以及你能否康复时，你在考虑精神分裂症这个抽象的一般理论问题？"

病　人 "要接受那是公平的并不容易。"

分析师 "继你之后的前两个发病的人，就是你母亲和你姐姐。"

病　人 "是的，如果有人认定我得的是精神分裂症，那么她们得的也是精神分裂症，毕竟这也有家庭因素（我指的是家庭性因素，不必是遗传性因素）。这也意味着我会担心我的孩子的状况，尽管我认定她们不可能同样受影响，尽管我的认定没有理性的基础可言，看起来就是不可能。"

分析师 "这还得涉及你太太。比如说，整体而言，你认为孩子觉得她容易不容易接近呢？"

病　人 "对我来说，当她突然间讨厌起我的病时，她很难接近。但她对孩子不会这样。我希望她对待治疗的态度能更大胆一些。"

分析师 "也许你选择你太太是因为她和你母亲有很重大的不同。"

病　人 "是的，她有着丰富的常识，这是我的家庭欠缺的。虽然她对未知的事物总是跃跃欲试，不过她还是能脚踏实地。她清楚自己想要什么，也勇于追求。所以我知道我选择她是因为她和我的家人有很大的不同。"

分析师 "所以孩子不可能会受到影响，虽然对你来说很难从她身上得到现实感，而你的孩子能够自然而然从她身上承袭到这一点。"

病　人 "我突然记起3天前在报上看到的一句话：画地为牢者，难成大器。我就是那样，或者说，那是我努力想要避免的。我会因为自己的局限而蔑视自己。我突然想到，我很难信任精神科的原因，多少和我对精神医学以及精神分裂症的整体态度有关，我是基于一个错误的态度。这是我在崩溃之前潜意识里意会到的，如果我想要和大多数人一起工作，那么我就必须和其他人一样接受错误的想法。"

6月22日，星期三

病　人 "上次结束之后，就有种感觉一直存在。由于把我的病标识了一个名称，我就很担心会发生什么，不知道将来会怎么样？也许这意味着治疗还必须持续很长的一段时间。焦虑的情绪掺杂着几分宽慰，甚至多了几分乐趣。感到宽慰是因为把病标识一个名称之后，这个病就不再那么暧昧模糊了，更容易去面对，所以我感到更有信心；感到有趣则是因为，我一想到一群傻瓜争辩着心理治疗能不能治疗精神分裂症，以及有多少人不了解精神分裂症的本质就想笑。如果我告诉他们我患有精神分裂症，他们脸上的表情一定很有趣。我在医学领域努力了这么久，终于当上了住院医师。他们甚至可能会吓坏了，那些近来一起共事的人、医院同事，特别是那些当初面试我的人以及希望由你给他们出具一份报告的人。他们现在应该已经忘了。"

分析师 "没事的话，大家就忘了；如果出事了，他们就会想起来？"

病　人 "我现在突然焦虑起来，对新工作感到不安，诸如此类的。我不知道自己怎么了。"

分析师 "你也想知道我有多大的能力做我现在的工作。"

病　人 "指导我的六七个会诊医师之中，只有一人是遴选小组的成员。我仍然觉得需要有人多帮我一点儿。工作上我还是很依赖有人能够推我一下。公平竞争让我感到很不安。除了第一份工作（那时我崩溃的）之外，我一直都不必和别人公平竞争。而且，以我当前的处境，很不利的一点是，你除非失业，不然是不会去应聘新的工作的，所以我可能会被解雇，这么一来，我整天待在家里日子就难过了。我终究还是很担心未来会怎样。我面临着很实际的问题，我不想当全科医师，但我没什么选择。全科医师没有吸引力的原因是得要自力更生。"

分析师 "人们都忽略了全科医师孤立无援的这一面。"

病　人 "是的，比如说，把医院的病人转介回社区的全科诊所没问题，但是全科医师把病人转介回大医院里就被认为是不好的，这就是个悖论。当全科医师让我担心的一点是它的稳定性，也就是说，那是一辈子的工作。无论如何，决定要走那条路是很痛苦的。在大医院工作吸引人的一点就是它的不稳定性，你不必现在就决定未来如何，你可以一直顺应时势进行调整。但是一旦选择成为全科医师，你就这一辈子只能是全科医师了。
回到昨天的话题，我忘了件事，刚刚溜走了，是关于如果我做的是一份轻松稳定却单调的工作会怎么样，那样的话，我会做得很没趣因而很痛苦。我因为自己选择当医生而担心不已，做这一行时时刻刻都有难题要解决，上下班时间也不固定。我想知道，选择医生这一行到底对不对，因为我得去面对严密的安全防护、长时间的工作、承担很重的责任，薪水又不多，但我当时没别的选择。从事医生这一行业，得要有传教士般的奉献热忱才行。还有一个问题是，医院人事部会要求你做多少行政工作。医生最讨厌外行人告诉他们该怎么做，但医生也很讨厌自己打理一切。我似乎很希望有完美的行政部门做后盾，我因为自己这个依赖的弱点而蔑视自己，同时又因为院方的干扰而有所怨恨。"

分析师　"你对行政部门的依赖其实是对人的一种依赖。"

病　人　"我和我太太就为这个部分争吵过。我喜欢把她当成管家，盯着我在合适的时间做合适的事。她希望我能自己面对。要不是她在我背后照顾的话，我整个的生活都会瘫痪，对此她很抱怨。"

分析师　"关于你目前的工作，更多的是行政工作吗？"

病　人　"仍然还不确定。一开始时我觉得它有点儿轻松，因为是咨询性质的工作，不必承担直接的责任，所以日常焦虑没有那么明显。我只担心会诊医师说，看，这个病人该住院了。因为后续的工作都是我来安排，这比处理医疗问题更不好干。"

分析师　"这像是环境的问题，也是你处于某个环境的问题。"

病　人　"我觉得我没听懂你的意思。我对行政工作感到焦虑——这就像照顾孩子一样——你不能随意放手。如果你生了孩子，你就得照顾他们。你不能某个下午突然说，好了，我受够了。这就是行政工作可怕的地方。我在想，我表达的是不是我母亲对自己身为人母感到有所不足的心情，她自己总是感到很不安，所以我身为父亲比起其他为人父者要来得更不安。同样地，行政工作就像照顾小孩一样，也和下棋差不多。要破解棋局很难，很久以前我就领悟到这一点，你要决定走某一步棋，这已经够困难的了，更何况下一步棋还得看对方走了哪步棋，所以这是个随时在变的活问题。打网球就不同了。在我能够有十足的把握解决困境之前，我喜欢先稳住局势，这样就不致有紧急状况出现，也不会有强烈的不安。"

分析师　"这种情况也可以套用到分析情境里的分析师与病人之间的关系中。"

病　人　"是的，当你的一举一动会影响某个人的整个未来时，也会如此。这是心理治疗最让人担心但也是最有趣的地方。"

分析师　"你希望把目前尚未整合的这两个方面整合起来。"

病　人　"我觉得自己病得很严重的时候，我就像坠入泥潭与沼泽一般，或者说，就像在沙石或碎砾形成的峭壁上使劲地攀爬，每踏一步都踩了个空，周遭环境瞬息万变，令人不安到了极点，但我知道即便在那种情况下我仍然渴望着基本的安全感，我意识到自己从来没有开心过，所以我很想要有应付处理复杂多变情势的本领。"

分析师　"你想要有基本的安全感，但也渴望自己可以不需要这个基本的安全感。"

病　人　"在以前，这是理性的觉察，现在，它更多属于感受上的问题，不只是知道或是快要意识到而已。它太像是一场赌博，如果我输了，风险高得吓人，这不是我想要的那种兴奋。据说，小的时候如果别人给我两个选择要我回答，我总会说两者都要，我爸爸老爱取笑我这一点。我总是很恐惧错失什么，这和我无力应付强烈的不安全感很吻合。赌博不是令人满意的解决办法，不是一个明智的决定，而是一个错误的方法。"

分析师　"你有两个选择，一是选择做一个独立的个体，把环境视为既定的事实，另一个是屈服于环境，失去个人的同一性。你正告诉我，你没办法解决这种二择一的两难问题。"（病人睡着了）

病　人　"我觉得很困惑，这超出了我能理解的范围。是的，我睡着了。睡觉是回避两难困境的一种方法。"（停顿）"我突然想到一件事，从昏昏欲睡联想而来，和我目前的困惑有关，每当我感觉到无力应付、心灰意冷、好转的希望渺茫时——我就会睡着。"

分析师　"从理性上你能理解到，为了解决问题，有些事得依赖我，但事实上你的问题并未得到解决，你又陷入一片困惑茫然之中。"

6月24日，星期五

病　人　"我发觉今天很难开口说话，我似乎处在停滞状态中，看不出会有什么事发生。我想到，一般而言，虽说一些基本的问题都谈过了，我觉得我和两年前来见你时相比，除了更有自信，也没那么忧郁之外，没什么两样。我还是和当初一样地感到不真实，也许这涉及一个因素，就是我的工作状况并不如意。我现在和病人的接触少了，空闲的时间多了，没特定的地方可去。住回家里之后，也不容易碰到其他医生，而之前当住院医师时大家很容易保持联络。居家生活比以前轻松一些。我和太太现在不吵不闹了，但关系也不那么满意，这意味着，如果我不能把目前的情况处理得更好，我就是没有进展。"（停顿）"而且我觉得，我来到这里之后，可以躺下来什么也不说，这也挺好，等着看会有什么事发生，但也许什么也不会发生。你会坐在那里，接受我的沉默，这会让我很不满意。"

分析师　"你有些期待，但不管发生什么你都感到绝望。"

病　人　"我觉得这与我们最近谈到的对被爱感到绝望这个话题有关。在现实中，我多少可以忍受，在外面的情境里，只要我能放松，不会去期待着有什么事会发生。说来我就是抛不下这个绝望，所以未来看似一片黯淡。"（停顿）"关于对被爱感到绝望我想再加一句，我是对倘若爱出现，自己是否有能力应付这一点感到绝望。"

分析师　"你不确定自己能不能接受爱。"

病　人　"我从来都没法接受爱，对任何事也没有感受，所以我很怀疑。"

分析师　"如果我爱你，那么这会是对你个人的考验，不过，目前爱你的人仍未出现，所以你不接受考验，你可以继续保有一切还算过得去的想法。你是在告诉我，你在这方面没有经验，所以你无从知晓。"（病人昏昏欲睡）"你是在告诉我，你的本性里有这道深刻的分裂存在，以至于你的冲动不想与外界有任何接触，你是用感觉不到真实的假我来接受现实。"

231

病　人　"是的，如果真是如此，要怎么做才好？有所察觉就能做出改变吗？这很容易理解，但要怎么处理缺乏感觉的问题呢？"

分析师　"这样说吧，这是你目前的状态，你看不到出口在哪里。"（病人昏昏欲睡）

病　人　"不过我的昏昏欲睡和我们所谈的并不直接相关，它更是一种一般的情况，是对某个情势感到绝望的一种反应。"

分析师　"就其本质来说，你看不到任何可能的结果。"

病　人　"这两年来我们发现了很多有意思的想法等之类的，但我们却无法更近一步去解决这个最核心的问题。"（睡着了）"我刚刚有个很奇怪的印象，简直就是个梦境，我看到有人设法要跟我联络，商量医院里的事。遇上这种情况你会怎么做？如果外面的世界进入分析的情境里头来的话？"

分析师　"这个梦正好就是我们一直在谈的主题。你提到医院主动与你联系，由于要商量的事和你无关，所以不成问题。在这里除非事情与你相关，而且你也不抱希望，否则一点儿好处也没有。这显示出此刻你害怕的是意识清醒却对和我接触感到绝望。"（病人昏欲睡）"你待在这里却又与我断绝联系、全然孤绝，对你来说，这是很难受的。"

病　人　"是啊，当我听着你说一些关爱的话时，你和我同在一起的想法变得很遥远。"

分析师　"下个阶段到来的先决条件就是你目前的这种困境，你和我同

在，却感到孤绝。"（病人睡了几分钟）

病　人　"听起来好像是说，我在这里谈话会有困难，部分是因为我在所谓的潜意识里刻意要孤立自己，好像我有个需求是不要建立任何联系似的。"

分析师　"是的，不过，你似乎正在追逐某个抽象的东西，想把它变为真实。"

病　人　"是的，这正是我努力在做的，把抽象变为真实。借着睡觉来回避问题，这很诱人，但这样做没一点儿用，而且我多少觉得这样做会让你和我对立起来，因为你曾经说过，睡觉很有价值因为可以做梦，但我觉得睡着会导致某种僵局。"

分析师　"另一种可能性对你来说非常困难，就是神智清醒地待在这里，但与外界却毫无接触。"

病　人　"是的，看来唯一的解决办法就是睡觉，同时心里想着，当我一觉醒来，一切都会改观，问题也解决了。"（昏昏欲睡……他这时把手放在脸和前额上，这相当罕见，说不定是第一次出现）（停顿）"我有时候觉得，就像我之前说过的，每当我要自我评价时，就发现自己睡着了，然后我会因为自己很没用而想惩罚自己。真是浪费时间。"

分析师　"刚才，你把手放到脸上。如果我是个敏锐的母亲，而你是婴儿的话，我会知道你的脸想要被触摸，因而我会把你的脸靠在我的乳房上，可是，你刚刚却既是母亲又是婴儿，所以你的手必须充当成母亲的一部分。"（这段诠释才一开始，睡意即席卷而来）

病　人　"我又走神了，我觉得这样没什么用。"

分析师　"这时我把刚才的诠释重复了一遍。"

病　人　"我懂你的意思，我该料到你想做什么，如果你真的做了什么的话，我会被吓到的。你似乎在暗示，你原本想做出身体上的触摸。"

分析师　"你记不记得你提到过在头之外的头痛，然后我的诠释是你希望你的头被抱着，而当天你曾抱着某个孩子的头 ①。"

病　人　"有件事很矛盾，和目前的状况是一致的，而且我和同事们讨论过这个矛盾，它和门诊的病人有关。我不想一直和我帮不上忙的病人见面，但许多人喜欢上医院，就算门诊要等很久也无所谓。目前我门诊的时间增加，我每见一名病人都要决定他下次什么时候回诊。这让我想到，他们想要的是有人握住他们的手，也就是说，他们不满足于只有言语上的接触，他们需要身体上的接触。"

分析师　"如果不做身体检查的话，他们得不到，不是吗？"

病　人　"他们觉得，如果医生只是跟他们说说话而已，那等于是白来了。就算只是做个很小很小的检查，情况也会大大不同。"

分析师　"我认为问题在于孤单，而孤单或多或少是世人皆有的，而且你也是因为同样的问题来到这里，但你把自己孤绝起来，不跟我接触。"（昏昏欲睡）

---

① 参阅本书附录《退缩与退行》。

病　人　"我试着对身体接触这个概念总结一下。我今天的困意有别于以往，也就是说，是在不同的情况下出现的。今天所有的困意都是出于对身体的接触既想要又恐惧这个冲突。"

分析师　"你记不记得，你提起在头之外的头痛那一次，你说如果我真的抱着你的头，你会觉得我只是机械性地运用某种技巧？重要的是，我感受到而且理解到你的需求。"

病　人　"在情感的层面上，我需要身体的接触，不过一想到有身体的接触又觉得很恐惧。但我觉得我应该会想要有身体上的接触。"

分析师　"你的女朋友给了你身体上的接触，这对你很重要，但你要的是在这里有身体的接触，不过你却是在外面得到的。现在你又陷入既想要又恐惧的冲突里。当个婴儿，你的需求相当明确而简单。问题是，此时此刻的你在多大的程度上可以说是个婴儿？若说我们正一起谈论着某个婴儿的情形，这种说法有多大的真实性？"

病　人　"意识到渴望有身体上的接触是一个重大的进步。一开始那只是个理性的想法，问题是，这个想法有没有吸引力。"

分析师　"不过你现在谈的是真实的需求。"

病　人　"也许这种需求显而易见，不过，在某些情况下我需要的是言语上的接触，如果它来得时机合适的话。最近好几次我回家时发现，我太太根本不在乎我回来，连声招呼也不打，我觉得很难过，但也没有小题大做地埋怨，因为我知道那样没用。但是我想过，如果她愿意适时表示点儿温暖的话，就算只是一句话也足够。"

235

分析师 "我会说，适时而正确的诠释也是身体接触的一种。"

病　人 "我想到一件事。过去这几周我注意到有个很大的变化。一年前，我原本很喜欢看电影，因为我可以把问题暂时抛开几个小时，而融入电影里的角色情节中去，所以中场休息灯光打开时我会很生气。现在，如果我去看电影，现在很少去，回到家时感觉更糟糕，更觉得与外界没有联系，而且脾气很不好。我现在不再想沉浸在电影角色里难以自拔。如果有人陪我看的话就没问题，看完电影离开时我们有共同的话题可聊。我现在意识到，我以前看电影等于是挖个洞把自己埋起来与世隔绝。我太太不想和我讨论电影让我很生气，要么是她还没看过那部电影，所以不想剧透，要么是她已经看过了，但是有好一段时间了，所以已经没有兴趣了。"

（由于有了孩子，夫妇俩虽然还是抽出时间一起去看电影，但很少这样做。）

6月28日，星期二

病　人 "我没什么话可说，这似乎有某种积极意义。"

分析师 "它本身就是件要紧事。"

病　人 "是的，自从我们谈到精神分裂症以来，我更能觉察到情绪上的变动，并时时注意到情绪上的感受，这让我觉察到所谓正常时更加不满。之前我已经准备好去接受分析也许会让我回归到几年前的状态，但那会是回归到一种不真实的状态，现在我认为自己一直都是不正常的，所以从我身上是拿不出什么可以和正常比较的。只求生活上不出问题并不足够，这又让我感到绝望。如果我必须达到经验中从来没有过的状态，那么达到的可能性就说不好了。我们可以把这里的障碍扫除，但积极作为呢？第一次来见你时，我不觉得自己有什么问题。我唯一的目标就是想要有所改变，让自己有所进展。母亲要我来接受治疗时，也没有个好的理由。她说，我不必觉得自己需要治疗，但接受治疗对我会有帮助。也许母亲知道我有些不对劲了。目前，我反倒像个骗子似地要求改头换面，这可是一般医学望尘莫及的事。"

分析师 "你把基本的健康视为理所当然的事，努力想改善病情。"

病 人 "接受分析之前，从好的方面说，我有积极健康这个想法，但从我当了医生以来，便不再这么想了。因为健康其实并没有什么意义，只是一个理性上的概念而已，它遗漏了某些东西，可以确信的是健康的状态是可以改变的。"

分析师 "唯一能让人满意的是，倘若人真的能够健康就好了。"

病 人 "我的小女儿一周岁，我却忘了，尽管我前一晚还提到过。我大女儿一早醒来就说起此事，我对自己丝毫不觉兴奋大为震惊。我要怎么才能学会兴奋？那是个基本的主观过程，是无法被灌输的，然而我却正是为此而来。"（停顿）（睡着了）"当时我面临的难题是不知道上哪儿去庆祝，或者说，不知道接下来该怎么做。我可以沉默好长时间，这可不是开玩笑，纯粹是无话可说。"

分析师 "你似乎没有考虑到，待在这里却不和我有任何接触也会体验到某些东西。"

病　人　"我知道这个问题的一般性，但我觉察不到沉默当下有什么特殊性。我想到，在治疗中提出某些特定的问题其实不太恰当。此刻我觉得没必要想到什么就说什么，但我忘了我原本是应该要这么做的。"（自由联想）"记住事情并没有帮助。我一直尽力避免讲出没意义的话。"

分析师　"假若这样，自由联想就是不开口说话，并失去接触。"

病　人　"想法还是像以前一样消失不见，不过现在为了思考我得要和外界疏离。没法喋喋不休的情况又回来了，要很用力才挤得出话来，所以我不是喋喋不休，而是硬吐出话来，没有自然流露的轻松。因为要很用力才能随兴自然，我总感觉不真实。花力气本身就是矫揉造作的。"

分析师　"疏离是很真实的，虽说这样会让你和外界失去联系。"

病　人　"在外面时，由于缺少接触，也是同样地孤单。我把别人都推开，所以他们不把我当朋友。我太太对我也有同样的感觉，她抱怨我很迟钝。举个例子来说，一有人讲话，我第一反应就是无话可说，想不出要说什么。但我还是想交朋友，所以我费力说话，尽量表现得很友好，但我始终觉得很绝望。"（长长的停顿）"醒来时我觉得都快被头发窒息死了。"

分析师　"也许这跟你和母亲之间的关系有关。"

病　人　"感觉起来是这样，但又怎么样呢？我觉得母爱（mothering）和令人窒息（smothering）之间有某种关联。"

分析师 "在你和外界疏离时，母亲也许是可以接触到你的。"

病　人 "如果是这样的话，会相当难。走出这里，没人知道我需要什么。在这里，我暗示你我希望你说些什么时，你从不这样做。你似乎是铁了心不说。知道你决定不做我需要的事让我很绝望。"

分析师 "我怎么知道你需要什么呢？你一直在追求不被满足的经验，因为你身旁没有人能接触到你。"

病　人 "这该怎么办呢？"

分析师 "我认为你的感受比较接近愤怒，这是你每次遭遇到挫败时流露出来的感受。"（病人睡着了）"你睡着时，想要有个负责任的人抱着你。"

病　人 "我面临的一个难题是，这里所用的技巧是口头的，很难在口头的层面上去想象会有什么进展。对我来说，要想从口头的层面受益，这简直就是魔术了。然而，在某种程度上，也许没那么不合理。"

分析师 "与其说我真的抱住你，长椅才更像是我的化身。这整件事的别扭只会让你深深发现，你不是你自以为的那个婴儿。"

病　人 "在母亲或丈母娘家里，我不只无话可说，而且还昏昏欲睡。从我们所谈的来看，也许我一直在渴求支持，我很想坐下来或躺下来。看起来我是不堪清醒时的烦恼。"（停顿）"我又想到，我很疑惑，睡觉是不是表示我意识到自己想成为婴儿被人抚摸的渴望落空了。我对有些事已经麻木了。困难在于害怕愤怒，

239

我们以前谈过隐藏的愤怒，这让我想到，我很气自己那么小心翼翼地不让愤怒出来。我可以忍受发泄出更多愤怒的；我气自己设置起这么大的障碍阻碍进步，而进步得靠把愤怒发泄出来才行。"

分析师 "你需要充分感受到内心的整合，才能忍受愤怒的威力。"

病　人 "我现在觉得我可以忍受内在更多的分裂。"

分析师 "如果这一切我都理解无误，那么你对我愤怒的部分是我没有抱持你，结果最原初的挫败又在目前重现。"

病　人 "我现在也感觉到，当我无话可说时，心里有某个声音告诉我：你现在好好的，值得冒险把自己搞得一团糟吗？你也许还撑得住。听从这个声音并不明智。我准备好要冒险了，但我的另一个部分太谨慎了。"

6月29日，星期三

病　人 "昨晚做了个梦，内容有点儿想不起来了，大约是绕着我太太和一个男人之间的真实情况打转，简直是场噩梦，我大概和那男人大打出手或起争执。过去的两三个晚上我一直觉得，我一开始就应该更猛烈地和那个男人对打，不该这么软弱。这个梦把我希望发生的事给夸大了。"

分析师 "你内在似乎有某个东西正益发强大，让你能够进入和人对打的状态，并且一直都暗示着有这种状态。"

病　人　"是的，我有时候会觉得我和太太的关系可能会起变化，我一直
　　　　有这种感觉，觉得如果我现在多靠近她，而且流露出多一点儿
　　　　情感，她很可能更能接受我。那个男人的事现在不常听到，也许
　　　　她并不常去见他。除了这主观上的感觉之外，我没什么可说的。"

分析师　"我们经常发现你脑中快要浮现两个男人对打的想法，随后你又
　　　　从这种情势里撤退。现在你似乎又快要浮现出这个想法了。"

病　人　"我记得我们之前讨论过一两次我渴望被呵护或被抚摸等之类的
　　　　事。我昨天离开时还在想，也许我一直很想要有女人那样子对
　　　　我，我太太没兴趣那样对我，她只想有人像父亲一样对待她。
　　　　坐公交时我在想，我对被人呵护有种恐惧。你记得第一段分析
　　　　时对你提过的那位音乐老师吧，被对的人呵护就没问题，我岳
　　　　母就不是合适的人选。我多少因为自己的幼稚和娘娘腔而蔑视
　　　　自己。不幸的是，我选择了一位不喜欢呵护别人的人做我的太
　　　　太。如果有人外表看来就是太过焦虑而不能给你带来温暖和呵
　　　　护，而我却还不死心，我会很不安。"

分析师　"你从我身上体验到了有限几个被人呵护的例子，但这些例子让
　　　　你明白，你就是缺乏在合适的时机有合适的人呵护你。"

病　人　"我不确定自己是否了解这个历程。接受分析是不是象征性地经
　　　　历从前错过的部分，就像胚胎会重新经历演化历程一样？这我
　　　　可以理解，听起来比较合理。"

分析师　"你对女人的感觉和你对分析的感觉之间有关联。当进行得顺利
　　　　时，你会觉得有力量去面对挫败，而这些挫败把你扭曲了，也
　　　　因此激怒了你。愤怒根本没出现，因为你尚未达到足够坚强的

地步，还没达到愤怒的程度。"

病 人 "所以我只有两个选择，一个是去经历呵护的历程，另一个是因为没在合适的时机感受到好的呵护而愤怒。"

分析师 "我们可以随着治疗的进程拭目以待。"（病人睡着）"看起来，当你冒出与父亲发生冲突的念头时，你被迫去面对是否值得这样做的问题，而且，你和母亲之间的关系不够牢固，或者说并不稳固，所以你被迫去面对关系中脆弱的部分。"（病人昏昏欲睡）

病 人 "我没真的睡着，只是顿了顿，因为你讲得太快了。我没跟上，所以才打住，你讲得太快，我就会有这样的反应。"

分析师 "如果我讲得太快，那就是在说教，而不是在做精神分析。"

病 人 "我很难承受我得担起决定分析节奏的责任，但我能明白为什么必须要由我来承担。"
（停顿）

分析师 "我刚刚讲得太快时，我就像是你母亲最糟糕时的样子，或者说至少，我成了你早年生命中关键时刻里你眼中的她。现在是过去的重复，这也在暗示着你对我的愤怒。"

病 人 "现在有一个实际的问题，就是小女儿用奶瓶喝奶这件事。我们尝试着让她用杯子喝奶来帮她断奶；但她并不感兴趣。我内心很挣扎，一方面想逼迫她断奶，不许她走回头路，以免她长大了还赖着奶瓶，别人会指指点点说这太可笑；但另一方面，又不想强行把奶瓶拿走，以免给她内心留下创伤。关于断奶有两派观点：一派是逼迫派，认为要逼迫孩子断奶，另一派是不可剥夺派，认为不要剥夺孩子喝奶的乐趣。另外，在医院，要是有小孩看病时仍然含着奶嘴，护士做的第一件事就是拔掉他们的奶嘴。现在看起来，我觉得这是个很糟糕的做法，孩子刚离开家庭环境又要被拔掉奶嘴，这只会让分离变得更难，所以在处理孩子的这个问题时，我发现自己过去的经验让我进退两难。"

分析师 "上医院的孩子通常超过一岁，对于一岁的孩子，也就是你小女儿现在这个年龄，着急断奶更是只会造成伤害。不过，说到你本身，问题则是出现在更早的阶段，当时你纯粹无法忍受被逼迫，也无法忍受母亲不能顺应你的需求。"

病　人 "与其冒险伤害孩子，不如去面对别人的嘲笑。"

分析师 "当你在照顾这么小的婴儿时，别人的嘲笑根本不算什么。"

病　人 "结论就是，和孩子起争执是很不好的。等孩子大点儿了能明白发生了什么，比如是为了不吃饭或不学习而被父母责骂，那这时的责骂就没那么大伤害了。我现在明白，事情在开始进行得很顺利，之后发生的争吵有其价值。但我太太对我妹妹的几个淘气的孩子的态度是个问题，她很害怕那些熟悉的模式会再次上演。我现在明白，她是真的很担心跟孩子发生争吵，以孩子目前的年龄来说，吵架不算反常，这意味着他们还没向大人让步。这些事似乎和我的问题很遥远，但我想这之间有些关联。问题在于如何回到过去。总之，我自己的问题在于如何找到从没发生过的争执。在昨晚的梦里，那是一场错失掉的斗争。"

分析师 "你没进入作为孩子与父亲起冲突的三角竞争，所以你无法从三

243

角竞争中得到解脱，也就是说，你无法从与母亲单独一个人的
争执中得到解脱。"

病　人　"当他说，这就像一走了之，这暗示着你自身的毁灭之时，终止
分析的主题又再度浮现。"（停顿）"我在这里有时意识到，太
过兴奋会有危险，因为兴奋总是来去匆匆。愤怒也是如此。如
果我突然兴奋起来，我会变得激动，并告诉你一些事、做一些
事。在这里兴奋并不好。"

分析师　"因为会起冲突，所以对你来说风险就太大了。"

病　人　"兴奋的一个特征是容易被激怒，而愤怒不是个人的事。性也是
如此。有件事我一直感到很困扰，就是和女性发生性关系时你
没有隐私，因为这种事必然关乎两个人。这实在很讨厌。有好
几次和女友在一起时我会突然感到孤单，好像突然分手一般。
我和太太婚后的第一个假期我就把她惹得很生气。当时我们和
其他人一起出游，我不想和她单独相处。我不想被别人排除在
外，或者说，我不知道两人单独在一起会发生什么，这让我很
害怕。"

分析师　"两个因素兼而有之吧。"

病　人　"我也了解我太太对我接受治疗很不谅解。我想跟她聊聊这里的
情形，很希望有人和我一起讨论分享。我不想彼此势不两立。
我和母亲的问题就是把父亲排除在外。"

分析师　"你有一次曾经说过，你渴望的是父母拿你当婴儿看待，这样你
们三人可以同在一起。"

病　人　"完美的母亲这个想法似乎就把父亲排除在外。'母亲'和'窒息'对我来说好像是相关联的。"

分析师　"你努力去应付母亲对你的爱恨交织。"

病　人　"不是这样。她消除了我与父亲之间的争斗，因为父亲加入了母亲的密谋，精明地避开了争斗。"

7月1日至7月13日

7月1日，星期五

病　人　"我最先想到的是上周注意到的一件事。因为你说过我开始时太刻意，所以有些疑惑不知该如何开始，于是我想到，一开始就说话几乎是错误的。我应该对此有所警觉。"

分析师　"你觉得由你来开始话题很不自然。"

病　人　"前两次我一来就急忙开口说话，但刚刚在来这里的路上，我一直在思考这整件事，觉得应该是自然的表现才对。"

分析师　"像你这样谨慎的人，肯定会避免沉默以及意料之外的情况发生。"

病　人　"我记得昨晚做了个梦，很清晰，尽管已经忘了梦见什么。很奇怪，醒来后的一个小时我还记得，但后来就忘了。和这个梦相关的有两点，一是它和真实的情况很像，二是在梦中还发生了争执，但那可能很假。"

分析师 "这个梦是你内在世界和外在世界之间的桥梁，尽管现在你已经忘了内容。当你想起这个梦时，感到开心还是不开心？"

病　人 "不像前一次的梦那么不开心。"

分析师 "梦里好像有争执。"

病　人 "是的，我想是跟我太太的男朋友发生争执。"（停顿）"刚才我一直在思索要从哪里开始说起。想法很多，但又因为彼此不连贯且无关紧要而消散了。"

分析师 "你想阻止自己说出未成形的想法，并看看它们最后会变成什么。这些想法也许根本不会转化为语言，只是脑中的一些声音而已。"

病　人 "只是一堆杂乱的字词，没什么意义。都是些零零星星的——象征。"

分析师 "我想到我们前面谈过的那段你能表达想法之前的时期，也就是你只会咿咿呀呀自语、口齿不清的那段时间。这其中的问题是，你的听众是谁，以及你觉得我期待什么？"

病　人 "我也害怕让你知道一些我没时间先仔细思考便贸然说出口的事，唯恐你会被我误导，去追着错误的想法跑，这让我感到焦虑。此外，还有个更深的恐惧是，我也许会面临一个不舒服的状况。"（停顿）"这些想法与工作上的事情有关。那种焦虑真的并没有明确的原因。以前遇到这种情况，我会解释说我不想用医院的事来让你觉得沉闷，现在我更多的是故意不让你知道那些事。我不想让你进入我生活的每一个角落。我觉得你可能会变得太过无所不知、无所不晓，我感觉很危险，所以必须想办法和你保持距离。"

分析师 "你是在告诉我，你把我拒之门外的积极原因，这意味着，你有权保有你内心世界的完整。我想，这和你与母亲的关系有关。"（病人昏昏欲睡）

病　人 "今天我好像很困，有一些借口，周五总是忙碌的一天之类的，但不只是这些。"

分析师 "我不确定你是否明白我在说什么。"

病　人 "我想我是明白的，只是你说话时我在想别的事。"

分析师 "我想我不该叫醒你。"

病　人 "我觉得被指责了，我不想被抓到。"

分析师 "你偷偷睡了一觉，你觉得我发现了你这个秘密。"

病　人 "我有各种各样的理由不想让你知道，其中一个是，我睡觉等于是侮辱了你；另一个是，我不希望你因为让我睡着而道歉。我很不想发觉你很轻易地就让步、道歉等，这把我放在得去照顾你的位置上。"

分析师 "这样一来，便没法有争执了。"

病　人 "如果我跟我太太道歉，她会很生气。道歉可能会做得太过。道歉需要你承认错误，没有这个就不算，也需要你更进一步有行动表示。"（停顿）"我想我就是信不过睡觉，这里不是睡觉的合适场所。在这里睡觉会被注意到，这么一来我得为了先发制人而把自己叫醒。"

分析师 "如果你睡着了，你就是离开了我，就像几天前你说我说话太快你跟不上而停住一样。"

病　人 "是的，我无法跟上，所以不值得试着去跟。我现在是从分析进展的角度来思考的。从这个角度看，睡觉很气人，我睡着了，这里的沟通交流就断了。在这里讲话困难，多少和在外面遇到的新难题有关。我今天很忙，记录和一些事情都被耽搁下来，这是我担忧的一个原因。而且，新鲜的是，这些外部的担忧使得此刻的分析变得支离破碎。"

分析师 "这是你两个部分的生活没那么截然分明的另一个例子。"

病　人 "通常在这里谈外面发生的问题会刺激我思考，现在它们只让我感到困惑和昏昏欲睡，正是外面发生的这些事越来越把我搞糊涂了。"（停顿）"我刚刚有个想法，和我这些逃避的举动有关。首先，睡着和沉默一样，都是一种逃避；其次，新鲜的是，我今天发觉我整个人是一团糟，很想逃开这混乱的状态。我曾经跟你说过与你擦身而过，但当时我并没觉察到自己已经受够了。现在我感觉到有一种应付不过来的混乱，我想一走了之，下次再试着去解决。这让我想到小孩做梦。大家说那只是梦，醒过来就好。我的混乱和小孩做梦性质类似，我很想醒来，也就是说，起身，走开。"

248

分析师 "那个梦似乎让你很不舒服。"

病　人 "我有个想法，觉得你因为我没扮演好自己的角色而对我很不满，而且我在浪费你的时间，我应该找出自己来这里的原因。"

分析师 "我打扰到你睡觉这件事，对这一小时会谈的进行造成多大程度的干扰？我觉得好像我所做的和让你分裂的原初创伤很相像。"

病　人 "危险的是我被鼓励要早熟。我很早就会阅读，这让我想到，这是一个多么让人怀疑的优点。"

分析师 "很早就会阅读让你失去了伴着故事入睡的机会。"

病　人 "我想到，这两年来，我太太让我很生气的一件事是，她不愿意在睡前和我聊天。"

分析师 "也许她有跟你聊，但她说话时你睡着了。"

病　人 "但她直言不讳地挑明说，我不会再跟你讲话了，这实在很气人。彼此的沟通交流就这样结束了。这还透露出，我入睡前很需要她陪着我。这个想法其实是朦朦胧胧的，但我发觉让我生气的是，她不愿意跟我道晚安。我很希望我们两人在睡着之前都能有所交谈。"

分析师 "那么，我说话时你睡着，这里面就包含了积极的部分，缺乏这个积极的部分会让你吮吸起拇指来。"（停顿）（这时，他把手放在嘴部和脸上）

病　人 "而且如果我让你因为叫醒我而感到太过焦虑，我可能会让你变得畏首畏尾。我睡着会带来一个不确定的危险，就是你可能什么也不做，而我永远也醒不来。你太容易表示歉意、不成为主宰，这都是我感到焦虑的部分。"

分析师 "我所做的有两件事。一件是，当我够好时，我取代了你母亲，而其他人做不到；另一件是，当我很糟时，我唤醒了你那些不堪的过往，而让旧事重演。"

病 人 "焦虑的部分是，如果我处于你的位置，我是无法处理这些难题的，在坐地铁来这里的路上我就在想这些。最近你把注意力转到你自己行为的效果上，如果是我来做这些的话，我只会纰漏百出。看起来，你真有过人的本事。"

分析师 "我当然也会犯错，不过只要愿意承认错误，有时候这些错误是很宝贵的。"

7月5日，星期二

（这天我迟到了，而这次的治疗时间原本就已经推迟了。从会谈的内容看，没有明显的影响。由于隔壁房间在举办鸡尾酒会，所以不时传来异常的噪音。）

病 人 "哦！今天来的路上我都没想要怎么开头才好，因为除了目标这个模糊的问题之外，也没有什么即刻或迫切的问题需要解决。"

分析师 "'目标这个模糊的问题'，这句话，在我看来是你的疾病的根源所在。"

病　人　"我不确定我的目标是什么。"

分析师　"这个问题表现在很多方面，其中之一是，你没办法直接来找我，第二段的分析或多或少是我去把你找来的。而且，你也说过，在第一段分析中你没有目标。一开始时，就像婴儿，你没有目标，这个问题始终伴随着你。"

病　人　"我不确定你所说的'一开始时'是什么意思。"

分析师　"笼统地讲，当一个婴儿尝过牛奶的味道，他就知道他的目标便是要获得牛奶。但要是牛奶没出现，他就不知道怎么找到这个目标。这个在婴儿照顾上随处可见。在我看来，'目标这个模糊的问题'这句话说明了这整件事的本质，而且除非我给出某些东西，否则你根本束手无策。"

病　人　"这似乎一语道破了我毫无目标的人生大半问题的所在。比如说，我该做什么样的工作，还有我整个未来的问题。到目前为止，一切都是靠机遇。"

分析师　"也许这是你母亲唯一的败笔，她未能满足你最原初的冲动，也没能给你目标方向的指引。如此一来，人类发展固有的困难在你身上放大了。看起来，在一开始只能用和婴儿感同身受的方式来了解婴儿的需求时，你的母亲本身并不够敏锐。"

病　人　"我不太明白这其中的道理。"

分析师　"你记得，当你把手放在脸上时，我说：如果我是个敏锐的母亲，我会知道你的脸需要被抚摸。"

病　人　"所以现在的问题是，我是应该努力纠正这个错误，还是，应该努力去识别出我的发展过程中错失了什么？"

分析师　"你面对两种可能性，要么你觉得我够好，要么你觉得我让你失望，倘若是后者，这表示你心里有愤怒，尽管你还没觉察到。"

病　人　"我得去做个决定，看有没有可能把遗漏的东西补上。"

分析师　"由此可见，精神分析没让你记起被遗忘的好事，而是让你觉察到某个挫败或错失了什么。"

病　人　"看起来，我得去学习怎么找到目标，对比我现在的漫无目的，我想我该有个目标。"

分析师　"你说的是你感到绝望，以及对什么感到绝望，这与目标有关。"

病　人　"改变的时刻到了。或许我应该下个理性的决定。"

分析师　"我想不是。"

病　人　"那么，也许我必须从你身上获到什么。"

分析师　"在这当下，你对我很依赖，而且此刻你在表达你觉得我让你失望。你一直要解决每次会谈一开始说什么的问题，不过，这个问题是分析进行到一半时才出现的。"

病　人　"我想说的是，开头并不总是困难。过去这几周，开头的困难减少了，甚至可以说不见了。"

分析师 "你记不记得你说过，有两次你觉得自己一开口就滔滔不绝。变化来自我们整个一小时分析中所做的工作，而且可以预期的是，目标这个问题也许会消失。我们每个时段的成效，取决于我们之间互动关系的细腻程度如何。"

病　人 "我承认需要这种细腻。这呈现出一个新的难题，或者说新的重点。我问特定的问题或者提出具体的事件其实没什么意义。刚刚在等你时我想到一个例子，我可能会提出某个特定话题来谈，但意义是什么呢？这话题和我没什么关系，它也许会掩盖说话的困难，是很糟糕的开头方式。"

分析师 "特定的问题本身就有所局限。"

病　人 "我想问你对某个有趣的话题有什么看法，但这样问似乎不会让我有任何进展。"

分析师 "这个问题可能包含重要的信息，但我还是明白你的意思，如果我单纯地回答问题，我会显得很没用。"

病　人 "但我认为，与其说我想知道你的答案，不如说我想知道你本身对问题很感兴趣。这样，这个问题本身也许会让你开口说话，就像与人初次见面时会询问对方做哪一行等的，这是彼此寒暄的开场白，之后便不会再提到。我想问的问题是关于这周《英国医学杂志》上的一篇文章，文中提到以催眠来治疗皮肤病。可以逐步地消除某种特定的毛病，这听起来很稀奇。我很早以前读过弗洛伊德关于催眠的文章，他提到开始采用催眠以及放弃催眠来进行治疗的原因，不过在我看来，他从来没把理由说清楚。催眠的概念意味着我想从你这里得到一些东西，它是一条捷径，或者说，你要采取主动。因此，这个问题也许自有其重要性。"

分析师 "如果我成为主导的这一方，你找到个人目标这个问题就可以不加考虑了。这似乎再次反映出你对我们能够平等地进行细腻的互动感到极度的绝望。"

病　人 "说到催眠，我总觉得它不会发生在我的身上。我无法想象怎么会有人愿意接受催眠。我会从一开始就高度持疑，根本不可能进入催眠状态。"

分析师 "很有趣的是，有时当你一困起来，看起来就像很想被催眠的样子，还很想希望我主导一些，但这也促使你把自己表露出来，也就是说，你的困意里包裹着极大的敌意。不过，整体来说，这是你对我们之间细腻的互动感到绝望的一种持续表达。"

病　人 "我一定是觉察到了这种细腻的互动，因为我发觉在不知不觉中一直在寻找那样的经验。我会说我和女人之间的困难就在这个方面，我只能想到两种建立关系的方式，一种是全由我这一方付出，而另一种是全由女方付出，当然这种情形从没发生过，有的话我也不喜欢。所以我一定觉察到有所谓的'细腻的互动'这种令人满意的折中方式存在。"

分析师 "我们现在所说的细腻的互动在分析中一直在发生。它不是将来某天才会出现，而是此刻当下正在发生的。"

病　人 "就某方面来说是这样的，但它太经常被打断，或者发展不出来。我们在中断和重新开始之间循环。"

分析师　"这种细腻的互动中断的时候，我所做的正好就是你最原初遭受到的不良待遇，而你就像最初时一样遭此影响。"

病　人　"我现在想到，我常常很绝望地来到这里因为不知道怎么开口，也不明白如何解决这个问题。然而分析进行到一半，我突然发觉自己一直在做原以为不可能做到的事——一直在说话并且有进展。这就像我突然醒来，发觉自己正在做我认为根本不可能的事。"

分析师　"我们俩都身处在这种细腻的互动里。我想，这种细腻互动的体验对你来说是愉快的，因为你在这方面是如此强烈地感到绝望。"

病　人　"我想甚至说它是令人兴奋的。"

分析师　"爱这个字意味着很多不同的意义，但它一定包含细腻的互动在内，而且我们可以说，你正在这种情境中体验到爱以及爱别人的感受。"
（停顿）

病　人　"我今天又注意到有件事不一样，有没有可能是因为噪声比平常大？"

分析师　"今天的噪声特别大，因为隔壁正在举行鸡尾酒会，也因为我们已经习惯的那群孩子们今天特别兴奋，吵闹声比平常要大。我注意到一开始时你对此并没表示什么意见。"

病　人　"我注意到了，但似乎不值一提。"

分析师　"你一开始的毫无表示，在现在看来，对这个小时的分析有着积极的意义，因为如果你当时提了，那只是表示你从目标这个模糊的问题上逃离，你借着对外在事件的反应来开始。"

病　人 "我和我太太之间的部分困境就是如此。当我试着跟她说话时，我就是这样做的。我会说一些我知道她不感兴趣的具体事情，然后谈话就没有下文了。她一定感觉到我是在寻找方法来打破沉默，但她一概不理。她拒绝回应。有时候我很想对她破口大骂，指责她漠视我想聊天的需要。其实我骂过她。"

分析师 "我无法判断如果你很正常你太太会怎么反应，但此刻我们看到她拒绝当你的治疗师。"

病　人 "我无法判断如果我把所有这些事都视为理所当然她会怎么反应。"（停顿）"现在我面临的难题是，她希望我能够更果断一些。我觉得是没有意义的，那必须来得很自然，但她就是不能理解这一点。我一直在假想，如果我突然回家，发现她男朋友在家里。在以前，我会掉头就走。我在想，我是不是应该更强悍一点儿，把他赶走？但我不知道变得更果断一些是否有意义。我实在不知道什么情况是自己想要看到的。我把这种情况想象成一种测试，但要测试什么？我想要的答案是什么？我想让她感到后悔吗？我想让那个男人吃不了兜着走吗？我真想把她激得与我势不两立？我不希望情况果真如此发展，而我却无力面对。"

分析师 "与你太太的关系里缺少的是细腻的互动，而我们都明白，之所以如此，部分原因是你无法把这种交流视为理所当然。在某种意义上，现在我们对这个问题已经有了答案，因为可以很合理地说，弗洛伊德之所以放弃催眠并发展出精神分析，是因为他看出分析师和病人之间细腻互动的价值，他意识到，在催眠里这种互动完全被消除了。"

7月6日，星期三

病　人　"我刚刚一直在想，我想到可以说昨晚做了个梦这件事。但现在我只能记起一点儿内容。我梦见在医院考试（我不确定考的是哪一科），主考官是我读医学院时的某教授，实操的部分是对我照顾的病人进行工作，所以这个考试更像是聊天——只进行讨论而不检查病人的状况。检查那些病人是很可笑的，因为我对他们非常了解。说起来，下周我要参加这样的考试，面试一份我以代理医生的身份一直在做的工作，并回答医院方面的问题。事实是这些面试与医学没有关系，而是个奇怪的传统，来面试的人不会被问到与临床医学相关的问题。"

分析师　"我从这个梦里注意到聊天这个词。你应该记得这个词最近是如何出现的，听起来似乎透露出某种想与那位教授在一种游戏层面接触的想法。"

病　人　"他是个和蔼可亲的人，出了名的友善。我刚刚记起，最近有次顺路回母校医院时见过他。事实上，他没有认出我，我因而感到很失望，尽管没理由期待他会认出我来，毕竟我只是他教过的学生之一。但其他一些人也许会认得我。也许他是个势利眼。对我来说，他代表了父者的形象。"

分析师　"他是你想能建立起轻松自在关系的人。"

病　人　"是的，但他很忙，当时我不想为难他。"

257

分析师　"他和蔼可亲的形象会让人很想接近他。"

病 人　"是的，在那里的其他人确实很乐意认出学生来。"

分析师　"如果考试是以你的病人为对象，你会表现得相当好，不是吗？"

病 人　"某教授很挑剔，把标准设得很高，你吓唬不了他。还有，尽管他为人和蔼可亲，他对手下的住院医师要求有高标准的工作表现，所以那些医生根本没时间休假。我刚开始工作时需要周末假期，在某教授手下工作希望渺茫，根本没时间休假。我一想到这点就很担心。奇怪的是，他对手下的住院医师要求如此高的标准，却不容忍自己的病人以同样的标准要求他。很奇怪的传统，要求太多，却又因手下职位太受欢迎而占尽便宜。大家对于他的好脾气有许多怨气。由于他要求马不停蹄地工作，我简直想怪他让我不想在那儿做事。"

分析师　"所以你真的很想在母校的医院里工作。"

病 人　"是啊，在那里工作有很多的好处，其实就是名声，但说到经验就没那么好了——病人少很多，责任也轻得多——但你不能忽略名声这个因素。而且我昨晚看的一部电影叫《妇女世界》，说的就是这个。剧情是一家大型汽车公司的总裁邀请3位最重要的业务员和他们的太太来作客。他要根据这3对夫妇在假期里的行为表现，来决定让谁担当大任。"

分析师　"这种情况多可怕！"

病 人　"我目前的处境就是这样，一次面试机会，要和另外3个人竞争。"

分析师 "所以争斗的场景出现了。"

病　人 "我还没想到那个方面。在目前的医院工作中，我还从来没有为了什么事与人争斗过，我一直希望和大家建立良好的关系。争斗是让人不舒服的。我似乎也没有那种让自己出人头地的本事。"

分析师 "争斗以及失败的竞争者出局的想法确实通过那部电影在此刻浮现了。"

病　人 "是啊，影片中的一个角色说，很遗憾，我们被迫要彼此憎恨。"

分析师 "所以你被迫去憎恨其他3名应聘的人。"

病　人 "我没意识到这一点，但我在背景里看到有憎恨存在。我从来无法识别出这种憎恨，我一直感受不到嫉妒，有些时候我知道内心应该有这种情绪存在。所以我把恨意转向那迫使人们不得不彼此竞争的体制。我记得自己的第一份工作，就是要跟另外3个人竞争，我很高兴最后是我获得这份工作。当时我并没把他们看成是有血有肉的人，只当他们是3名竞争对手，我的理智获得了满足。"

分析师 "你没办法做到因为胜过别人而自鸣得意。"

病　人 "我只是模模糊糊地意识到那是一种原始的竞争。允许自己在失败者面前沾沾自喜显得太幼稚了。小时候在家受到宠爱时我会洋洋得意，但那样很不庄重，对成年人来说那种行为并不合适。"

分析师 "你小时候常常那样吗？"

病　人　"我最先想到的是，偶尔我会和姐妹们比赛谁先摸到父亲的耳朵，赢过她们就会洋洋得意。"

分析师　"你认为这是否和她们是女生而你是男生有关吗？"

病　人　"很有可能。我觉得那种比赛没有意义，因为女生和男生不同，所以不是在公平的基础上比赛。如果是跟兄弟比赛，那才是真正的胜利。"

分析师　"但你在暗示着一种天生的胜利，仅仅因为你是男性就具有优势。"

病　人　"是吧，我猜想是。"（带有疑惑）（停顿）（若有所思）"我卡在这儿了，我想我们离题太远了。"

分析师　"可能是我的错。"

病　人　"我回避了太多的竞争。部分的竞争看来是再真实不过的，大体上我并不关心竞争。"

分析师　"看起来，这里有件事也许是真实的，但是它并非此刻的重点。"

病　人　"我完全不能确定，身为男性除了凸显出孤独感之外和这一切有多大程度的契合，而且，没办法面对竞争是我来这里想解决的事情之一。"
（停顿）

分析师　"此刻我开始进行诠释——"

病　人　"对不起，我不清楚我们在谈论什么。你的意思是说，我来这里会阻止别人来这里？这无法让我信服，因为我认为那是你的想法，或者说，真有这种事，我也不愿承认。也许还有更多的因素，因为我太太对我来这里的批评以及我对精神分析师的批评，都是只有极少数人才能得到这种治疗。就因为只有幸运的少数人才有机会得到这种治疗，所以是不合理的。我从来没有真正地回答过这个问题，只是忽略它。我需要治疗，就是这么简单。有时候这个想法让人不舒服。"（停顿）"我刚才脑子里想的，也许是自己一方面想得到帮助，另一方面又因此感到羞愧的这种想法延伸而来的。我想到医院的病人对护工人员很不满，这些护工人员似乎没完成两个重要的职能，一是他们没有和家属联系，当家属前来询问时，也没有让家属了解状况；二是病人出院后，他们很少帮助病人就业、康复等。但我没有这方面的不满。我的想法是，如果你想要工作，就自己出去找。想到别人没做到他们该做的工作让我很生气。"

分析师　"这又跟争斗有关。"

病　人　"护工和医院里的义工做的工作一样，他们都是家庭亲职照护的一部分，但我在想，他们是不是太疏于照顾病人，这是社会福利被人批评的部分之一。我对自己还期待着医疗组织来接管和照料病人，让病人不仅得到医疗照护，还能得到社会救助这一点很生气。同样的道理，一从医学院毕业，新合格的医生就想要一个稳固的工作，这意味他们软弱、不成熟，但对此我自己还不确定。"

分析师　"这一切都在显示出你没办法洋洋得意，没办法接受你自身的攻击性。"

261

病　人　"对于病人，我发现自己在无微不至地照料和彻底地不闻不问之间摇摆。一方面，有种感觉在催促我说，提供社会保健是温暖的举动，抚慰人心；但另一方面，我又感到质疑说，这是在纵容。我的弱点是我不能明确地表达自己的看法。我的优柔寡断多半是因为不想对自己以及自己所做的决定负责，因为这些决定都是由别人来定的。我会说我都无所谓，以此掩盖自己做决定的困难。"（停顿）"我现在觉得自己一直总是浑浑噩噩，拖拖拉拉，从没为了某个目标有过压力。我感到困惑的一件事情是，我没能让你印象深刻，也许是我一直在隐藏是否让你印象深刻这个标准。"

分析师　"似乎有两种可能，一个是我对梦的主题有所疏漏，还抓错了重点，另一种可能就是我是对的，而你在强烈地阻抗我指出的核心主题，就是你对竞争对手的恨。我有个想法，你觉得我应该对你下周的面试给予一些支持，就像你第一次面试时我支持你一样。我是从关于某教授的梦理解到这一点的。"

病　人　"我突然想到，他可能是评定人之一，或是和他相当的人，尽管这不太可能。而且我发现，我的抱怨很滑稽，因为我依仗我正做着这份工作，所以他们有义务偏向我。我千方百计地打好关系，我感到内疚，因为我觉得自己不应该依赖他们对我的偏爱。"

分析师　"因为这再次把争斗以及打倒对手这件事给消除了，而争斗和打倒对手是你尽力想去做的。"

病　人　"我没法光明正大的打斗，所以我用不公平的手段，但并不令人满意。"

分析师 "实在很难知道怎样才会让你满意：①打斗，②你的工作比别人的好，③千方百计打好关系，④你比别人都优秀。

如果从总体上说你真的在所有的竞争者中是最优秀的，你的感觉会是怎样？"

病　人 "我不知道。那样的话就不会有竞争了。"

分析师 "很明显，令人满意的选项会是第一个，但你连奋战把竞争对手杀死的梦也不敢做。"

7月8日，星期五

病　人 "我想到的第一件事是，我前天晚上又做了一个关于考试的梦，还是某教授主考，但考试的内容比较跟实例有关。昨晚我又梦到要考试，但不是某教授主考。由此看来，在潜意识里，这些考试或口试的科目一定比我愿意承认的要更为重要。连续三晚都做着这样的梦。奇怪的是，我注意到，刚醒来还记得梦的内容，醒来后的一个小时左右还能说出梦的大概，之后就完全忘了，直到来到这儿才又记起自己做过梦，但此时梦的内容已经不太能记起来了。奇怪的是，梦是怎么像又再次回来了。我全然醒来但依旧昏昏欲睡时，梦还历历在目，一旦我警觉到自己在做梦，梦便消逝了。"

分析师 "下周的面试这个外在事实始终如影随形。"

病　人 "上次我们花了很多时间讨论这个话题，但至于我们是怎么谈

263

的，我的记忆却是朦朦胧胧的。"

分析师 "也许你还记得讨论中最关键的部分，是你和那些败下阵来的人之间的关系。"

病 人 "哦，对，我现在记起来了。我今天注意到，我在门诊时偶尔会闪过一个想法，这个想法一出现，我发现自己倾向于把病人视为一个基本单元——有待解决的工作项目，而不把他们视为有血有肉的人。我发现自己希望他们根本没问题，免得自己花力气去应付他们，我得不断把自己拽回来，提醒自己他们是来看医生的，我不能盼望着他们全都没病，并反复地让自己打起精神来。"

分析师 "被比拟成基本单元的人，就像是互为竞争对手、在上两次的梦里没出现的人。"

病 人 "当然，从另一方面来说，我门诊时只见到过来两次或更多次的复诊病人，所以我要看看诊疗结果，确定是不是需要进一步的治疗，还是告知他们不必再来复诊了，或是需要定期检查，所以我对这份工作感觉不会太糟，但我得睁大眼睛，把真正的病人筛检出来。我的良知出来了，这很奇怪。我上级的主治医师似乎分两派，一派主张尽快把病人转到全科诊所就诊，另一派则从不把病人转走，如此一来，门诊部门便挤满了之前的病人。就第一种情况来说，我必须得控制，而第二种情况则正好相反。我发现我偏好把病人打发走，部分是因为我不喜欢病人排长队，我给自己的一个合理化的说法是，我替病人省去一趟不必要的旅程。但我发现自己也会从病人的立场去反思诸如'我想要什么'之类的问题。所以就和我来这里接受分析很像。我现在才真正意识到，我就是你的门诊病人，我的目的是不必离开。这反映出我想要确定你是不是总想着把我打发走。"

分析师 "你站在病人的立场为他们着想等等的这些，是细腻互动的一个例子。"

病　人 "那就是我努力去做的事，两种极端都可以找到合理的理由，但我尽量去平衡。我可以让所有人都来我的门诊，但一个指导原则是，由病人的感受来衡量怎样才是合理的。"

分析师 "这是在描述我和你之间的情况。"

病　人 "是的，对待某些病人时，你得警惕一点，因为他们想着要结束，但还是看得出来他们的状况并不好。所以说，在这里不仅仅是只有我的感受才重要，我必须依靠你去了解自己尚不了解的东西。"

分析师 "原则是，你来这里是为了可以不用再来这里。"（停顿）"我还是没看出来这件事和那些梦之间有什么关系。"

病　人 "我有一个看法，就是对人的态度是否会符合工作的要求，就会要考虑到良知。"

分析师 "你说那份工作的面试并不考虑医学方面的素养。我在想，你是不是觉得他们遗漏了评估你的医德如何。"

病　人 "他们没办法评估这个部分，要评估医生的医德，只有两种途径——上级主治医师的意见，以及病人的意见。我觉得自己有点儿像个冒牌货，我没别人想的那样能干，连一半都达不到。医学这个领域多半是吓唬人的，我得扪心自问，我是不是唬人唬得过头了？"

分析师 "这确实是对我自己医德的一种检验，作为我的病人，你有机会发现，我是不是在唬人。"

病 人 "看得出来我唬人唬得高不高明。他可能会注意到我的困惑与茫然。这种情形一定会发生，因为我不会演戏，不是个好演员，不会伪装自己。如果有些事情我没有搞清楚，我会满头大汗、坐立不安，并形诸色。就像我一直很想知道，当你遇上令你迷茫的事时你会怎么去处理？"

分析师 "病人喜欢演员，还是困惑时形诸色的医生？"

病 人 "咳，这个，演员更受欢迎，但表演太糟会让病人反感。"

分析师 "这就像你不喜欢跟我道歉一样。"

病 人 "没有把握我不会随便跟人道歉。而且，和其他人比如医生和义工等打交道时，我个人觉得自己就是看起来很茫然的样子。问题是，他们注意到了吗？我相信他们几乎不会注意到我的茫然，不会像我注意到他们那样，我只是希望他们把我的茫然看作是我的个人风格。"

分析师 "我想提醒你有一次由于我说话太快让你跟不上（参见第164页）的那一次。我推想，你觉得看起来很茫然的感觉，和在这里出现的这种中断、退缩或昏昏欲睡的状态很像。"

病　人　"或者说，工作时我假装很懂的样子，但在这里，个人风格也好，花招也罢，一定会被注意到。我发现这很让我满足，甚至觉得很有用。并且当我不在此处时，我忘了别人不像你观察力那样敏锐，或者忘了他们并不认识我，所以根本不会注意到。这就好像我会想象别人代替你来观察我一样。我在外面表现出来的敏感，部分与我在这里一直是话题焦点有关。"

分析师　"是的，在这里你是话题焦点，但在别的地方，其他人有他们自己的想法，也有自己的话题。"

病　人　"这让我又回到那份工作和考试。我想我很害怕这次面试，对我来说，它的意义比这份工作还重大，这是对我的一种评价，大体上我是不是表现得还不错？所以我也在乎来应聘的其他人，因为如果我得到这份工作，其他人就会失败，所以这是对我的评价，而非考虑其他人是否比我更有资格。这是很主观的想法。由于我代理这个工作一段时间了，所以大家都知道我这个人，如果他们不聘用我，这就像是拒绝我一样，所以我很可能会继续这份工作。一般来说，我不喜欢在同一个单位里申请工作，就为了回避这个问题。如果老板有义务必须善待员工的话，这对老板来说就很不公平，可我就是看准这一点。如果我表现得不够好，我应聘这份工作就是在卑鄙的利用，我已经为自己的选择承担起了某些责任。"

分析师　"这里有三个主题：第一个是你自己，第二个是这份工作，第三个是其他的竞争对手。你没提到的是，那些被你打败的人可以成为你的朋友，那部电影呈现出这一点。"

病　人　"我真的觉得我不想继续下去了，至少今天不想再说了。我很想明天回来再谈，我觉得很不舒服，我已经受够了，我很想一走了之。"

分析师 "摆在你面前让你觉得困难的是，你可能会赢得胜利。对你来说，这场面试中有个特别的部分是没法接受的，就是这将是一场争斗，而你将击毙对手。"

病　人 "是的。"（睡着）"当你说到胜利时，我突然想到，当事情变得太难，或者我要担负的责任太大时，我的焦虑部分来自于事情突然进展得太快，结果我发现只剩下自己孤零零的，没人可以依靠，四周一片空寂。逃离意味着撤退，我想要回到母亲的怀抱，就像你不久前描述过的，有个走向母亲的孩子发现自己孤零零而吓坏了。行走意味着分离。如果有人可以分享，即便是我得去想象有个人与我分享的话，我可以接受胜利，但那很危险。想象可能落空，只剩我一人抱着婴儿。"

分析师 "在一定程度上，这和你是独子有关。你记不记得我以前提过这一点？"

病　人 "不记得了。"

分析师 "你没有兄弟这个事实也许是个重要的因素。你说过，争夺与父亲的关系上，竞争对手是姐妹让获胜的满足感大为减弱。"

病　人 "我觉得，没人可以炫耀的话，那种胜利就是空洞的。"

分析师 "这里的困难是现实和幻想之间的差距。在竞争比赛中，如果你赢了，你可以和其他的竞争对手分享你的胜利，但如果那是梦中情节，而你的目标是杀死对方，——（病人睡得很沉）——

268

那么你便无法和竞争对手分享胜利。"

（有个严重的问题冒了出来，就是我是否犯了技术性错误，把话题移转到竞争上，也就是说，我在前面走得太快了。）

病　人　"最后那几分钟，我很难跟上。也许我睡着了。我对自己这样浪费时间觉得很烦，这完全不可以原谅。"（又睡着了）

分析师　"下周有个面试。事实似乎是，这次面试代表的状态远远超过你目前在分析里的状态。你不是真的那么担心面试本身，但它对于你的意义，就你和我的关系来看，代表着你还没达到的状态，所以你停了下来，你无法梦见自己杀掉竞争对手。情形就像几天前我走在前面把你远远抛在后面那样。"

病　人　"如果我是以通常的方式在公平的基础上去应聘这份工作，也许会轻松一些。"

分析师　"也许，但我不确定以你此刻在分析里的状态，你能否轻松地处理这样的事。"

病　人　"那是假设，也许会轻松些。我没那么担心面试或工作本身。我一方面觉得很不确定，另一方面又觉得不应该感到不确定。"

分析师　"我想，你还没为公开的竞争做好准备。"

病　人　"如果那是外面的工作职位，我就有办法淡然处之。问题是这是自家内部的。"

分析师　"是的，正是如此。"

269

7月13日，星期三

（7月12日，星期二，病人在他的治疗时段打电话说，闷热的天气加上他非常疲劳，他当天要取消治疗。）

病　人　"昨晚我感到精疲力竭。对了，我没有得到那份工作。再加上天气太热，让我不想来这里。地区医院在选择自己的住院医师上很少会主动透露点儿什么。关于面试，我感到异常激动，比我前几次面试都要激动。毫无理由地那么激动，这很奇怪。我觉得和前几次面试相比，自己就像变了个人似的。整整半个小时，我像是失了魂似的，然后我感到松了口气。得到那份工作不会让我感到满足。我当时有种感觉，觉得自己占这种便宜很不公平。现在至少我可以凭自己的能力获得一份工作，来让自己满意，也许这多少是自己安慰自己。这份工作的好处是，我可以和同一群人一起工作，我看似颇受欢迎。但我毕竟不如原先所料的那样让人印象深刻。"

分析师　"上周面试之前你一直谈论的就是这些。"

病　人　"今天下午，我比以往更想中断治疗一段时间。中断还是不中断都有一些障碍。中断的好处是我可选择的工作范围更广。我现在觉得，来接受分析得看工作状况，而不是反过来。中断的坏处在于分析的过程会变得不完整，所以我应该让它告一段落之后再暂停。我想这样试试看，但做出个判断对我来说很难。"

分析师　"你在前几次的分析里提过几件事。你发现我比你更能做出一些判断。比如说，我能向你指出，在你描述那次面试时，你没说出的是你被杀死了。"

病　人　"我注意到有件事很奇怪。有个竞争对手在面试前的那个早上来找我，我很惊奇他为何而来。他问，我认为他会不会面试得上。问我这种问题实在很可笑。我很想说，不，你面试不上，以此缩小我的竞争范围。我对他有了敌意，我想这是我第一次对这种情境有敌意，并且不想跟他交谈，而他也不愿再跟我说话。"

分析师　"你似乎有了面对这种情境时自然的感受。"

病　人　"有同事事先提醒过我，他们对我的偏爱没有太多的分量。面试出来之后，我对另外几个人变得比较友善。当人选定了之后，剩下的3个人之间的气氛就改变了，我们再也没什么好吵的。"

分析师　"所以，相对竞争之前你通常能做到的，当竞争情境一来，你更能进入状态。"

病　人　"就一般而言也是如此，当竞争的状况一出现，我更能感受到竞争。我对我太太的男朋友唤起了更多的敌意，倒不是说我最近见过他。我太太极力避免我们之间发生直接冲突。如果我们现在碰面，我的敌意会更强烈。我当然不会求他发慈悲，大体上我会更坚定地斥责他。在工作上，随着经验的增长，所以我显得更有威严。今天与一位初级医师一同巡视病房时，我能够做出明确的诊断，而他却显得犹豫。我表现得很果断，丝毫不客气。几个月之前，自己成为权威这个想法，我还只当是空想而已。如今感觉上更合理，而且也不像是装腔作势，感觉更自然。这是一个相当明确的案例，我不禁在想，他为何没有注意到我注意到的部分。"

分析师 "所以经验一直没让你变得更聪明，它只是让真相似乎更明显。"

病　人 "我很奇怪，我以前怎么会做不到。"（停顿）"我刚才注意到，你对于我是否继续接受分析没给任何意见。也许我不想要觉得我来这里仅仅是因为我想来，即便这个理由很充分。如果我不必担负起做这种决定的责任，我会轻松很多。不想来这里的一个理由是，我能够大声说不了。尽管如此，我还是想听听你的意见，继续来这里对我而言有多重要？"

分析师 "我当然会明确地说，我希望你能继续来。然而，重点是，我对分析有所进展感到很高兴，也就是说，你能以工作为重，把治疗放在其次。"

病　人 "你认可了我认为不来是可行的？"

分析师 "我的确认为这样是可行的。"

病　人 "我生病住院的时候，当我说想回去上班时，他们说，你可以，但你不需要。这句话的意思是这是一场赌局。既然我在这里有所进展，仍然还是一场赌局吗？"

分析师 "我认为你要终止分析是可以的，但是对你来说，还可以在分析中就竞争这个主题挖掘出更多东西来，而你目前才刚刚开始接受这个主题的完整含义。所以我想重复一下，如果你9月份能够回来继续接受分析是比较好的。"

病　人 "今天傍晚来这里的路上，我想到他们提供给我的在某医院的一个重要职位，我发现自己不是很喜欢，因为那地方更远。有趣的是，我从来没想到从那里到这里来的问题，只想到那里离家实在是太远了。"

分析师 "由于最近的分析带来的一些转变，你无疑能够从自己身上发现到很多事。"

病　人 "在过去第一段的分析时你曾说过，在战争年代，那次的治疗效果是相当不错的。你现在也会说同样的话吗？说效果不错但不完整？我以后还是很可能会再度崩溃？"

分析师 "不，我现在不会那样说。"

病　人 "效果是相当好了，但如果我终究免不了会再次崩溃的话，那效果还是不够好。如果崩溃不可避免，那还有多久？上次的崩溃也许是我结束第一段治疗时就开始的吧，因为我从未感觉过自己正常。现在我关心的是，我真的不知道生活该怎么过才好。"

分析师 "我很明确地说，我真的希望你9月份能来。如果你没来，我能理解为你从这中断的期间得到了帮助。"

病　人 "我一直拿我现在对精神分析的看法和10年前的看法进行比较。以前我强烈地认为精神分析很不科学，觉得分析也太教条，根本是旁门左道，如果有人不同意分析师的看法，那他就是异端分子，所以精神分析似乎是很糟糕的事。直到崩溃前我都一直持有这种想法。但我现在的体验是，我不知道以前那些想法是从哪儿来的。这很可能要怪我母亲，我是最近才这么想的。她严格恪守于弗洛伊德和分析，但我发现，大多数的分析师并不和她一样。我发现，整体来说，分析师不会说弗洛伊德全是对的，而其他一切都是错的。他们在实际工作中思索。我太太拿我对精神分析有强烈敌意的时候所说的话来堵我的嘴，所以现在我来这里在她看来是一种堕落，有违自己的原则。而且，10年前有本书让我很困惑，那是弗洛伊德涉足人类学的一本著作，我想不起来——"

分析师　"《图腾与禁忌》？"

病　人　"是的。他提出一套理论，透过当前的社会来重现古代社会。当然，我很久没读那本书了，我在想我现在是不是会认为他的见解依然站得住脚。"

分析师　"你认为《图腾与禁忌》的论点是站不住脚的，这让我觉得很有趣。那本书的主题不就是兄弟联合弑父吗？兄弟之间的敌意就是为了要共同推翻父亲而被压抑下来的。"

病　人　（大笑）"我从来没想过当时我的不满在情绪上是如此偏颇。当时我不满弗洛伊德说，俄狄浦斯情结在原始社会，也就是母系社会中是很重要的。考虑到当时的男孩不知道自己的父亲是谁，俄狄浦斯情结似乎不太可能。甚至当时就连女儿也都不知道生父是谁。所以，把同一套规则套用到古代社会是行不通的，但是我必须说，我对他的理论还很模糊，我很长一段时间没有思考过这个问题了，也许我应该再看看那本书。"

分析师　"人类学家很可能会对《图腾与禁忌》一书提出批评，但我想，他们的思路和你的并不一样。我会说，一般的观点是，古人也有对父母双亲的意识，只有某些习俗与叔叔、舅舅等有关。"

病　人　"我想，除非我记错，原罪的概念在其中扮演了很重要的角色。我非常反对这个观点，就是认为自古以来孩子就一直关心自己的父母之间的性关系。这本书从头到尾弥漫着一股近乎宗教性的偏见。我从小就是个无神论者（在他父亲的熏陶之下），一想到要接受宗教性的观点，我就觉得恐惧，这让我对精神分析很敌对。"

分析师　"我想，你遗漏了那本书的主题呈现的某些观点，罪孽和弑父有关，但你却没提到最核心的主题，就是所有彼此敌视的人都深爱着他们的母亲，正是对母亲的爱，使得他们在原始场景里想要杀死父亲。"

病　人　"我对罪孽的概念很模糊，也不是很清楚怎么会在这本书里。"

分析师　"在我看来，这本书所说的原罪，指的是对母亲的爱。"

病　人　"我无法接受世人对父亲都怀有憎恨这个观点。这个观点令人不快，但我认为可以从这个观点中找出更多与现在的情况有关的内容来。在那段日子里，我被那些非教条的东西深深吸引，但现在我会说，我绝对偏好弹性。我对医学的批评就是它的教条，因为我们就是受的这样的教育。"

分析师　"今天这次分析，你是在向我表达敬意。你经常要求我要更武断一些，但就像你多少表示过的，你重视我的弹性，以及我愿意边做边试的态度。谈到你是否要中断治疗这个问题时，我的这种态度尤其重要。"

病　人　"关于教条，重点在于它不可能犯错，它就像一代宗师，弗洛伊德、教皇、斯大林一样。接受教条就是用它来代替父亲的地位，你认定父亲是不会出错的，教条代表的是父亲的形象。让理性建立在不合理情绪的基础上是很糟糕的。"（停顿）"某种程度上，我似乎在以理论性的口吻结束分析。我是不是在潜意识里刻意避免把某些东西给挖出来？"

分析师 "大体上你把我当成分析师，或者说视我为母亲的形象，而忽略了在分析中我对你来说也代表着父亲的形象，在这样的分析进程中，这种回避一直存在。当我说我希望你能再回来做分析时，我代表的是母亲的形象，就一直以来都以婴儿自居的你而言，这对你来说弥足珍贵。然而，从另一个方面来看，我以父亲的身份命令你必须回来见我，而你已经有能力反抗我了。从第三个方面来看这件事，分析代表你所想要的母亲，而我代表你父亲。由于我们俩势不两立，所以不是你把我杀了，就是我把你杀了。我们经常讨论这些事，但现在谈到的是你是否要在9月份回来见我，你面对的，是个很实际，而且是情绪上而非理性上的问题。"

分析终止。

（大约9个月之后，病人寄来下面这封信。）

4月10日

亲爱的温尼科特医生：

我为之前未曾给您只字片语致以歉意。最后一次与您联系时，我决定暂停分析，至少在复活节前，也就是我在——上班之际不会前来，之后再与您联系。

总体来说，我的状况证实是很令人满意的，目前为止我的计划是，继续现在的工作，直到明年8月期满为止。

我一点儿也不确定期满之后我将做什么。我仍然还没办法计划那么久远以后的事情。现在我觉得自己的状况很好，所以有时候我很想放弃分析。但另一方面，我的确明白这个过程并不完整，所以我也许会决定继续，或者，如果不可行的话，再找其他分析师开始。我能够很轻易地接受这个想法，在我看来，这代表自己往前跨了好大一步。

倘若我们将来没再继续，我想借此机会，对您为我所做的一切致以深切的谢意。

谨启

附录

退缩与退行 ①

在过去的10年里，我特意接了几个在分析过程的移情状态下，出现退行的成年病人来进行治疗。

我想在此谈谈对某个病人分析的情况，实际上这名病人没有表现出临床上的退行，他的退行只出现在分析过程中短暂退缩的状态里。我对这些退缩状态的处理，深受我过去治疗退行病人经验的影响（文中所说的退缩，我的意思是，从对外界现实有清醒的关系中瞬间抽离，这种抽离从性质上来说有时是短暂的入睡。而退行，我的意思是退回到依赖状态的退行，而不是特指退回到欲源带的退行）。

我从对一名分裂型抑郁症病人分析的完整资料中，挑选出一系列6个关键片段来做说明。这名病人已经结婚成家，刚发病时，他精神崩溃，当时他失去了现实感，也丧失了之前有过的少许的自发的表达能力。直到分析进行了几个月之后，他才能重新工作。在刚开始和我会谈的同时，他仍然接受一家精神病院的住院治疗（战争期间我和这名病人进行过短期的分析，治疗的结果是他从青少年的急性症状中恢复过来，但他没有获得洞察力）。

这名病人之所以有意识地持续接受分析，主要是因为他自知缺乏冲动，也无法主动与人攀谈，尽管他能够加入别人发起的严肃话题而表现得很聪明。他几乎没有朋友，他无法找到话题破坏了他和别人的友谊，

---

① 温尼科特曾分别于1954年11月在巴黎举行的第十七届罗曼语精神分析会议，及1955年6月29日召开的英国精神分析学会上朗读过这篇文章；随后发表于《温尼科特文集》（1958），此文集又以《从小儿医学到精神分析》（Winnicott，1975）为书名重新发行。参见本书引言第1页；及正文第28页脚注②。

使他成为一个无趣的人（他报告说，有次看电影时曾经开怀大笑，这个小小的进步让他对分析的结果充满了希望）。

长期以来，他的自由联想呈现出他内心世界中时时刻刻都在进行的一场言辞考究的独白，他精心地安排着他的自由联想的内容，并以一种他觉得分析师会感兴趣的方式呈现出来。

就像其他很多接受分析的病人一样，这名病人有时会深深沉浸在分析情境里，但在某些重要但很少见的情况下变得退缩，在这些退缩的时刻，会有一些意想不到的事情发生，他有时也能把这些事情报告出来。本文的目的，就是想从大量平凡无奇的精神分析内容中挑选出这些少见的情况来讨论，而对于那些平凡无奇的部分，请读者视为理所当然。

片段一和片段二

第一个事件（是他正好能够捕捉到并报告出来的一个幻想）是这样的，他在长椅上陷入一种短暂的退缩状态，他说看见自己蜷缩起身子，靠在椅背上来回翻滚。这是他在分析里显示出自发性自我的第一个直接证据。几周后下一次的退缩出现了，就在退缩出现之前，他试图以我取代他的父亲（病人18岁时父亲去世），要求我对他工作上的某个细节提供点儿意见。我首先和他讨论了一下这个细节，不过也向他指出，他需要我作为他的分析师，而不是作为他父亲的替代者。他说，继续沿用他平常说话的方式讲话是浪费时间，接着又说，自己刚才退缩了，并感觉是为了逃离某件事。他完全记不起刚才睡着片刻做的梦。我向他指出，他那时的退缩等于是逃离了处在介于清醒和睡着之间的痛苦，或者是，逃离了处在介于理性地跟我谈话和退缩之间的痛苦。就在这个时刻，他告诉我，他又有了蜷缩起身子的想法，尽管实际上他像平常一样仰卧着，双手交叉抱于胸前。

此时，我做出了第一个诠释，我知道要是20年前我是不会做出这些诠释的。这个诠释后来证明是极其重要的。当他提到蜷缩起身子的时候，他举起双手在自己面前比画着他蜷缩起身子四处滚动的样子。我立刻对他说：你在提到自己蜷缩起身子和四处滚动时，你同时也在暗示着，有些事因为你没意识到所以自然也就不会提起，你暗示着有一种介质的存在（existence of a medium）。过了一会儿，我问他是否理解我的意思，我发现他一听就懂，他说：就像让轮子转动的润滑油一样。接收到介质这个抱持他的想法之后，他继续用言语来描述他的手势代表他不停向前翻滚，为了进行对照，他往后靠在长椅上翻滚，做出了他几周前说过的这个动作。

做出介质这个诠释之后，我才能继续发展出分析情境这个主题，接着我们对分析师提供的这个特殊情境，以及分析师适应病人需要能力的限度，达成了相当明确的共识。随后病人报告了一个相当重要的梦，这个梦经分析之后显示，由于我已经证明了自己有能力在他退缩的当下提供给他适当的介质，所以他已经能够丢弃现在不再需要的保护壳。看起来，他退缩的自我一旦出现，我便立即在它外围包裹一层介质，瞬间把他的退缩转化成退行，这样，他便能够积极地运用这个经验。在我分析生涯的早期，恐怕会错失这种机会。病人后来形容这次分析重要无比。

这个分析的细节带来了重大成果：更清晰地理解了我作为分析师扮演的角色；认识到依赖有时必然极其巨大，甚至大到即使痛苦也要忍受的地步；能以全新的方式理解他的工作及家庭生活的现实状况。他偶然告诉我，他太太刚刚怀孕，所以他很容易把他在介质中蜷缩起来的样子和胎儿在子宫里的模样联系在一起。事实上他把自己认为是自己的孩子，同时承认自己对母亲原始的依赖。

这次会谈之后他再次与母亲见面时，他第一次问母亲，她已为他的分析花费了多少钱，并允许自己关心这个问题。在后几次会谈里，他能够对我表达不满，并怀疑我是个骗子。

片段三

下一个细节是在几个月以后，这是在一段内容非常丰富的分析之后出现的。这细节出现的时候，谈到的是肛欲期的特性，并再度触及移情状态下同性恋的一面，而他对分析的这一面感到格外的惊恐。他报告说儿时有一个持续的恐惧，就是被一个男人追着跑。我做了一些诠释，他说当我刚才说话的时候，他已经离开很远了，飘到了一家工厂里。用日常用语来说，他"神游"去了。神游对他来说非常逼真，他觉得自己好像真的在那家工厂工作，也就是他与我在早先阶段分析结束（由于战争而不得不中止）之前工作的地方。我立即做了一个诠释，他从我的怀抱中离开了。怀抱这个词很恰当，因为从他退缩的状态以及从情绪发展的角度，他都一直处于婴儿期，所以长椅自然地就变成分析师的怀抱了。很容易看出，我张开怀抱等他回来，跟我提供介质，看他有没有能力蜷缩起身子在其中四处滚动，这两者是有所关联的。

片段四

我想挑选出来的第四个片段，不是那么明显。那是在他说到他无法做爱的某次会谈时出现的。我就大致上的内容进行诠释，他与外在世界是相隔离的，一方面，这是他的真我的自发表达，他的真我除了在想象中之外，对找到客体已经不抱希望了；另一方面，这是他的自我对刺激做的反应，而这个自我有点儿虚假，或者是不真实。我通过这个诠释指出，他希望通过与我的关系把他自身的分裂联合起来。就在这个点上，他短暂地陷入退缩状态，然后他能够告诉我，退缩时他经历了什么：天色暗了下来，乌云密布，雨开始下了起来，雨滴狠狠地打在他赤裸的身上。此时我才体会到他，一个新生儿，所处的环境是多么残忍、无情，并向他指出，他想期待什么样的环境才能让他变得整合而独立。这是从反面的角度来诠释介质。

片段五

第五个细节是包括我的暑假在内的9周假期之后出现的。

放完长假回来，病人说他不确定自己为什么还要回来接受分析，他觉得很难再次开始。他谈话的重点仍然是很难与人自发地谈论，无论是在家或还是和朋友在一起。他只能在别人谈话时搭上一些话，最轻松的情况是现场已经有另外两个人互相在交谈。如果他开始说话，就会觉得自己篡夺了父母亲的功能（也就是说，进入了原初场景），然而他需要的是被父母当成婴儿看待。他对自己的描述十分详尽，让我能充分了解他目前的状况。

第五个片段是谈到某个很普通的梦时出现的。

长假后第一次会谈结束的当晚，他做了个梦，第二天他报告了这个梦。这个梦异常生动。梦中，他周末出国一趟，周六走，周一返回，主要是去探望一位出国治疗的病人（原来，梦中的那位病人做了肢体截肢手术，另外还有一些重要细节，但与目前讨论的主题没有特别的关联）。

我首先诠释的是梦中他出发又返回。这个就是我想说的观点，因为它和我在前两个片段中所说的看法一致，前两个片段提到我提供给他介质和怀抱，也和片段四里一致，片段四里我认为个体处于幻觉中的恶劣环境。随后，我做了一个更完整的诠释，也就是这个梦表达了他与分析师间关系的两个方面：一方面他离开又回来，另一方面他去了国外，梦中住院的那个病人代表病人自己。他去探望那个病人并保持联系，这意味着他正试图打破自我的这两个部分之间的隔离。我的病人继续说道，在梦中自己特别急于见到那位病人，这意味着他越来越意识到自身的隔离或是分裂，并渴望把自己整合起来。

这个片段以梦的形式表露出病人渴望摆脱分析，因为它包含两个元素：退缩的自我，以及环境的供给。分析师作为介质的一面被内摄进去了。

我进一步诠释，这个梦显示了病人怎么看待假期。享受逃离治疗的同时，他也知道，尽管逃开了，但最终还得回来。这样一来，原本对这种类型的病人来说放长假是很严重的事，却没对他造成很大的困扰。病人特别提到一点，离开的想法与他主动和人交谈或者自发做事紧密相连。随后他告诉我，做那个梦当天，某个特殊的恐惧又回来了，那就是他害怕自己会突然亲吻某个人，也许是刚好在他旁边的某个人，而这个人碰巧又是个男性。如果他发现他意外亲吻的那个人是个女性，他就不会觉得那么傻了。

这时，他越来越沉浸在分析的情境里。他觉得自己是家里的幼儿，只要他开口说话便是错的，因为他说话便是以父母亲自居。他对自发示意能得到回应有一种绝望感（这一点与了解到的他的家庭状况十分符合）。此时，更深层的内容显现，他感觉到有人从门口进进出出。我的诠释是，这个和呼吸有关，这个诠释从他更进一步的联想里得到支持。想法就像气息，也像孩子一样，假如我没回应，他会感觉这些想法遭到冷落。他最害怕的，就是被人遗弃的孩子，或表达出想法和见解但遭人冷落，或看到小孩子有所示意却无人理睬。

片段六

一周之后，病人（他自己也很意外）突然面对了自己一直没法接受父亲去世的事实。这是在他提到梦见父亲依然在世、两人在梦中既感性又自在地谈论他目前在性方面的困扰之后发生的。两天后，他报告由于头痛造成他极大的困扰，这次头痛和以前的头痛完全不同。这次头痛多少可说是两天前那次会谈完之后开始的。痛的地方在颞部，有时在前额，感觉上似乎正好在头之外。他最近常常这样头痛，让他觉得自己生病了，要是他妻子对他稍有同情，他就不会来接受分析而在床上休息了。他很烦，因为身为医生他知道头痛肯定是某种功能失调，但他却无法从生理上来解释（因此就像发疯一样）。

在这一小时里，我很清楚什么样的诠释是适用的，我说："你头痛的地方正好在头之外，代表你希望你的头被抱着，就像当你还是个孩子，只要情感很痛苦的时候，自然会有人抱你的头一样。"起初，这样的说法对他并不意味着什么，但渐渐地，有件事清晰起来，就是当他还是个孩子的时候，在恰当的时刻用合适的方式抱着他头的人，不是他的母亲而是他的父亲。换句话说，在父亲去世之后，当他因悲伤而陷入情绪崩溃之时，就没有人再会抱他的头。

我把这个诠释和介质这个关键性的诠释联系到一起，他慢慢地觉得，我提到的一双抱着他头的手的概念是对的。他说，某次短暂的退缩时，他有种感觉，我有台机器，我可以启动它，它能够提供外表上看似是同情体谅的功能。对他来说，这意味着我没真的伸手抱住他的头很重要，而且事实上，我如果这样做了，那只是技术原理的一种机械应用而已。重要的是，我立即理解到他需要什么。

那一小时即将结束时，他意外地想起自己那个下午曾抱着一个孩子的头。那孩子在局部麻醉的情况下动了个小手术，手术时间超过一个小时。他竭尽所能地去帮助这个孩子，但并不怎么成功。他觉得那孩子当时最需要的，就是有人抱着他的头。

这时，他恍然大悟，觉得自己那天来接受分析，就是来听我的诠释，因此，他简直想感谢他太太，多亏她对他没有一点儿同情，没抱他的头，那本是她该做却没有做的。

总结

之所以分享这个观点的背后，是基于这样一个想法：如果我们能在分析中觉察出退行，我们可以立即满足它，这样，那些不是病得太重的病人便能在短期内达到必要的退行，抑或是瞬间退行。我会说，在退缩的状态下病人正托住他的自我，而且，如果退缩现象一出现，分析师就立刻抱持病人的话，那么原本是退缩的状态就会转为退行。退行的好处在于，它带来了矫正的机会，矫正病人过去生命之中需要适应的不恰当之处，换句话说，让病人在婴幼儿时照顾上的不当得以矫正。相反的是，退缩状态并没有好处，当病人从退缩的状态下恢复过来，他／她并没有改变。

一旦我们能深刻地理解病人，并通过正确且适时的诠释表达我们的理解，事实上我们就是在抱持着病人，而且和这位病人发展出让他有某种程度的退行及依赖的关系。

一般认为，病人在接受精神分析时出现退行会有某些危险。危险不在于退行本身，而在于分析师没做好满足病人退行的准备，以及由退行而带来的依赖。当分析师有足够多的经验，能够游刃有余地处理退行状态，我们也许可以这样说：分析师越能迅速接纳退行状态并完全满足它，病人就越不容易陷入带有退行性质的疾病里。

参考书目

Freud, S. (1895). *Studies on Hysteria* in Volume 2 of *The Standard Edition of the Complete Psychological Works of Sigmund Freuds* (London: The Hogarth Press; New York: Norton).

Giovacchini, P. L. (ed.) (1972). *Tactics and Techniques in Psychoanalytic Therapys* (New York: Science House; London: The Hogarth Press).

Nietzsche, F. (1886). *The Gay Sciences* Translated, with commentary, by Walter Kaufman (New York: Vintage Books, 1974).

Winnicott, D. W. (1931). *Clinical Notes on Disorders of Childhoods* (London: Heinemann).

Winnicott, D. W. (1935). "The Manic Defence" in Winnicott 1975.

Winnicott, D. W. (1936). "Appetite and Emotional Disorder" in *ibid.* (1975).

Winnicott, D. W. (1945). "Primitive Emotional Development" in *ibid.* (1975).

Winnicott, D. W. (1948a). "Paediatrics and Psychiatry" in *ibid.* (1975).

Winnicott, D. W. (1948b). "Reparation in Respect of Mother's Organized Defence against Depression" in *ibid.* (1975).

Winnicott, D. W. (1949a). "Birth Memories, Birth Trauma, and Anxiety" in *ibid.* (1975).

Winnicott, D. W. (1949b). "Mind and its Relation to the Psyche-Soma" in *ibid.* (1975).

Winnicott, D. W. (1951). "Transitional Objects and Transitional Phenomena" in *ibid.* (1975).

Winnicott, D. W. (1952). "Anxiety Associated with Insecurity" in *ibid.* (1975).

Winnicott, D. W. (1954a). "Withdrawal and Regression" in *ibid.* (1975), and reprinted as the Appendix to this volume.

Winnicott, D. W. (1954b). "The Depressive Position in Normal Emotional Development" in *ibid.* (1975).

Winnicott, D. W. (1954c). "Metapsychological and Clinical Aspects of Regression within the Psycho-Analytical Set-Up" in *ibid.* (1975).

Winnicott, D. W. (1955). "Clinical Varieties of Transference" in *ibid.* (1975).

Winnicott, D. W. (1956). "The Anti-Social Tendency" in *ibid.* (1975).

Winnicott, D. W. (1958). "The Capacity to be Alone" in Winnicott 1965.

Winnicott, D. W. (1960a). "Ego Distortion in Terms of True and False Self" in *ibid.* (1965).

Winnicott, D. W. (1960b). "The Theory of the Parent – Infant Relationship" in *ibid.* (1965).

Winnicott, D. W. (1963a). "The Development of the Capacity for Concern" in *ibid.* (1965).

Winnicott, D. W. (1963b). "Psychiatric Disorder in Terms of Infantile Maturational Processes" in *ibid.* (1965).

Winnicott, D. W. (1963c). "Psychotherapy of Character Disorders" in *ibid.* (1965).

Winnicott, D. W. (1965). *The Maturational Processes and the Facilitating Environments* (London: The Hogarth Press; New York: Int. Univ. Press).

Winnicott, D. W. (1970). "The Mother – Infant Experience of Mutuality" in *Parenthood*, edited by E. J. Anthony and T. Benedek (Boston: Little, Brown & Co.).

Winnicott, D. W. (1971). *Playing and Realitys* (London: Tavistock Publications; New York: Basic Books).

Winnicott, D. W. (1972). "Mother's Madness appearing in the Clinical Material as an Ego-alien Factor" in Giovacchini 1972.

Winnicott, D. W. (1973). "Delinquency as a Sign of Hope" in *Adolescent Psychiatrys* II, edited by S. C. Feinstein and P. L. Giovacchini (New York: Basic Books).

Winnicott, D. W. (1975). *Through Paediatrics to Psycho-Analysis* – a reissue of Winnicott's *Collected Paperss* (London: Tavistock Publications, 1958), with an introduction by M. Masud R. Khan (London: The Hogarth Press; New York: Basic Books).

术语表

abstraction　抽象

acting on impulse　冲动行为

aggressiveness　攻击性

alternative mother　替代母亲

analysis　分析

analyst　分析师

analytic setting　精神分析设置

analytic work　分析工作

annihilation　毁灭

antisocial activity　反社会活动

antisocial tendency　反社会倾向

anxiety　焦虑

autonomy　自主性

avoidance of conflict　避免冲突

behavioural nuisances　问题行为

being abandoned　被抛弃的

being remote　被隔离

breakdown　瓦解

break-up of　分解

capacity　容量

castration　阉割

compulsive　强迫性

conflict　冲突

consciousness　意识

conversion　转换

daydreams　白日梦

defecation　排便

defence　防御

defiance true self　反抗真实自我

dependence　依赖

depression　抑郁

depressive reaction　抑郁反应

deprivation　剥夺

destructive wish　破坏性愿望

disintegration　解离

displacement　替代

dissociation　分离

early care　早期养育

emotions　情绪智力

false self　假我

fantasy　幻想

finger-sucking　手指吸吮

free association　自由联想

grief　悲伤

guilt　负罪感

holding　抱持

homosexuality　同性恋

hypnosis　催眠

idealisation　理想化

identification　认同

impotence　阳痿

impulse　冲动

incest　乱伦

incestuous　乱伦的

individual identity　自我认同

instinct　本能

instinctual　本能的

instinctual experience　本能体验

integration　整合

integrative function　整合功能

integrative of experiences　经验整合

internalised　内化的

interpretation　解释

intimacy　亲密感

jealousy　妒忌

manic defence　躁狂症防御

masculinity　男子气概

masturbation　手淫

masturbation fantasy　手淫幻想

mothering　养育

motives　动机

mourning　哀悼

object　客体

Oedipus complex　俄狄浦斯情结

omnipotence　全能

omnipotent control　全能的掌控

original sin　原罪

patricidal　弑父

primitive need　原始需要

punishment　惩罚

regression　回归，退行

relationship of to somatic. illness　体病关系

reparation　修复

rivalry　竞争

sadism　虐待狂

schizoid reaction　分裂反应

schizoid　精神分裂

schizophrenia　精神分裂症

self　自我

setting　设置

silence　沉默

somatic illness　躯体疾病

split-off experiences　分离的体验

spontaneity　自发性

substitute father　替代父亲

superego　超我

thumb-sucking　拇指吸吮

token　象征

Totem and Taboo　图腾与禁忌

transference　移情

triangular position　三角关系

triangular situation　三角情势

true self　真实的自我

unconscious　无意识

unintegration　分裂

withdrawal　退出，退缩

HOLDING AND INTERPRETATION: FRAGMENT OF AN ANALYSIS by D. W. WINNICOTT,
THE DEFINITIVE TEXT, WITH AN INTRODUCTION BY M. MASUD R. KHAN
Copyright:©1986 INTRODUCTION BY MAUSD KHAN, 1972, 1986 TEXT BY DONALD W.
WINNICOTT
This edition arranged with THE MARSH AGENCY LTD through BIG APPLE AGENCY, INC.,
LABUAN, MALAYSIA.
Simplified Chinese edition copyright: 2016 Beijing Normal University Press (Group) Co.,LTD.
All rights reserved.
北京市版权局著作权合同登记图字 01-2012-8137

图书在版编目（CIP）数据

　　抱持与解释：一则精神分析的片段／（英）唐纳德·温尼科特著；
程亚华、王旭译，贾晓明审校．—北京：北京师范大学出版社，
2016.4（2024.8 重印）
　　ISBN 978-7-303-19545-9

　　Ⅰ．①抱…　Ⅱ．①温…　②程…　③王…　④贾…　Ⅲ．①心
理治疗　②精神疗法　Ⅳ．① B844.1

中国版本图书馆 CIP 数据核字（2015）第 245269 号

教 材 意 见 反 馈　　gaozhifk@bnupg.com　010-58805079
营 销 中 心 电 话　　010-58802755　58800035
北师大出版社教师教育分社微信公众号　京师教师教育

BAOCHI YU JIESHI

出版发行：北京师范大学出版社 www.bnupg.com
　　　　　　北京市西城区新街口外大街 12-3 号
　　　　　　邮政编码：100088
印　　刷：北京虎彩文化传播有限公司
经　　销：全国新华书店
开　　本：730 mm×980 mm　1/16
印　　张：18.5
字　　数：220 千字
版　　次：2016 年 6 月第 1 版
印　　次：2024 年 8 月第 5 次印刷
定　　价：65.00 元

策划编辑：何　琳　　　　　　　　责任编辑：齐　琳
装帧设计：王齐云　　　　　　　　美术编辑：王齐云　李向昕
责任校对：陈　民　　　　　　　　责任印制：马　洁

版权所有 侵权必究

反盗版、侵权举报电话：010-58800697
北京读者服务部电话：010-58808104
外埠邮购电话：010-58808083
本书如有印装质量问题，请与印制管理部联系调换。
印制管理部电话：010-58806364